Victor Gojdka

Das
100 000
Euro
Buch

Der individuelle Weg
zum Vermögen

Inhaltsverzeichnis

38
Von Finanzprofis lernen: was bei der Geldanlage wichtig ist

92
Wie es in 10 Jahren mit 100 000 Euro klappen kann

164
Depot aufpeppen: So können Sie Ihre Basis-ETF ergänzen.

48
So stimmen Anleger
Sicherheit und Risiko
richtig aufeinander ab.

60
Sparrate individuell
bestimmen:
So finden Sie den
passenden Weg zum
100 000-Euro-Ziel.

112
Finanztest empfiehlt:
auf welche Indizes
Sie setzen sollten

Was wollen Sie wissen?

100 000 Euro auf dem Konto – wer will das nicht? Was sich für viele Sparer wie ein Traum anhört, kann Realität werden. Wer mit seinem Geld neben sicheren Zinsanlagen auch auf die Kraft der Börse setzt, kann es selbst mit kleinen Sparsummen schaffen. In diesem Buch erfahren Sie, wie Sie Schritt für Schritt ans Ziel kommen. Ganz einfach per Baukastensystem.

Kann wirklich jeder 100 000 Euro erreichen?

Wer die sechsstellige Marke knacken will, muss nicht schon ein üppiges Vermögen mitbringen. In diesem Buch zeigen wir: Bereits mit 150 Euro Sparrate im Monat sind Sie dabei – und Sie haben mit dieser Summe gute Chancen, innerhalb von 30 Jahren Ihren Traum vom großen Vermögen wahr zu machen. Egal ob Draufgänger, Angsthase oder Nor-malanleger: Wollen Sie schneller ans Ziel kommen oder weniger Risiko eingehen, müssen Sie etwas mehr sparen. Finanztest liefert Ihnen dafür ein flexibles Baukastensystem, mit dem Sie die 100 000-Euro-Strategie ganz auf sich einstellen können. Im Kapitel „Ihr Fahrplan zu 100 000 Euro" ab Seite 57 finden Sie alle Daten und Fakten in der Übersicht.

Wie schnell lassen sich 100 000 Euro erreichen?

Das liegt ganz an Ihnen! Über einen Zeitraum von 30 Jahren können selbst vorsichtige Anleger mit überschaubaren Summen durchaus hinkommen. Wer das Ziel in 20 Jahren erreichen will, musste zumindest in der Vergangenheit oft schon etwas mehr zur Seite legen. Aber selbst über einen Zeitraum von zehn Jahren ließen sich die 100 000 Euro knacken. Wir zeigen Ihnen, wie Sie dabei besonders clever vorgehen. Kleiner Vor-geschmack: Wenn die Börsen es gut mit Ihnen meinen, könnten Sie in 30 Jahren schon mit einmalig 9 500 Euro Anlage-summe hinkommen. So war es jeden-falls in der Vergangenheit. Klar ist aber auch: Je schneller Sie die Marke von 100 000 Euro knacken wollen, desto mehr Risiko müssen Sie aushalten. Wie Sie Risiko und Gewinnchance optimal austarieren, erfahren Sie im Kapitel „Ein-fach clever investieren" ab Seite 29.

In welche Aktien soll ich investieren?

Von großen Investments in einzelne Aktien raten wir bei Finanztest ab. Klar, jeder will den nächsten Verzehnfacher-Ti-tel finden, aber nur die wenigsten Aktien erweisen sich wirklich als Kursraketen. Statistiken zeigen: Vor 15 Jahren hatten nur sehr wenige Deutsche in Aktien von Apple oder Netflix investiert. Stattdessen lagen gehypte Solaraktien in zahlreichen Depots ganz vorn, die Kurse der Trendti-tel sind inzwischen allerdings kollabiert. An der Börse also rein auf Hypes zu set-zen, ist demnach nichts anderes als Glücksspiel. Wir gehen es deswegen so-lider an: Mit Weltindizes können Sie Hunderten Aktien auf einmal folgen – und ganz bequem den goldenen Schnitt der Weltbörsen kassieren. Das geht mit börsengehandelten Indexfonds, die un-ter dem Kürzel „ETF" bekannt sind. Ab Seite 44 erfahren Sie alles, was Sie über diese Papiere wissen müssen.

Ist die Börse nicht viel zu riskant?

Dotcom-Blase, Finanzkrise und Corona-Crash: An der Börse kann es immer wieder krachen. Wer sein Geld alleine in Aktien steckt, zittert dann zu Recht. Deshalb sollte niemand all sein Geld an die Börse schieben. Durchschnittliche Anleger könnten zum Beispiel 50 Prozent in breit gestreute Aktienanlagen investieren, vorsichtige Zeitgenossen gar nur 25 Prozent. Wer aber jung ist, ein bisschen Lust auf Risiko hat und gut abgesichert ist, kann auch über eine Aktienquote von 75 Prozent nachdenken. Beruhigend: Den Rest Ihrer Anlagen parken Sie mit unserer 100 000-Euro-Strategie sicher auf einem Zinskonto. Trotz dieses Puffers sollten Sie nur auf die Börse setzen, wenn Sie zwischenzeitliche Crashs und Krisen aussitzen können. Wer Weltaktienindizes in der Vergangenheit länger als 14 Jahre die Treue hielt, fuhr damit nie einen Verlust ein. Beruhigend, oder?

Wie kann ich meinen Ertrag zusätzlich aufpeppen?

Wer eine weltweit gestreute Aktienanlage zu langweilig findet, kann für ein bisschen Würze im Depot sorgen. Theoretisch können Anlegerinnen zu ihren Basisanlagen aussichtsreiche Branchen, Schwellenländer oder andere Weltregionen hinzumischen. Manche Anleger wollen darauf setzen, dass die E-Mobilität künftig ihren Durchbruch erlebt und grüne Technologien wichtiger werden. Im Kapitel „Jetzt geht's los" zeigen wir Ihnen ab Seite 116, welche Möglichkeiten es für Anleger gibt – ohne allzu stark ins Risiko zu gehen. Denn klar ist: Größere Gewinnchancen bedeuten auch größere Risiken.

Wer nicht auf windige Branchentrends setzen will, kann es wissenschaftlicher angehen. Drei Londoner Finanzwissenschaftler sagen: Nicht nur gehypte Unternehmen, sondern auch kleine und verschmähte Aktien können gute Rendite bringen. Betonung auf: können. Mehr dazu ab Seite 118.

Ich habe keine Lust auf eine normale Bank, kann ich auch auf dem Handy handeln?

Na klar! Niemand muss heutzutage noch in die Filiale um die Ecke gehen. In vielen Stichproben lässt sich ohnehin feststellen, dass die klassischen Banken ihre Privatkunden oft schlecht beraten. Manchmal haben sie statt des Wohls des Kunden eher die eigene Provision im Kopf. Da bekommen manche Kunden Asienfonds angeboten, nur weil der Chef des Bankmitarbeiters eben die „Asien-wochen" ausgerufen hat. Dazu kommt: Viele klassische Filialbanken sind zu teuer. Besser haben es Kunden bei Direktbanken, die sich nur übers Netz aufrufen lassen und günstigere Preise bieten. Am billigsten können wiederum Aktien-Apps sein, die allerdings oft noch nicht die volle Börsenpalette anbieten. Welche Banken und Broker sich lohnen, erfahren Sie ab Seite 102.

Ich will mit meinen Anlagen der Umwelt nicht schaden. Kann das klappen?

Ja, das geht. Wer in Sachen Umwelt und Klima ganz grün vorgehen will, kann in spezielle Nachhaltigkeitsindizes investieren. Sie versuchen Waffenfirmen, Glücksspielanbieter und die schlimmsten Umweltsünder herauszufiltern. Inzwischen gibt es an der Börse bereits Hunderte „nachhaltige", „grüne" oder „ethische" Indizes. Sie ahnen schon: Manche davon sind eher hellgrün, andere meinen es aber tatsächlich ernst. Welches Börsenbarometer im Finanztest-Check am besten abgeschnitten hat, erfahren Sie ab Seite 114. Grüne Anlagen liegen im Trend, Privatanleger wie Finanzprofis schieben derzeit Milliarden in die nachhaltigen Investments. Und anders als im Biosupermarkt muss ein nachhaltiges Investment nicht einmal teurer sein als herkömmliche Anlagen.

Das Finanz-Navi

Eine sechsstellige Summe auf dem Konto: Für viele Menschen sind 100 000 Euro ein großer Traum. Schon mit ein bisschen Planung kann er in Erfüllung gehen.

Hand aufs Herz: Hätten Sie nicht auch gerne 100 000 Euro auf Ihrem Konto? Klar doch, werden Sie sagen und dann dem Gedanken erliegen: Nur Erben oder Lottogewinner können diese Summe erreichen.

Doch das ist ein weit verbreiteter Irrtum, schon mit nur wenig Planung kann jeder Sparer, jede Sparerin ein sechsstelliges Vermögen aufbauen. Ein schlüsselfertiges Ferienhäuschen wäre mit 100 000 Euro absolut drin, sogar mit kleiner Terrasse. Durchschnittsverdiener könnten sich mit diesem Vermögen eine längere Auszeit finanzieren oder den eigenen Kindern ein sorgloses Studium ermöglichen. Und im Auktionshaus Sotheby's hätten Sie für 100 000 Euro ein paar Adidas-Schuhe mit Aufsätzen aus Meißner Porzellan ersteigern können.

Um solche oder ganz andere Träume zu erfüllen und ein Vermögen von 100 000 Euro zu erreichen, müssen Sie noch nicht einmal täglich Börsenkurse checken. Mit der Finanztest-Strategie, dem Pantoffel-Portfolio, lässt sich bequem und einfach in Richtung des großen Ziels sparen. Dabei reichen im Zweifel schon rund 100 Euro pro Monat und nur zwei Finanzprodukte völlig aus. Welche? Das erfahren Sie in diesem Buch.

Bevor Sie sich allerdings zu Banken und Börse aufmachen, sollten Sie Ihre Finanzen gründlich checken: Was ist Ihr Ziel? Wie sparen Sie clever? Und welcher Finanztyp sind Sie eigentlich? Das alles erfahren Sie im ersten Kapitel, in dem wir Sie und Ihr Geld ideal auf die große Reise in Richtung 100 000 Euro vorbereiten.

Wovon träumen Sie?

Ob Ferienhäuschen, Weltreise oder schicke Küche: Hinter der Summe von 100 000 Euro stecken ganz unterschiedliche Ziele. Lassen Sie sich inspirieren.

Haben Sie einen großen Traum? – Vielleicht würden Sie später gerne in Ihrem eigenen Ferienhäuschen am See frühstücken. Oder Sie wünschen sich, auf einer Weltreise alle Kontinente zu erkunden. Möglicherweise möchten Sie aber auch in einigen Jahren Ihren Kindern oder Enkelkindern einen guten Start in das Erwachsenenleben ermöglichen.

Egal, was Ihre ganz persönlichen Ziele sind, am Anfang des Wegs in Richtung der 100 000 Euro lohnt es sich, darüber gut nachzudenken. Denn Vermögen ist kein Selbstzweck, niemand will bloß einen Berg Geld anhäufen. Am Ende geht es um das, was Geld uns ermöglicht.

Sich die eigenen Ziele auszumalen, hat nichts mit Träumerei zu tun. Zahlreiche Studien konnten immer wieder zeigen, dass Menschen ihre Ziele besser erreichen, wenn sie klar umrissen sind. Mit konkreten Zielen sind wir motivierter, aktiver und strukturierter, und wir halten den langen Weg dorthin besser durch. Das gilt vor allem, wenn Sparer nicht nur ein paar Hundert Euro anpeilen, sondern die große Summe von 100 000 Euro. Also, wofür hätten Sie das Geld denn gern?

In 30 Jahren: Im Ruhestand besser leben

Nach einem anstrengenden Berufsleben freuen sich viele auf den Ruhestand: Zeit für Reisen, Konzerte oder ein Segelboot. Diesen Träumen stehen jedoch überlastete Rentenkassen und teure Pflegekosten gegenüber. Wer im Ruhestand gut leben will, muss auch privat ein kleines Vermögen aufbauen.

Die gute Nachricht: Viele Sparerinnen und Sparer haben bis zum Ruhestand noch ausreichend Zeit, um an der Börse ihr Geld zu mehren. Wer mit 35 Jahren gerade mitten im Berufsleben steht, kann vorübergehende Turbulenzen sogar einfach aussitzen. Zumindest in der Vergangenheit haben sich die Weltbörsen noch von jedem Kurscrash erholt, wenn Anleger länger Zeit hatten. Mit der richtigen Strategie ließ sich schon aus Summen zwischen 100 und 200 Euro pro Monat ein sechsstelliges Vermögen machen. Wie das genau geht, lesen Sie ab Seite 64.

In 20 Jahren: Starthilfe für die Kinder

Ihre Kinder machen die ersten Schritte, tragen noch Windeln oder murmeln gerade die ersten Laute? Dann bleiben noch rund 20 Jahre, bis Ihre Kleinen auf einmal ganz groß sind, flügge werden und ihr eigenes Leben in einer anderen Stadt beginnen. Keine Sorge: Wer seinen Kleinen eine Ausbildungs- oder Studienzeit ohne Geldsorgen ermöglichen will, hat bis dahin jede Menge Zeit, eine große Summe anzusparen. Die Kosten für Studiengebühren, WG-Mieten und Fachbücher können sich schließlich läppern – mitunter auf mehrere Zehntausend Euro. Wollen Eltern dann auch noch einen großzügigen Zuschuss für die spätere Immobilie von Sohn oder Tochter geben, investieren sie durchaus auch 100 000 Euro.

Doch 20 Jahre sind lang genug, um zum Beispiel drei Viertel der eigenen Sparsumme an der Börse anzulegen, während das restliche Viertel auf ein sicheres Zinskonto kommt. Mit dieser Methode reichten in der Vergangenheit bereits rund 230 Euro pro Monat, um das 100 000-Euro-Ziel im Mittel tatsächlich zu erreichen. Die Details dazu finden Sie im Buch ab Seite 76. Und vielleicht sparen ja auch Opa und Oma mit.

In 10 Jahren: Auf Weltreise gehen

Eine Weltreise machen, ein Unternehmen gründen oder den teuren Oldtimer kaufen: Auf solche Ziele wollen die meisten Menschen nicht länger als zehn Jahre warten. In dieser überschaubaren Zeit die nötigen Mittel anzuhäufen, klingt wie ein bloßer Traum. Finanztest hat dennoch nachgerechnet – mit erstaunlichem Ergebnis: In nur

100
VON HUNDERT DEUTSCHEN SPARERN

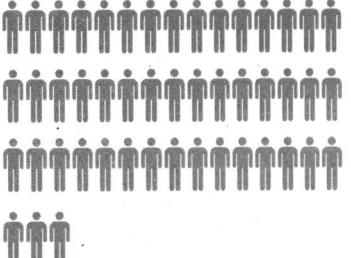

… legen **48** Geld für die Altersvorsorge zurück.

… schieben **15** etwas für die Ausbildung der eigenen Kinder zur Seite.

… sparen **29** auf ein neues Auto.

Quelle: GfK/Bank of Scotland

zehn Jahren mit 100 000 Euro dazustehen, muss kein Ding der Unmöglichkeit sein. Offensive Anlegerinnen hatten mit einer Rate von 500 Euro im Monat zumindest eine Chance. Wie das genau funktioniert und welches Risiko für Ihr Geld am Ende bleibt, erfahren Sie ab Seite 88.

Meine Ziele formulieren

Bestimmt haben Sie schon eine grobe Idee, warum Sie ganz persönlich in Richtung der 100 000 Euro sparen wollen. Wenn Sie mit einem bestimmten Gedanken liebäugeln, lohnt es sich, das eigene Ziel im zweiten Schritt ganz klar zu umreißen. Vielleicht kennen Sie bereits die SMART-Methode, um die eigenen Ziele in fünf Schritten gut zu definieren:

1 **S – Spezifisch:** Benennen Sie Ihr Ziel so konkret wie nur möglich. Wenn Sie für eine Ferienimmobilie sparen, malen Sie sich Ihre Traumimmobilie genau aus: Wo steht sie? Wollen Sie lieber ein kleines Holzhäuschen oder eher eine schicke Wohnung? Am besten ist es, wenn Sie sich Ihre Ziele in Bildern vorstellen. Dann fällt es Ihnen umso leichter, dafür Durststrecken durchzustehen.

2 **M – Messbar:** Versehen Sie Ihr Ziel mit einem eindeutigen Preisschild. Klar, mit diesem Buch sparen Sie in Richtung 100 000 Euro. Setzen Sie aber nicht vorschnell einen gedanklichen Haken an dieses Sparziel. Egal ob Sie für eine Zusatzrente, eine Weltreise oder Ihr ganz persönliches Ziel sparen – haben Sie auch an die versteckten Kosten gedacht? Manche Käufer vergessen bei der Kalkulation ihres Ferienhäuschens zum Beispiel Steuern oder Notarkosten. Aber keine Sorge: Wenn Sie sich an die 100 000 Euro noch nicht herantrauen, legen Sie erst mal mit einem niedrigeren Sparziel von zum Beispiel 50 000 Euro los. Das Wichtigste ist, dass Sie überhaupt mit Sparen und Anlegen beginnen – steigern können Sie Ihr Ziel später immer noch.

3 **A – Attraktiv:** Viele Anleger sparen für die Altersvorsorge. Das motiviert kaum, im Wort „Altersvorsorge" stecken schließlich „Alter" und „Sorge". Formulieren Sie das Ziel gedanklich um: Sparen Sie lieber dafür, „im Alter gut zu leben". Denken Sie an ganz konkrete Aktivitäten, die Sie sich später mit der Zusatzrente gönnen wollen. Zum Beispiel regelmäßige Städtereisen.

4 **R – Realistisch:** Zugegeben, die Summe von 100 000 Euro kann Respekt einflößen. Lassen Sie sich davon nicht abschrecken. Unsere Finanztest-Rechnungen zeigen: Egal ob Sie einen Einmalbetrag anlegen oder monatlich ein bisschen sparen – Sie haben beste Chancen, das große Geldziel zu erreichen.

5 **T – Terminierbar:** Setzen Sie sich eine klare Deadline für Ihr Sparziel! Schauen Sie zum Beispiel, in welchem Jahr Ihr Ruhestand beginnt. Oder fragen Sie sich, ob das Ferienhäuschen schon in zehn Jahren Ihr Eigen sein soll oder erst in 15 Jahren. Je konkreter Sie den Zeitrahmen abstecken, desto seltener beschwindeln Sie sich bei Ihren Sparbemühungen selbst. Wenn Sie mit Ihrem Ziel zeitlich flexibel sind, ist das natürlich kein Problem. Steht die Weltreise „irgendwann mal" an, setzen Sie sich aber trotzdem ein Zieldatum, etwas länger warten können Sie am Ende immer.

Ganz einfach sparen

Selbst von null aus lässt sich das Ziel von 100 000 Euro erreichen. Schon mit drei cleveren Spartipps schalten Sie in Sachen Geld auf Autopilot.

Von null auf hunderttausend? Dass Normalverdienende mit nur wenigen Kniffen ein Vermögen von 100 000 Euro aufbauen können, dürften viele zunächst einmal für eine Illusion halten. Schließlich haben die Deutschen im Mittel rund 34 000 Euro auf Giro- und Sparkonten liegen. Das ist keine ganz kleine Summe, aber doch eine ganze Ecke vom großen Ziel entfernt.

Deswegen entmutigt aufzugeben, wäre allerdings grundfalsch. Selbst kleine Summen können mit der Zeit schließlich ungeahnte Kraft entwickeln. Stellen Sie sich einmal folgendes Szenario vor: Wer an jedem Arbeitstag zwei Kaffee für je 3,80 Euro kauft, gibt dafür im Monat rund 150 Euro aus. Hätten Sie dieses Kaffeegeld über 30 Jahre zur Hälfte auf einem Sparkonto geparkt und den Rest in einen Weltindex an der Börse investiert, stünden Sie im Schnitt der Vergangenheit inzwischen mit einem Vermögen von 100 000 Euro da!

Dieser Latte-Macchiato-Faktor der Geldanlage zeigt eindrücklich, dass es kein Riesenerbe braucht, um ein großes Vermögen aufzubauen. Selbst mit vielen kleinen Schritten kann es klappen. Mit Sparplänen können Anlegerinnen und Anleger theoretisch bereits ab einem Euro im Monat ihren persönlichen Sprung ans Börsenparkett wagen, richtig sinnvoll wird es in der Regel bei Anlagesummen ab 50 Euro im Monat. Da-

Das Kaffeegeld investieren

Auch aus Minibeträgen kann mit der Zeit ein großes Vermögen werden. Wer das Geld für den täglichen Latte Macchiato investiert, kann nach 30 Jahren mit 100 000 Euro dastehen.

Zeitraum: 31.12.1969 – 31.12.2020

1 x	1 Tag	1 Monat	1 Jahr	10 Jahre	20 Jahre	30 Jahre
3,80 €	7,60 €	152 €	1855 €	22 030 €	53 899 €	100 000 €

Anmerkung: mtl. Sparplan; 50 % Tagesgeld, 50% MSCI World; mittlere ETF-Rendite aller 30-Jahresspannen; Kaufkosten berücksichtigt

für müssten Sparerinnen und Sparer jeden Tag bloß einmal das Kleingeld aus ihrem Portemonnaie kramen.

Klar ist: Je besser wir sparen, desto zuverlässiger können wir unsere finanziellen Ziele erreichen. Vielleicht verdienen Sie eigentlich genug, Ihr Konto ist zum Monatsende trotzdem regelmäßig leer? Oder Ihr Arbeitgeber ist knauserig, und Sie müssen obendrein noch eine teure Großstadtmiete zahlen? Die folgenden Tricks helfen dabei, ohne großen Aufwand und Zettelwirtschaft zu sparen. Gerade für das Ziel von 100 000 Euro ist das wichtig, damit Sie die Sparraten stemmen können.

Schritt 1: Sparquote festlegen

Wenn Sie die 100 000 Euro knacken wollen, schließen Sie am besten einen Vertrag mit sich selbst: Wie viel Geld wollen Sie dafür anlegen? Entscheiden Sie erst mal aus dem Bauch heraus, wie viel Sie am Monatsende beiseitelegen können. Am besten rechnen Sie nicht alles auf die letzte Nachkommastelle aus, meistens liegt das grobe Gefühl schon ziemlich richtig.

Können Sie jeden Monat 500 Euro oder mehr erübrigen, dürfen Sie sich auf die Schulter klopfen. Wer erst mal nur 50 Euro auf die Seite legen kann, kann damit aber genauso gut loslegen. Denn Ihren Sparbetrag können Sie schließlich jederzeit problemlos heraufsetzen oder runterschrauben. Das Wichtigste ist, dass Sie sofort mit dem Sparen anfangen und die Entscheidung nicht ewig aufschieben.

Schritt 2: Sparen vom Konsum trennen

Wer erfolgreich sparen will, sollte die alltäglichen Geldgeschäfte fein säuberlich vom Spargroschen trennen. Mit einem getrennten Sparkonto geht das am besten. Wer dagegen Konsum und Sparen vermengt, kann schnell den Überblick verlieren: Welche Summen waren für Miete, Strom und Einkäufe da, und was gehört zum Spargroschen? Am besten parken Sie das Spargeld deswegen auf einem sogenannten Tagesgeldkonto, das lässt sich in wenigen Minuten einrichten.

→ Tagesgeld

Auch wenn ein Tagesgeldkonto eigentlich ein Muss ist, hat Umfragen zufolge nur rund jeder und jede Vierte ein solches Konto. Knapp die Hälfte der Deutschen setzt stattdessen auf das Sparbuch. Das hat im Vergleich jedoch einen gravierenden Nachteil: Während Sie auf dem Tagesgeldkonto von einem auf den anderen Tag an Ihr Geld kommen, muss man beim Sparbuch meist drei Monate warten, bis man auf das Geld zugreifen kann.

Dass sich das Tagesgeldkonto so gut als Parkplatz für einen Teil Ihres Geldes eignet, hat auch mit einer nützlichen Eigenschaft zu tun: Von diesem Konto können Sie keine täglichen Ausgaben zahlen oder Überweisungen tätigen, sondern nur Geld vom Girokonto empfangen und wieder dorthin zurückschieben.

Schritt 3: Dauerauftrag einrichten

Damit am Ende des Monats nicht zu wenig Geld zum Sparen übrigbleibt, können Sie es mit einem kleinen Trick probieren: Unmittelbar nachdem der Lohn auf dem Girokonto eingegangen ist, schieben Sie Ihre Sparrate auf ein Extrakonto, am besten automatisch per Dauerauftrag.

Statt immer die Wasserwerke, den Vermieter oder Versicherungen zuerst zu bezahlen, bezahlen Sie auf diese Weise zuallererst sich selbst – und tun etwas für Ihr 100 000-Euro-Ziel. Der Vorteil bei diesem Vorgehen: Die Sparrate wandert gedanklich gar nicht erst ins eigene Budget. So geraten Sie nicht in Verlegenheit, versehentlich doch zu viel auszugeben.

Gleichzeitig überlisten Sparerinnen mit dieser Strategie auch noch ihr Hirn: Wer jeden Monat aktiv die Sparreste vom Konto zusammenkratzt, muss sich zwölfmal im Jahr dazu aufraffen. Wenn das Sparen automatisch läuft, denken wir gar nicht mehr daran. Nach Plan sparen bringt also nicht nur finanziell mehr, sondern ist obendrein viel einfacher.

Noch besser sparen

Kassensturz und Haushaltsbuch? Klingt nach langweiligen Pflichtübungen. Es sind aber echte Sparbooster für das 100 000-Euro-Ziel.

Mal Hand aufs Herz: Wissen Sie wirklich, wie viel Geld Sie jeden Monat ausgeben und wie viel Sie für Ihr großes Ziel auf die Seite legen könnten? Studien zeigen immer wieder, dass die meisten Sparer ihr Einkommen zu hoch schätzen und ihre Ausgaben zu niedrig – das ist ganz normal. Hier ein Kinobesuch, da ein Kaffee zum Mitnehmen, dann noch ein Geschenk für die beste Freundin, da kann der Kontostand vor dem Monatsende schnell auf null rutschen.

Aber keine Angst, Ordnung in die eigenen Finanzen zu bringen, ist gar nicht kompliziert und hat gleich zwei entscheidende Vorteile. Nur so wissen Sie, wie viel Sie jeden Monat für Ihr großes 100 000-Euro-Ziel beiseitelegen können, ohne in die Miesen zu rutschen. Als charmanten Nebeneffekt können Sie obendrein noch ungeahnte Sparpotenziale aufspüren und dann mit höheren Sparraten die Summe von 100 000 Euro viel schneller erreichen. Um Ausgaben und Einnahmen präzise zu erfassen, brauchen Sie eigentlich nur Ihr Smartphone – oder Sie erstellen sich eine Tabellenkalkulation auf Ihrem Laptop. Natürlich reicht auch ein Heft oder spezielles Haushaltsbuch aus dem Schreibwarenladen.

Einnahmen auflisten

Der erste Teil im Haushaltsbuch ist schnell ausgefüllt, hier tragen Sie alle regelmäßigen Einkünfte ein: Das monatliche Nettoeinkommen und mögliche Nebeneinkünfte aus Zweitjobs. Vielleicht bekommen Sie auch Zuschüsse aus der eigenen Familie oder während des Studiums ein Stipendium. Und wenn Sie schon eine Familie gegründet haben, dann gehören staatliche Zahlungen wie Kindergeld oder Elterngeld in die Liste der Einnahmen.

Selbstständige ohne festes Einkommen haben es oft nicht ganz so leicht, weil ihr Einkommen von Monat zu Monat stärker schwankt. Sie schauen sich am besten den Verdienst der vergangenen zwölf Monate an, teilen ihn durch zwölf und rechnen damit den monatlichen Durchschnitt aus.

Regelmäßige Ausgaben aufschreiben

Von A wie Abos bis Z wie Zusatzversicherungen: Viele Beträge gehen regelmäßig und meist in fester Höhe vom Konto ab. Miete, Strom, Verträge für Handy, Telefon und Internet müssen eben sein. Genauso wie die Monatskarte für Bus und Bahn oder der Bei-

Kassensturz per App. Wer Haushaltsbücher in Papierform öde findet, kann Apps auf dem Handy nutzen. Sie heißen zum Beispiel Monefy Pro, Money Manager, Outbank oder Money Control. Die Kosten variieren. Der Vorteil: Man kann die Ausgaben direkt hinter der Kasse ins Handy eintragen und vergisst das Ganze nicht so schnell. Einige Apps lassen sich auch mit Bankkonten verknüpfen. Diese funktionierten in einer Untersuchung von Finanztest im Mai 2020 allerdings oft nur holprig, da man sich stets über die Banking-App authentifizieren muss. Bei mehreren Konten kann das schnell lästig werden. Das Datensendeverhalten der untersuchten Apps bewertet Finanztest kritisch.

trag für die Kfz-Versicherung. Wer diesen regelmäßigen Ausgaben auf die Schliche kommen will, durchforstet am besten erst einmal das eigene Konto.

Unser Tipp: Nicht nur einen Monat anschauen, sondern die vergangenen zwölf Monate betrachten. Wer nur auf einen Monat schaut, kann unregelmäßige Ausgaben leicht übersehen. Den Rundfunkbeitrag oder die Zahnzusatzversicherung zahlen viele Menschen aber nur einmal im Quartal. Die entsprechenden Großbeträge können Sie für Ihre Rechnung einfach auf einen Monat umrechnen.

Direkt Geld sparen

Mit den Fixkosten ist es so eine Sache: Sie fallen regelmäßig in fixer Höhe an, weswegen viele sie für unverrückbar halten. Doch genau das ist falsch, bei den Fixkosten lässt sich sogar am einfachsten Geld sparen. Mit einem gründlichen Kassensturz können Sie überteuerte Tarife schnell erkennen und richtig sparen – bei Strom, Handyvertrag oder Internet (siehe Kasten auf Seite 18). Dieses Geld können Sie sofort in Ihr 100 000-Euro-Projekt schieben, ohne dass es weh tut. Das Tolle: Einmal vergleichen, danach aber dauerhaft sparen.

Bei dieser Gelegenheit fallen Ihnen auf dem Konto vielleicht auch alte Verträge auf, die Sie ohnehin schon lange kündigen wollten. Manche merken zum ersten Mal, wie teuer das eigene Girokonto geworden ist, wie sehr sich die Überweisungsgebühren inzwischen läppern. Faustregel: Wer mehr als 70 Euro pro Jahr für ein Konto zahlt, gibt zu viel aus. Viele Menschen zahlen außerdem 30 Euro im Monat für ein Fitnessstudio, gehen in Wirklichkeit aber gar nicht hin. Diese 30 Euro im Monat können Sie direkt in das 100 000-Euro-Ziel stecken, da sind sie besser investiert. Manche stolpern beim Kassensturz auch über alte Verträge, die sie gar nicht mehr auf dem Schirm hatten: dass sie

DIE 3 BESTEN
SPARTIPPS

1 Strom
Hängen Sie noch im Grund-stromtarif? Auf Onlineportalen wie Check24, Stromauskunft oder Top-tarif können Sie Anbieter verglei-chen und mitunter Hunderte Euro sparen. Aber Achtung: Manche Anbieter locken mit Tiefpreisen, werden aber teurer. Mehr dazu un-ter test.de/thema/stromtarife/

2 Handy
Gute Tarife mit Flatrate und viel Internetvolumen gibt's schon für 15 Euro im Monat. Selbst in den qualitativ guten Netzen gibt es Billiganbieter. Plus: Wer Handy und Vertrag getrennt kauft, spart meistens Geld. Rechnen Sie mal nach. Nähere Infos unter test.de/thema/telefontarife/

3 Internet
Wer Internet über den Kabel-anbieter bezieht (meist um 30 Euro), zahlt in manchen Regionen über Billigtöchter für den gleichen Tarif 20 Euro. Das spart im Jahr wieder 120 Euro, die Sie investie-ren können. Mehr dazu unter test.de/thema/internetanschluss/

eine völlig überteuerte Handyversicherung bezahlen, die obendrein noch viele Schäden ausschließt, oder dass der Musikverein aus dem Heimatort immer noch den Mitglieds-beitrag abbucht, obwohl man selbst längst umgezogen ist. Solche Dinge können Sie di-rekt auf die Streichliste setzen.

Kassenbons sammeln
Nach der groben Kontoanalyse sollten Sie zumindest einen Monat lang einen peni-blen Ausgabencheck machen, was links und rechts rausgeht. Am besten bei jedem Ein-kauf einen Kassenbon mitgeben lassen und alle Ausgaben abends schnell in eine Kas-sensturzrechnung eintragen. Egal, ob Sie beim Bäcker nur mal schnell ein Croissant gekauft haben oder im Kaufhaus einen neu-en Espressokocher. Das klingt zwar anstren-gend, hat am Ende aber Vorteile: Sie haben Klarheit über die eigenen Finanzen und können nebenbei die relevanten Geldfresser ausmachen. Meistens dauert das Ganze abends nicht mal länger als zehn Minuten – hilft aber enorm für Ihr 100 000-Euro-Ziel.

Noch mehr sparen
Jetzt wird es ernst: Was muss tatsächlich sein und was wäre im Zweifel entbehrlich? Klar, manche Ausgaben sind schlicht not-wendig: Ohne Lebensmittel, Miete und Strom kommt niemand aus. Andere Ausga-ben sind dagegen Luxus oder schlicht Ge-nuss. Im Restaurant essen, ins Kino gehen oder eine teure Handtasche kaufen? Darauf

So erkennen Sie Geldfresser

Wer seine Ausgaben einen Monat lang checkt, kann schnell Sparpotenziale heben – und für das Ziel von 100 000 Euro investieren.

Ausgaben	Gesamt in €	Muss-Ausgaben in €	Kann-Ausgaben in €	Anteil Kann in %
Miete/Strom etc.	599 €	599 €	0 €	0 %
Möbel/Haushalt etc.	69 €	54 €	15 €	22 %
Lebensmittel-Einkäufe	303 €	225 €	78 €	26 %
Bekleidung/Körperpflege etc.	76 €	76 €	0 €	0 %
Mobilität	306 €	275 €	31 €	10 %
Kommunikation	75 €	65 €	10 €	13 %
Freizeit/Restaurant etc.	303 €	120 €	183 €	60 %
Versicherungen	71 €	71 €	0 €	0 %
Sonstiges	134 €	86 €	48 €	36 %
Gesamteinnahmen	2 255 €			
Gesamtausgaben	1 936 €			
Einnahmen minus Ausgaben:	319 €			

Anmerkung: beispielhafte Darstellung

könnte man im Zweifel auch verzichten. Die Abgrenzung zwischen „muss" und „kann" darf jeder und jede für sich ganz persönlich treffen, hier gibt es kein Richtig oder Falsch. Während manche eine teure Gesichtscreme für Luxus erachten, brauchen andere sie aus gesundheitlichen Gründen dringend. Wichtig: Seien Sie einfach immer ehrlich zu sich selbst!

Nicht selten werden Sie auch über Käufe stolpern, die sich nicht klar zuordnen lassen: Kleidung muss schließlich regelmäßig sein. Auf der anderen Seite kaufen wir durchaus auch mal ein besonders teures Stück, einfach weil uns der schicke weinrote Wintermantel so gut gefallen hat. In solchen Fällen ist es sinnvoll, die Gesamtsumme wie in der obigen Tabelle aufzuteilen: In die Mussspalte tragen Sie ein, was ein normaler Wintermantel kosten würde. In die Kannspalte kommt der Restbetrag, gewissermaßen der Luxusaufschlag. So erkennen Sie dann vielleicht auch schon erste Sparpotenziale für die 100 000-Euro-Strategie.

So einfach kann's gehen

Stellen Sie sich vor, Sie sparen sich das Fitnessstudio für 30 Euro im Monat und joggen ab jetzt im Freien. Außerdem sparen Sie bei Strom, Internet und Handy je zehn Euro im Monat, weil Sie die Tarife clever verglichen haben. 20 Euro im Monat legen Sie selbst dazu, pro Woche müssten Sie dafür nur ein bisschen Kleingeld aus Ihrem Portemonnaie ins Sparschwein wandern lassen.

In Summe wären das immerhin 80 Euro pro Monat.

Das klingt zwar bloß nach einem kleinen Betrag, kann aber der Grundstein für Ihre 100 000 Euro sein. Wären Sie mit diesen rund 80 Euro über 30 Jahre an der Börse einem Aktien-Weltindex gefolgt, hätten Sie die 100 000 Euro zumindest im Schnitt aller historischen Fälle erreicht. Wie das genau geht, erfahren Sie ab Seite 64.

An alles gedacht?

Schon kleine Pannen können das 100 000-Euro-Ziel in Gefahr bringen. Wer die wichtigsten Fallstricke kennt, kann sich jedoch vorbereiten.

Sicher haben Sie im Leben auch schon eine Menge großer und kleiner Überraschungen erlebt: Mal geht plötzlich der Herd kaputt, mal deckt ein Sturm das gesamte Dach ab, mal kippen Sie versehentlich ein Wasserglas über den teuren Laptop eines Bekannten. Die Rechnung für solche Dinge kann happig ausfallen und Sparern sogar ihren 100 000-Euro-Plan durchkreuzen. Wer schon vorher an die wichtigsten Probleme denkt und sich in Sachen Geldanlage auf Eventualitäten einstellt, hat hinterher den Rücken frei, wenn es in Richtung der 100 000 Euro geht.

Schulden abstottern

Bevor Sparerinnen von großen Zielen träumen, sollten sie unbedingt ihre Schulden abzahlen. Selbst wer nur versehentlich sein Konto überzieht und in den „Dispo" rutscht, zahlt dafür schnell 14 Prozent Zinsen. Wer auch diesen Dispokreditrahmen reißt, zahlt noch üppigere Überziehungszinsen – mitunter 20 Prozent pro Jahr. Heißt konkret: Wer sein Konto ein Jahr lang um 5 000 Euro überzieht, müsste schon 6 000 Euro an die Bank zurückzahlen. Aus dem vorübergehenden Notkredit kann also schnell eine Schuldenfalle werden.

Richtig absichern in vier Schritten

Wer sich Stufe um Stufe richtig absichert, kann den Weg hin zu 100 000 Euro viel beruhigter gehen.

4 Wichtige Versicherungen abschließen

Über Versicherungen denkt niemand gerne nach. Trotzdem: Krankenversicherung, Haftpflicht und Berufsunfähigkeit sollten Sie haben, als Autofahrer oder Hausbesitzerin auch Spezialversicherungen. Viele Sparer unterschätzen die Wichtigkeit: Wenn ein großer Schaden eintritt, können Sie mit Millionensummen konfrontiert werden. Dann könnten Sie Ihren Traum von den 100 000 Euro abhaken – und das muss nicht sein.

3 Für Anschaffungen sparen

Das neue Auto, der nächste Urlaub, die geplante Renovierung: Manche Ausgaben lassen sich bereits absehen. Am besten jeden Monat einen kleinen Betrag für solche Dinge reservieren, um später nicht vor einer leeren Haushaltskasse zu stehen. Wichtig: Legen Sie dieses Geld nicht an der Börse an, sondern sicher und verfügbar auf einem Tagesgeldkonto, an das Sie sofort herankommen.

2 Notgroschen aufbauen

Wer drei bis fünf Netto-Monatsgehälter auf die Seite legt, schläft besser. Das Geld ist eine Sicherheitsreserve für unvorhergesehene Ereignisse. Geht Ihr Herd kaputt, können Sie an den Notgroschen ran, sonst werfen solche Ereignisse am Ende Ihre ganze Planung für die 100 000 Euro über den Haufen.

1 Konto im Plus halten

Wer etwa ein monatliches Nettogehalt auf dem Girokonto parkt, rutscht nicht in den teuren Dispo. Wenn doch: unbedingt schnell zurückzahlen. Das gilt auch für alle anderen Schulden. Sie sind ein Mühlstein beim Vermögensaufbau.

Auch Sparer rund um den Berufseinstieg sollten unbedingt auf ihren Kontostand achten. Weil sich Ausgaben für Laptop, Handy und Co. läppern, tragen Verbraucherinnen und Verbraucher unter 25 Jahren hierzulande im Mittel schon 7 500 Euro Schulden mit sich herum. Bevor sich die Zinsforderungen der Bank irgendwann türmen, sollten Sie lieber schnell den Kredit zurückzahlen. Denn solche Zinslasten gehen auf Dauer ordentlich ins Geld und hindern Sie, sich frei zu fühlen. Keine Kreditzinsen mehr zahlen zu müssen, ist die beste Rendite. Oft hilft es schon, einen kleinen Kassensturz zu machen und die täglichen Finanzen unter Kontrolle zu bekommen. Wie das geht, haben Sie ab Seite 16 schon gelernt.

Wer sich nicht binnen weniger Monate von den Schulden lösen kann, kann sich mit einem Trick helfen: Nicht einfach weiter das eigene Girokonto überziehen, sondern bei der Bank einen normalen Kredit anfragen, im Fachsprech nennt sich das „Rahmenkredit". Dabei liegen die Kreditzinsen oft deutlich niedriger, als wenn man auf dem Girokonto dauerhaft im „Dispo" bleibt. Fragen Sie zu Rahmenkrediten nicht nur Ihre eigene Bank, sondern vergleichen Sie die Angebote verschiedener Institute. Zögern Sie nicht, Ihrer eigenen Bank im Zweifel untreu zu werden, es zählt jede Nachkommastelle beim Zins.

Notgroschen ansparen

Mal geht die Waschmaschine kaputt, mal springt das Auto plötzlich nicht mehr an – und wenn die langjährige Beziehung endet, muss sich mancher und manche schnell eine neue, teurere Wohnung suchen. Damit solche Unwägbarkeiten Sparerinnen bei ihrem 100 000-Euro-Plan nicht aus der Bahn werfen, sollten sie sich einen Notgroschen zulegen.

Als Daumenregel sollten Sie etwa drei bis fünf Nettomonatsgehälter auf die Seite schieben, damit Sie im Notfall ein paar Monate über die Runden kommen. Wer spezielle Risikofaktoren absehen kann und bereits ahnt, dass bald zum Beispiel eine neue Heizung fällig wird, sollte mehr auf die Seite legen. Auch für den Notgroschen sollten Sie wieder ein eigenes Tagesgeldkonto anlegen, dort liegt das Geld sicher, und Sie können bei Bedarf von einem Tag auf den anderen alles abheben.

Umso wichtiger ist es, mit der eigenen Reserve eisern zu bleiben: Das Geld sollte grundsätzlich nur für Notfälle da sein und nicht für das schöne neue Sofa. Wer noch nicht genug Geld für die Notfallreserve angespart hat, sollte sich unbedingt darum kümmern, bevor es mit dem 100 000-Euro-Ziel losgeht. Mit einer Notreserve im Rücken können Sie den Rest des Weges nämlich viel entspannter bestreiten.

Anschaffungen gut planen

Wer seine Finanzen clever plant, den können auch unregelmäßige Kosten nicht schocken: Von Freiberuflern verlangt das Finanzamt oft eine ordentliche Steuernachzahlung, manche Versicherungen buchen nur einmal im Jahr einen großen Batzen ab. Aber auch für schöne Dinge, wie den Jahresurlaub, wird häufig auf einmal eine ordentliche Summe fällig. Clevere Sparer sind sich der Tatsache bewusst, dass unregelmäßige Ausgaben anfallen und schieben schon vorher ein bisschen Geld dafür auf die Seite. Dann kommen die Beträge nicht unvorhergesehen und reißen kein Loch in die eigene 100 000-Euro-Kalkulation.

Versicherungen prüfen

Stellen Sie sich kurz einmal folgendes Szenario vor: Sie verlieren im Eifer des Gefechts Ihren Haustürschlüssel und müssen Ihr Missgeschick dem Vermieter melden. Der lässt im Mietshaus gleich die zentrale Schließanlage wechseln und präsentiert Ihnen die Rechnung: Bei zehn oder mehr Stockwerken können unter dem Strich schnell mehr als 10 000 Euro zusammenkommen. Haben Sie keine Versicherung, können solche Forderungen schnell den eigenen Finanzplan ruinieren – denn Sie haften mit Ihrem Einkommen und Privatvermögen. Prüfen Sie deswegen unbedingt, ob Sie bereits alle elementaren Versicherungen abgeschlossen haben. Zu ihnen zählen unter anderem:

1. Krankenversicherung
2. Haftpflichtversicherung
3. Berufsunfähigkeitsversicherung

Die Krankenversicherung ist in Deutschland ohnehin Pflicht. Die Haftpflichtversicherung wiederum hilft, wenn man fahrlässig einen Schaden verursacht – ob man aus Versehen eine teure Vase herunterfallen lässt oder den Haustürschlüssel verliert. Auch die Berufsunfähigkeitsversicherung sollten Sie nicht vergessen: Fast jeder und jede Fünfte wird im Laufe des Erwerbslebens einmal berufsunfähig. Grund hierfür sind oft übrigens nicht körperliche Beschwerden, sondern seelische Nöte. Finanztest untersucht regelmäßig Berufsunfähigkeitsversicherungen, zuletzt im Mai 2021. Die Ergebnisse finden Sie unter test.de/thema/berufsunfaehigkeitsversicherung/ im Netz.

Welche anderen Versicherungen Sparer brauchen können, kommt darauf an: Wer häufig reist, sollte eine Auslandsreise-Krankenversicherung abschließen. Wer ein Haus besitzt, sollte über Wohngebäudeversicherung, Öltank- und Hausbesitzer-Haftpflicht nachdenken. Andere Versicherungen sind oft nur mit Einschränkungen empfehlenswert: Eine Hausratversicherung lohnt sich nur, wenn Sie wirklich teure Wertgegenstände besitzen. Bei Zahnzusatzversicherungen müssen Sie oft trotzdem noch eine Menge Geld selbst zuschießen. Völlig überflüssig sind überteuerte Handyversicherungen, Brillenpolicen – oder die oft belächelte Hochzeitsrücktrittsversicherung. Außer Sie planen eine 100 000-Euro-Hochzeit.

▶ Versicherungen checken und Geld sparen? Dabei hilft das Versicherungs-Set der Stiftung Warentest. Weitere Infos unter: test.de/versicherungsset

30
SEKUNDEN FAKTEN

6,85 MILLIONEN
Menschen in Deutschland sind überschuldet.

47 %
der Deutschen sparen ein Polster für unvorhergesehene Ausgaben an.

46 %
der Deutschen sparen für einen Urlaub.

449 MILLIONEN
Versicherungsverträge haben die Deutschen abgeschlossen.

Quellen: Creditreform/Kantar/GfK/GDV

Ihr Geldtyp

Sind Sie in Sachen Geld eher Zocker oder Zauderer? Nur wer seine Beziehung zum Geld versteht, kann erfolgreich anlegen.

→ **Werfen Sie am Morgen** als Erstes einen Blick auf Ihr Handy, um zu sehen, in welche Richtung der japanische Aktienindex Nikkei tendiert? Oder gehen Sie es entspannt an – und sehen nur einmal im Monat auf Ihrem Girokonto nach dem Rechten? In Sachen Geldanlage gibt es viele Typen: Entscheiderinnen und Entspannte, Spekulantinnen und Sparbrötchen, Dagoberts und Defensivspieler.

Bevor Sie sich mit Ihrem Geld in den nächsten Kapiteln mittels Banken und Börse auf den Weg Richtung 100 000 Euro machen, sollten Sie unbedingt Ihre Einstellung zum Risiko unter die Lupe nehmen. Denn keine Anlage ist ohne Risiko. Wo es an den Aktienbörsen hohe Renditen gibt, geht es oft auch besonders turbulent zu. Wer für sein 100 000-Euro-Ziel mit unserer Finanztest-Strategie, dem Pantoffel-Portfolio, zumindest zum Teil auf den Ertragsmotor der Börse setzt, sollte deswegen vorher sein persönliches Risikolevel ermitteln.

Fachleute unterscheiden dabei subjektive Risikoneigung und objektive Risikotragfähigkeit: Wie viel Auf und Ab können Sie bei Ihren Anlagen emotional aushalten? Und wie viel Risiko können Sie angesichts Ihrer finanziellen Situation vertragen? Diese beiden Eckpunkte bestimmen am Ende maßgeblich, wie riskant Ihre Anlagen sein können und welcher individuelle Weg in Richtung der 100 000 Euro für Sie passt. Mit unserem Check können Sie Ihr Risikolevel ermitteln.

Ihre Risikotragfähigkeit

Wie viel Risiko Sie tragen können, hängt vor allem von Ihrem persönlichen Anlagehorizont ab. Wer noch viel Zeit hat, um das 100 000-Euro-Ziel zu erreichen, kann zwischenzeitliche Verluste an der Börse einfach aussitzen. Ist es zum Beispiel egal, ob Sie die geplante Weltreise in zehn oder zwanzig Jahren machen, können Sie mehr ins Risiko gehen und im Zweifelsfall warten, bis sich die Kurse wieder erholt haben.

Wichtig für die Risikoanalyse ist natürlich auch Ihre generelle Vermögenssituation: Wie viel verdienen Sie und wie viel Vermögen besitzen Sie bereits? Wer als Beamter oder Beamtin über Jahre hinweg ein planbares und solides Gehalt bekommt, kann mit den Sparbeiträgen stärker ins Risiko gehen als Freiberufler, die jeden Monat mit schwankenden Umsätzen konfrontiert sind. Haben Sie finanziell bereits ausgesorgt und nennen ein großes Erbe Ihr Eigen, können

Sie mit Ihrem restlichen Geld ebenfalls offensiver vorgehen.

Außerdem sollten Sie Ihre Lebensumstände betrachten: Das Risikolevel der ganz persönlichen 100 000-Euro-Strategie sollte niemals andere wichtige Lebenspläne in Gefahr bringen. Bezahlen Sie zum Beispiel einen Hauskredit ab, sollten Sie sich nur an den Aktienmarkt wagen, wenn Sie selbst bei einem heftigen Kurscrash weiterhin die Raten zahlen könnten. Wer auch noch für einen Lebenspartner oder Kinder verantwortlich ist, dürfte bei seinen Anlagen ebenfalls vorsichtiger vorgehen als Singles, die nur für sich selbst sorgen müssen.

Zu guter Letzt hängt die Risikotragfähigkeit auch am konkreten 100 000-Euro-Ziel: Muss das Geld zwingend zu einem bestimmten Datum da sein, sollten Sie bei der Anlage vorsichtiger vorgehen oder eventuell in den Jahren vor dem Auszahlungstermin das Risikolevel deutlich herunterschrauben – sofern das Ziel schon erreicht ist. Ist es nicht so schlimm, wenn am Ende vielleicht doch „nur" 80 000 Euro herauskommen oder Sie noch ein bisschen länger sparen müssen, können Sie risikoreicher anlegen.

Ihre Risikoneigung

Die Lust am Gewinnen, die Angst vor dem Verlieren: Unsere Emotionen spielen beim Anlegen eine ganz entscheidende Rolle. Für Anleger und Anlegerinnen ist es deswegen wichtig, nicht nur auf Vermögen und Einkommen zu schauen, sondern auch ihr emotionales Verhältnis zum Risiko zu klären.

Wer im Risiko am Finanzmarkt eher eine Chance sieht, wird bei seinen Anlagen offensiver vorgehen. Sparer, die bereits bei kleinen Kurskapriolen unruhig schlafen, sollten konservativer anlegen. Wer mit Aktien, Schiffscontainern oder Windrädern bereits einmal große Verluste eingefahren hat, ist bei seinen künftigen Anlagen oft ein gebranntes Kind und setzt stärker auf Sicherheit. Wer dagegen schon seit Langem an der Börse investiert oder sogar mit Aktien aufgewachsen ist, kann sich mit dem Risiko meist besser abfinden.

Um dem eigenen Verhältnis zum Risiko auf die Schliche zu kommen, hilft schon ein Gedankenspiel. Simulieren Sie einmal den Ernstfall eines Aktiencrashs, bei dem die Kurse an den Börsen plötzlich um rund 60 Prozent fallen. Was würde das in Euro und Cent für Ihr Geld bedeuten? Könnten Sie noch ruhig schlafen? Oder würden Sie dann lieber nur die Hälfte Ihres Spargeldes an die Börse geben?

Das Risikolevel austarieren

Wenn Sie Ihre Risikobereitschaft einschätzen wollen, sind Risikotragfähigkeit und Risikoneigung gleich wichtig. Liegen beide Werte auf unterschiedlichen Stufen, richten Sie Ihr Risikoprofil lieber am niedrigeren Wert aus. Sind Sie vom Grundtyp her zum Beispiel eher offensiv unterwegs, finanziell

Checkliste

Wie viel Risiko passt zu Ihnen?

Bei der Ermittlung Ihrer persönlichen Risikotragfähigkeit und Ihrer Risikoneigung helfen Ihnen diese Fragen.

Ihre Risikotragfähigkeit

☐ Wie stark sind Sie über vorhandenes Vermögen, ein Erbe oder auskömmliche Rentenansprüche bereits finanziell abgesichert?

☐ Wie hoch und wie planbar sind Ihr Einkommen und wie sicher ist die berufliche Situation?

☐ Wie flexibel sind Sie, wenn Ihr Arbeitsplatz wegfallen sollte?

☐ Haben Sie größere finanzielle Verpflichtungen wie einen Hauskredit oder die Verantwortung für Familie und Kinder?

☐ Müssen Sie Ihr 100 000-Euro-Ziel unbedingt und genau zu einem bestimmten Termin erreichen?

Ihre Risikoneigung

☐ Schauen Sie bei möglichen Anlagen zuerst auf deren Chance oder auf das Risiko?

☐ Haben Sie bereits einmal schlechte Erfahrungen mit Anlagen an der Börse gemacht? Sind Sie in der Vergangenheit schon einmal von windigen Finanzverkäufern hereingelegt worden?

☐ Ab wie viel Prozent Verlust würden Sie Bauchgrimmen bekommen? Rechnen Sie den Betrag auch in Euro und Cent aus.

☐ Was wäre Ihnen lieber: eine Anlage mit sieben Prozent Rendite im Jahr, die in manchen Jahren 50 Prozent fallen kann, oder eine Anlage, die kaum im Wert schwankt, dafür aber kaum Ertrag bringt? Oder eine Mischung aus beiden Anlagen?

aber nur unzureichend abgesichert, sollten Ihre Anlagen tendenziell trotzdem vorsichtiger ausgerichtet sein. Jemand, der zwar viel Geld geerbt hat, aber persönlich eher risikoscheu ist, sollte wiederum nicht zu riskant loslegen. Sonst besteht die Gefahr, dass Sie vor lauter Angst um Ihre Anlagen ausgerechnet zum Kurstiefpunkt verkaufen und sich damit empfindliche Verluste einhandeln.

Beim Risiko gibt es aber nicht nur Schwarz oder Weiß, sondern auch viele Grautöne. Wie stark Sie auf den Renditemotor von Aktien setzen können und wie viel Geld Sie lieber aufs sicherere Sparkonto wandern lassen, leitet sich direkt aus Ihrem persönlichen Risikolevel ab. Finanztest unterscheidet deswegen die Risikokategorien offensiv, defensiv und ausgewogen: Wer im Check auf ein hohes Risikolevel kommt, kann durchaus 75 Prozent kontrolliert in Aktien investieren. Wer zu den defensiven Anlegern gehört, sollte vielleicht erst einmal nur 25 Prozent in riskantere Anlagen investieren. Wer der ausgewogenen Strategie folgt, kann die eine Hälfte am Aktienmarkt investieren, die andere in sichere Zinsanlagen schieben und damit der Daumenregel „Hälfte-Hälfte" folgen. Wie das konkret funktioniert, lesen Sie ab Seite 48.

Vielleicht ist Ihnen, etwa auf Finanz-Websites oder in YouTube-Videos zum Thema Geldanlage, schon einmal der Begriff „Asset Allocation" begegnet. Auf Deutsch bedeutet das nichts anderes als „Anlageaufteilung", bezeichnet also das beschriebene Mixen Ihrer Geldanlagen. Diese Weichenstellung ist wirklich wichtig, denn die grundsätzliche Vermögensaufteilung in die Gefäße Aktien und Zinsanlagen bestimmt Ihre spätere Rendite maßgeblich. Nehmen Sie sich für die Risikoanalyse daher auf jeden Fall genug Zeit, sie ist der Schlüssel zur erfolgreichen Geldanlage. Und zu Ihrer Chance auf 100 000 Euro.

30
SEKUNDEN FAKTEN

49 %
der Menschen sind Rendite und Sicherheit gleich wichtig.

63 %
der reinen Sparer würden bei kleinen Verlusten an der Börse nervös.

61 %
der Menschen setzen nach der Coronakrise mehr auf Sicherheit.

Quellen: Bafin/Frankfurt School/Puls

Einfach clever investieren

Die Deutschen sind Sparweltmeister, doch genau das ist das Problem. Wer ein Vermögen aufbauen will, muss auch auf Aktien setzen. Das geht einfacher, als viele denken.

Mehr aus seinem Geld zu machen heißt in der anhaltenden Niedrig- und Nullzinsphase: Sparen allein reicht nicht aus – wer sein Geld vermehren will, muss es anlegen, investieren und für seine Ziele arbeiten lassen.

Zugegeben, das ist einfacher gesagt als getan: Manche Anlagemagazine schwärmen von „100, 200 oder noch mehr Prozent mit den besten Aktien". Gleichzeitig lesen Sie auf Zeitungswebsites Schlagzeilen wie „Crash-Gefahr an der Börse: Wie Sie Ihr Geld jetzt in Sicherheit bringen". Wem sollen Sparerinnen und Sparer nun glauben?

In diesem Kapitel erfahren Sie, wovon der Erfolg Ihrer Geldanlage abhängt, warum die Börse Ihr Vermögen kräftig steigern kann und wie Sie die Risiken am Parkett beträchtlich drücken. Daneben zeigen wir Ihnen, mit welchen Tricks Sie einfach und erfolgreich anlegen – und obendrein erfahrene Geldprofis schlagen.

Ihr Weg zum Vermögen

Reich werden? Das versuchen viele mit Lottoscheinen und einer Prise Glück. Dabei geht es an der Börse besser.

Was meinen Sie: Womit kann man eher ein Vermögen machen – mit Aktien oder einem Lottoschein? Für viele Deutsche scheint die Antwort klar: Nur jeder Vierzehnte glaubt an das große Vermögen mit Aktien. Immerhin knapp jeder Sechste aber glaubt an die bunten Tippscheine, bei denen der Zufall entscheidet. In der Zusatzlotterie Super 6 beträgt der Hauptgewinn für Glückspilze schließlich exakt 100 000 Euro.

Allerdings ist es nicht sehr wahrscheinlich, dass Sie einfach nur einen Lottoschein ausfüllen und über Nacht den Jackpot knacken. Die Chance, in der Zusatzlotterie Super 6 die heiß begehrten 100 000 Euro zu erspielen, liegt leider nur bei eins zu einer Million. Reichen Sie Ihren Lottoschein am Kiosk ein, verbrennen Sie aller Wahrscheinlichkeit nach also Geld. Wer die 100 000 Euro auf solidem Wege erreichen will, muss sich anderswo nach ertragsstarken Anlagen umsehen – und die Grundregeln des erfolgreichen Vermögensaufbaus verstehen.

Wie Ihr Geld für Sie arbeitet

Die erste Schlüsselqualifikation für Ihren Weg in Richtung der 100 000 Euro lautet: exponentiell denken. Vielleicht erinnern Sie sich auch daran, dass Sie dieses Thema vor langer Zeit in der Schule behandelt haben. Exponentielle Kurven steigen nicht langsam wie ein schräger Strich, sondern biegen sich Stück für Stück immer steiler nach oben und entfalten erst mit der Zeit eine richtige Wucht. Neue Computergenerationen können zum Beispiel exponentiell schneller werden, Viren sich exponentiell vermehren – aber auch Ihr Geld kann das im besten Falle.

Wer die Lektion des exponentiellen Denkens auf sein Vermögen anwendet, kann dem 100 000-Euro-Projekt ungeahnten Schub verleihen. Dahinter steckt als Motor der Zinseszins-Effekt: Er besagt, dass Erträge bei der Geldanlage einfach auf das Startkapital draufgeschlagen werden und sich anschließend mitvermehren können.

Ein Beispiel: Angenommen, Sie finden eine Anlage, die pro Jahr fünf Prozent Ertrag abwirft. Investieren Sie 10 000 Euro auf einmal, hätten Sie Ende des Jahres 500 Euro Gewinn gemacht. Jetzt dürfen Sie wählen: Wollen Sie den Gewinn lieber bar auf die Hand bekommen oder zu Ihren Anlagen dazupacken?

Der Clou: Wenn Sie die 500 Euro anlegen und die ursprüngliche Summe damit auf-

Die Wucht der Wiederanlage

So viel wurde aus beispielsweise 25 000 Euro bei unterschiedlichen Renditen, wenn Sparer die Gewinne ebenfalls anlegten.

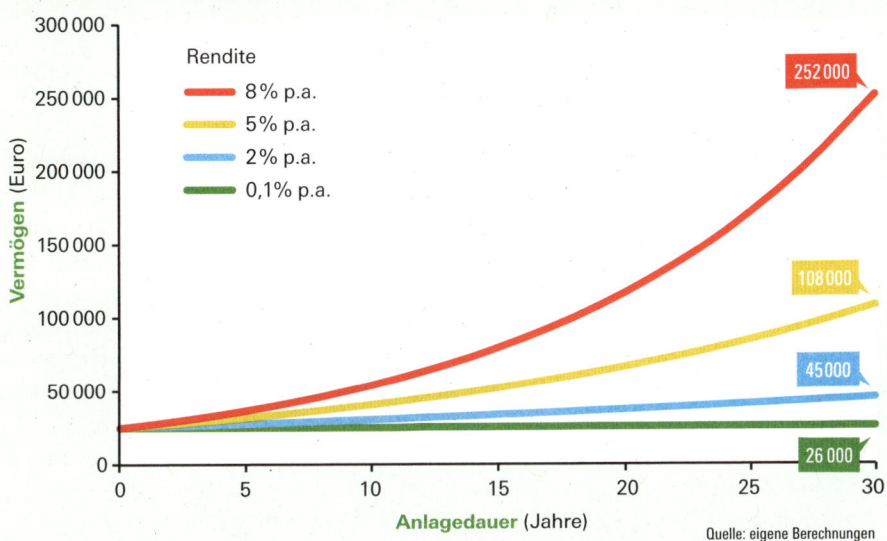

Quelle: eigene Berechnungen

stocken, würden im nächsten Jahr schon 10 500 Euro am Kapitalmarkt für Sie arbeiten. Erzielen Sie wieder fünf Prozent Ertrag, wäre das schon ein Gewinn von 525 Euro. Läuft es gut, bringt Ihr Kapital also Jahr für Jahr mehr Gewinn. Der bekannte Investor Warren Buffett bezeichnete den Effekt deswegen als den „wichtigsten Erfolgsfaktor beim Investieren", Nobelpreisträger Albert Einstein sprach sogar vom „achten Weltwunder".

Wie Sie mit Ihrer 100 000-Euro-Strategie die Wucht der Wiederanlage am besten nutzen? Einfach auf Zeit spielen. Wer über einen Zeitraum von mehr als 20 Jahren anlegt, kann besonders entspannt dabei zusehen, wie das eigene Vermögen Fahrt aufnimmt. Je länger Sie anlegen, desto stärker können Sie profitieren. Am Anfang ist der Effekt noch winzig, auf lange Sicht entfaltet

er jedoch seine eigene Kraft (siehe Grafik oben). Gerade Berufseinsteiger können sich diesen Vorteil einfach zunutze machen, sie haben schließlich noch rund 40 Jahre Zeit bis zum Ruhestand. Allerdings sollte auch die reifere Jugend in Sachen Zinseszins nicht vorschnell abwinken: Wenn sie 50 Jahre alt sind, bleiben Anlegern zwar nur noch 17 Jahre bis zur Rente. Weil wir im Schnitt alle aber immer länger leben, muss heute niemand mehr sofort zu Rentenbeginn all sein Geld zu Nullzinsen auf dem Konto parken. Auch im Ruhestand können Anlegerinnen zumindest einen gewissen Teil ihres Geldes noch an der Börse arbeiten lassen.

Wie sehr das exponentielle Wachstum Sparern bei ihrer Hunderttausender-Mission nutzt, zeigt schon eine einfache Rechnung: Wer 25 000 Euro bei einer Rendite von konstant fünf Prozent verdoppeln will, bräuchte dafür etwa 15 Jahre. Für die nächsten 25 000 Euro Gewinn bräuchte es allerdings nur noch acht Jahre, für die dritten 25 000 Euro sogar nur sieben Jahre. Über 30 Jahre gesehen kann die Kraft der Wiederanlage Anleger also locker über die Ziellinie tragen.

Nur noch Magerzinsen

Sparbuch, Schweinderl oder Strumpf: Wo lagern Sie eigentlich Ihr Geld? Die meisten Menschen hierzulande lassen ihr Geld einfach auf dem Konto liegen, obwohl es dort seit Jahren keine oder nur noch magere Zinsen gibt. Ende 2020 zahlten die Banken neuen Kunden hierzulande im Schnitt gerade noch 0,1 Prozent Zinsen für Geld auf dem Sparbuch. Wer 10 000 Euro zu diesem Magerzins anlegt, würde nach einem Jahr bloß zehn Euro Ertrag bekommen. Davon könnten Sie einmal ins Kino gehen, wären Ihrem sechsstelligen Ziel allerdings nur einen Trippelschritt nähergekommen. Selbst nach 100 Jahren hätten Sie bei diesem Zinssatz erst 11 050 Euro auf dem Sparbuch. Keine Frage, Ihren 100 000-Euro-Plan können Sie so vergessen.

Nie waren die Folgen der Niedrigzinsen dabei so dramatisch wie aktuell: Inzwischen hat sich auf Sparkonten und in Sparbüchsen zwischen Ahrensbök und Zorneding die gigantische Summe von 2 734 Milliarden Euro angehäuft. Kein Wunder, dass sich engagierte Sparerinnen und Sparer nach lukrativeren Anlageformen umsehen.

Soll's etwas mehr sein?

Ganz im Gegensatz zum legendären Sparbuch kommt der Ertragsbringer Aktien bei vielen Menschen schlecht weg: Die Börse? Nur etwas für Zocker. Dabei hat cleveres Anlegen nicht unbedingt viel mit hektischem Kaufen und Verkaufen im Sekundentakt zu tun, sondern viel mehr mit solider Planung, einem kühlen Kopf und großem Durchhaltevermögen.

Die Fakten sprechen für sich: Wer seit dem Jahr 1991 jeden Monat an der Börse mit rund 75 Euro stur einem Welt-Aktienindex mit Hunderten Unternehmen vom ganzen Globus gefolgt wäre, hätte Ende 2020 die Hunderttausender-Marke geknackt.

66 Die Börse schlug sogar Diamanten.

Das war kein Zufallstreffer: Sofern Anleger ihr Investment weltweit streuten und langfristig anlegten, waren die Gewinne an der Börse auf lange Sicht höher als bei anderen Anlageformen. Drei Londoner Finanzhistoriker beweisen das jedes Jahr aufs Neue, indem sie die Erträge ganz verschiedener Anlageformen bis ins Jahr 1900 zurückverfolgen. Im Schnitt hätten Anlegerinnen mit den Börsen der entwickelten Länder demzufolge eine Rendite von 8,4 Prozent pro Jahr erzielen können – trotz Kriegen, Krisen und Crashs.

Selbst wenn die Forscher Elroy Dimson, Paul Marsh und Mike Staunton von der London Business School den Effekt der steigenden Preise herausrechnen, blieben Anlegern mit Industrieländer-Aktien inflationsbereinigt immer noch 5,4 Prozent Rendite pro Jahr. Das ist deutlich mehr als bei anderen Anlageklassen: Mit Anleihen hätten Sparerinnen inflationsbereinigt im Schnitt bloß zwei Prozent Gewinn pro Jahr machen können, mit kurzfristigen und sicheren Zinsanlagen nur 0,8 Prozent. Vor einigen Jahren haben die Forscher zusätzlich auch einige andere Anlagen bis zur Jahrhundertwende zurückverfolgt: Mit Gold hätten Sparer im Schnitt seit 1900 bloß weniger als zwei Prozent Ertrag erzielt – und selbst die Renditen von Diamanten, Violinen oder teuren Weinen fielen mit Werten zwischen null und etwas mehr als zwei Prozent magerer aus als diejenigen am Aktienmarkt.

Warum Aktien langfristig steigen

Warum sind die Weltbörsen auf lange Sicht um mehr als acht Prozent pro Jahr gestiegen? Die Erklärung ist ganz einfach: Mit Aktien können sich Anleger am langfristigen Wachstum der Unternehmen beteiligen. Wenn der Autobauer BMW seine Produktion ausweitet, wenn die Kaffeekette Starbucks neue Filialen aufmacht, wenn der E-Pionier Tesla effizienter produziert oder der Internetriese Apple ein innovatives Produkt erfindet, bildet das im besten Fall die Grundlage für steigende Unternehmensgewinne.

Gut zu wissen

A wie Aktie. Kaufen Sie an der Börse eine Aktie, gehört Ihnen ein kleiner Teil des Unternehmens. Sie dürften dann nicht einfach in ein Geschäft gehen und dort ein neues Handy mitnehmen. Aber Sie bekommen eine Aktie, die als Papier oder in digitaler Form verbrieft, dass Sie persönlich Mitanteilseigner des Konzerns sind.

In der Folge dürfen Sie sich als kleiner Unternehmer fühlen: Jeder Aktionär, jede Aktionärin bekommt pro Aktie einen Anteil am Grundkapital. Gibt es also eine Million Aktien, würde Ihnen der millionste Teil des Unternehmens gehören. In regelmäßigem Abstand haben Sie dann das Recht, vom Management über den Lauf der Geschäfte informiert zu werden. Außerdem dürfen Sie auf der Hauptversammlung mitbestimmen, wer in den Aufsichtsrat des Unternehmens einzieht und wie viel von den Gewinnen als Dividende an die Anlegerinnen und Anleger ausgeschüttet wird. Allerdings tragen Anleger von Unternehmen auch ein Risiko: Rutscht das Unternehmen in die Insolvenz, können die Aktien gar wertlos werden.

Auf kurze Sicht ist alles Zufall

Aus den Renditen des aktuellen Tags lässt sich nichts für den Folgetag lernen. Mal folgte auf einen guten Tag für den Industrieländerindex MSCI World noch ein guter, mal ein schlechter.

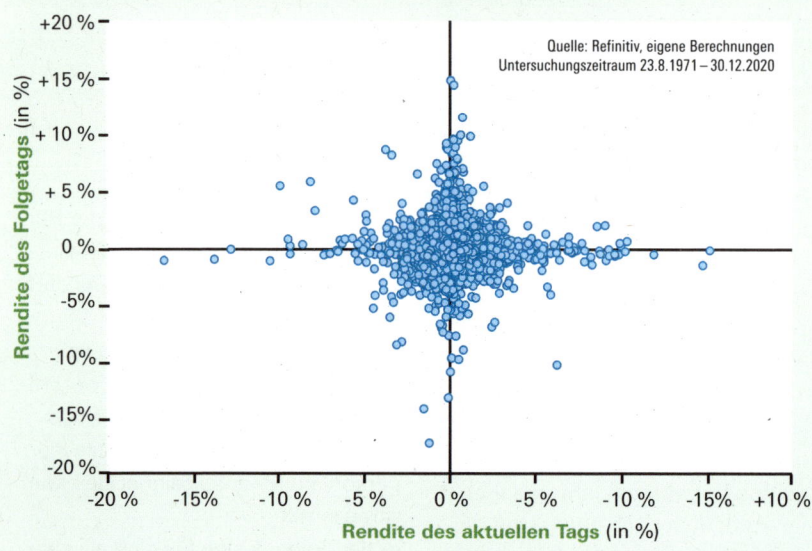

Quelle: Refinitiv, eigene Berechnungen
Untersuchungszeitraum 23.8.1971 – 30.12.2020

Rendite des Folgetags (in %)

Rendite des aktuellen Tags (in %)

Zwar wachsen nicht jedes Jahr die Gewinne aller Unternehmens, aber in Summe sind die Gewinne der weltweiten Börsenunternehmen auf lange Sicht gestiegen. Viele Unternehmen geben einen Teil der Gewinne als Dividendenausschüttungen an die Anleger zurück – und steigern diese Zahlungen mit der Zeit sogar. Für Börsenexperten erklären sich vor allem aus diesem Strom an Dividenden die langfristigen Gewinne am Aktienmarkt. Weil viele Unternehmen auf Sicht eines Jahrhunderts untergehen, rechnet man gar nicht so sehr mit übermäßigen Kursgewinnen – sondern kauft sich mit Aktien oder Fonds das Recht auf zukünftige Dividenden. Genau das macht Aktien in den Augen von Finanzprofis langfristig attraktiv.

Zweitens: Weil Aktien mehr Risiko als Anleihen bedeuten, verlangen Anleger dafür eine höhere Rendite, quasi als Schmerzensgeld. Einerseits schwanken Aktien kurzfristig nämlich stärker als Anleihen, was vielen Anlegern das Gefühl einer Achterbahnfahrt für ihr Geld gibt. Andererseits haben Aktionäre im Ernstfall einer Unternehmenspleite ein höheres Verlustrisiko: Geht ein Unternehmen pleite, stehen Anleihehalter besser da. Auch dafür wollen die Aktionäre gerne eine Kompensation sehen, zum Beispiel in Form von satten Gewinnausschüttungen.

Kurzfristig turbulent ...

Ist es nicht zu riskant, sein Geld an der Börse anzulegen? Vielleicht haben Sie Bekannte, die mit Aktien viel Geld verloren haben und daher überzeugt sind, dass die Kurse am Parkett reiner Zufall sind. Kurzfristig stimmt das sogar: Die Wahrscheinlichkeit, dass die Kurse an einem Tag steigen oder fallen, liegt ziemlich genau bei 50 Prozent.

Auf lange Sicht gab es keine Verluste

Je länger Anlegerinnen und Anleger investiert blieben, desto näher kamen ihre Renditen dem historischen Mittel.
Im langfristigen Schnitt hätten sie mit Anlagen in einen MSCI World-ETF 8,1 Prozent pro Jahr erzielt.

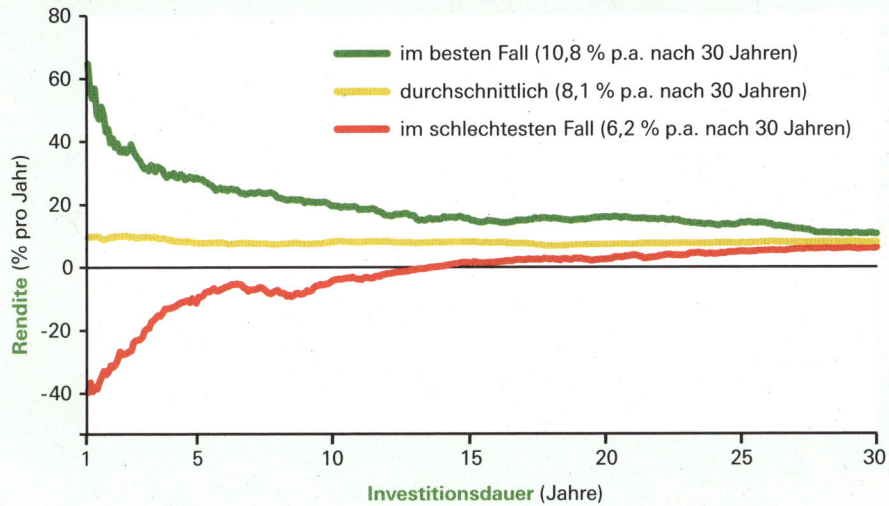

Quelle: Refinitiv, eigene Berechnungen   Details zur Methodik unter test.de/100k/methodik   Untersuchungszeitraum 31.12.1969 – 31.12.2020

Unser Diagramm auf der linken Seite zeigt, dass auf einen schwachen Tag mal ein guter, genauso oft aber auch ein schlechter Tag folgt. Ob die Kurse grün oder rot leuchten, ist auf Tagessicht reiner Zufall. Sie könnten genauso gut eine Münze werfen.

Selbst wer an der Börse ein ganzes Jahr in den Weltindex MSCI World investierte, kassierte nur in seltenen Fällen die historische Durchschnittsrendite von rund acht Prozent. Im Gegenteil, oft war die Rendite deutlich üppiger, oft aber auch viel magerer. Wer dem Index nur ein Jahr die Treue hielt, hätte im besten Jahr eine Rendite von 65 Prozent eingefahren, sich im schlechtesten Jahr jedoch 39 Prozent Verlust eingebrockt.

... langfristig stabiler

Doch das Bild ändert sich, je länger Anleger investiert blieben – und gute wie schlechte Phasen mitmachten. Wer sein Geld 30 Jahre lang in den Weltindex anlegte, hätte selbst im schlechtesten Zeitraum pro Jahr im Schnitt noch ein Plus von 6,2 Prozent eingefahren, im besten Fall wären es 10,8 Prozent gewesen. In der Tat näherten sich die Renditen der Anlegerinnen und Anleger im MSCI World auf langfristige Sicht auffällig dicht an den historischen Schnitt an. Über einen längeren Zeitraum konnten Sparerinnen zumindest in der Vergangenheit also stabilere Renditen erzielen als über kurze Perioden, wie unser Renditetrichter in der Grafik oben zeigt.

Die Devise heißt also: cool bleiben. Langfristige Anleger können die notorischen Kurskapriolen an der Börse einfach ignorieren. Ein vorübergehendes Minus im Depot ist noch kein Verlust, solange Sie nicht verkaufen. Wer dabeibleibt, sichert sich die

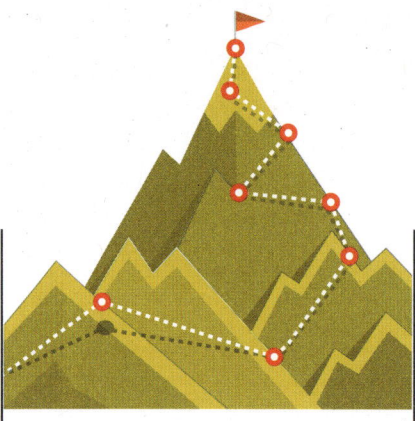

HÄTTEN SIE'S GEWUSST?

Eine Gruppe Kaufleute gründete im Jahr 1585 die Frankfurter Börse, um in der damaligen Handelsstadt am Main einheitlich gültige Wechselkurse festzulegen.

Im Jahr 1820 wurde an der Frankfurter Börse die erste Aktie gehandelt. Damals starteten die Titel der „Privilegirten Oesterreichischen National-Bank" in den Handel. Vorher wurde in Frankfurt nur mit Anleihen und Währungen gehandelt.

Inzwischen lassen sich an der Deutschen Börse 12 450 Aktien handeln, darunter auch viele kaum bekannte Namen aus dem Ausland.

Quelle: Deutsche Börse

Chance, dass die Kurse wieder steigen können – und zumindest auf mittlere Sicht haben die Weltbörsen das noch stets geschafft. Wer dem Weltindex MSCI World mehr als 14 Jahre treu blieb, hätte seit dem Start des Börsenbarometers noch nie einen Verlust gemacht.

Alleine riskant ...

Sich an der Börse mit dem Durchschnitt zufriedengeben? Das wollen die wenigsten Privatanleger und -anlegerinnen. Viele beschäftigen sich sehr intensiv mit Aktien, versuchen in den Kursen Muster zu erkennen und Bilanzzahlen zu durchstöbern. Die Jagd nach den „besten" Aktien wird für die meisten jedoch zur Enttäuschung.

Finanzprofessor Andreas Hackethal hat im Auftrag von Finanztest rund 40 000 Depots deutscher Privatanleger zwischen 2005 und 2015 durchforstet. Während Anleger mit einer einfachen Indexmischung 8,7 Prozent Rendite pro Jahr hätten einspielen können, erzielten die deutschen Privatanleger mit ihren Depots im Schnitt nur 3,1 Prozent Gewinn pro Jahr. Im Klartext: Sie haben viel Geld verschenkt, weil sie auf zu wenige Titel setzten – und obendrein auf die falschen.

Denn neben den gern gezeigten Kursraketen gibt es an der Börse auch eine Menge Verlierertitel, über die viel seltener gesprochen wird. US-Finanzprofessor Hendrik Bessembinder hat in einer Studie 62 000 Aktien vom ganzen Globus zwischen 1990 und 2018 untersucht und dabei Atemberauben-

Markt- und Einzeltitelrisiko

Je mehr Aktien Anleger besitzen, desto stärker sinkt das Risiko, dass sie auf die falschen Papiere setzen. Das allgemeine Marktrisiko lässt sich so aber nicht reduzieren.

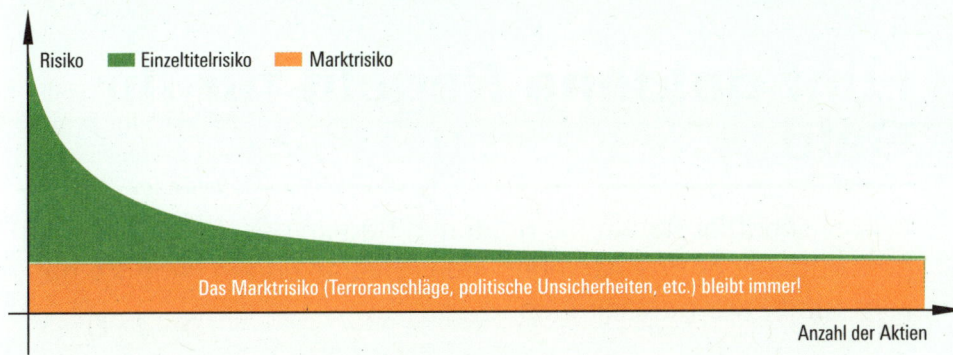

des festgestellt: Nur 46 Prozent der Aktien brachten Anlegerinnen und Anlegern über diesen Zeitraum an der Börse überhaupt einen Gewinn ein. Wer also zufällig eine Aktie auswählte, lag öfter daneben als richtig.

... zusammen stark

Dass die großen Weltbörsen-Indizes stetig gestiegen sind, obwohl die Mehrzahl der Unternehmen an der Börse langfristig keine Ertragsbringer waren, wirkt paradox.

Die Erklärung: Viele der Versagertitel waren besonders kleine Aktien, die in den großen Börsenindizes gar nicht vertreten sind. Für die Mehrheit der Gewinne am Parkett waren wiederum wenige Hundert großer Börsenunternehmen verantwortlich, die allein schon aufgrund ihrer Größe fast immer im Index vertreten sind – und obendrein größeres Gewicht haben als die mittleren Spieler in den Börsenbarometern.

Die Ergebnisse des US-Finanzprofessors zeigen damit auch, dass es an der Börse zwei grundsätzlich unterschiedliche Risikoarten

gibt. Auf der einen Seite steht das „Einzeltitelrisiko": Wenn die Gewinne schlechter ausfallen als erwartet, das Management keine klare Strategie fährt oder gar Skandale publik werden, bringt das den Kurs eines einzelnen Unternehmens unter Druck.

Im Gegensatz dazu steht das „Marktrisiko": Darunter verstehen Experten alles, was die gesamte Börse gleichzeitig betrifft. Kriege, Naturkatastrophen oder Terroranschläge treffen schließlich nicht nur ein Unternehmen, infolge des Coronavirus haben fast alle Aktienkurse empfindlich reagiert. Auch wenn Anleger wie in der Dotcom-Blase zur Jahrtausendwende plötzlich mit kollabierenden Gewinnen bei ganz vielen Unternehmen rechnen, können die Kurse insgesamt einbrechen. Während Anleger das allgemeine Marktrisiko schlicht akzeptieren müssen, lässt sich das Einzeltitelrisiko zumindest deutlich senken. Wie das gelingen kann und welche anderen Tipps beim Börsensparen in Richtung 100 000 Euro helfen, lesen Sie im folgenden Abschnitt.

Fünf goldene Regeln für Ihr Geld

Wissenschaftler haben die goldenen Regeln der Börse ausfindig gemacht. Jeder Privatanleger, jede Privatanlegerin kann sie nutzen – und zwar ganz einfach.

Sie inszenieren sich als Magier der Märkte: Viele Finanzprofis verkaufen die Themen Geldanlage und Börse in der Werbung als Geheimwissenschaft einiger weniger Experten. In Wirklichkeit kann aber jede ganz normale Sparerin, jeder Sparer an der Börse erfolgreich Vermögen aufbauen. Einen ersten Einblick in die tieferen Wirkkräfte am Aktienmarkt haben Sie im vorausgehenden Abschnitt bereits bekommen. Aus den Erkenntnissen darüber, wie die Börse tickt, lassen sich fünf goldene Regeln für Ihr Vermögen ableiten. Sie alle bringen Sparern einen klaren Vorteil bei der 100 000-Euro-Strategie und lassen sich ohne großen Aufwand umsetzen, versprochen.

1 Das Geld gut verteilen

Schon Oma wusste: Nicht alle Eier in einen Korb legen. Auf die Börse übertragen heißt das, dass Sie nicht nur auf die Aktie einer einzigen Firma setzen sollten. Damit würden Sie schließlich eine riskante Wette eingehen, dass ausgerechnet der Kurs dieser Firma durch die Decke geht. Das allerdings wäre ziemlicher Zufall, und wer will seinen Vermögensaufbau schon bloßem Glück überlassen?

Anleger laufen allerdings nicht nur mit einer einzigen Aktie Gefahr, ein Klumpenrisiko aufzubauen. Kaufen Sie 50 Autoaktien, liegen zwar viele Titel im Depot, allerdings kommen alle aus bloß einer Branche. Läuft

Gut zu wissen

Zu viel Heimatliebe. Viele deutsche Anleger suchen ihre Aktien zwischen Waterkant und Alpenrand: In den Depots finden sich fast ausschließlich deutsche Unternehmen. Allerdings hängen Sparerinnen und Sparer mit zu viel Heimatliebe das ganze Depot an die Geschicke nur eines Landes. Das ist nicht empfehlenswert, da nicht breit genug gestreut. Hinzu kommt, dass auch ihr Job von der deutschen Wirtschaft abhängt.

Privatanleger verschenkten viel Rendite

8,7 Prozent Rendite hätten Privatanleger mit einer einfachen Indexmischung pro Jahr erzielen können. Unter dem Strich erzielten sie mit ihren eigenen Depots jedoch nur 3,1 Prozent pro Jahr. Der folgenschwerste Fehler: Viele brockten sich mit den falschen Aktien ein herbes Renditeminus ein.

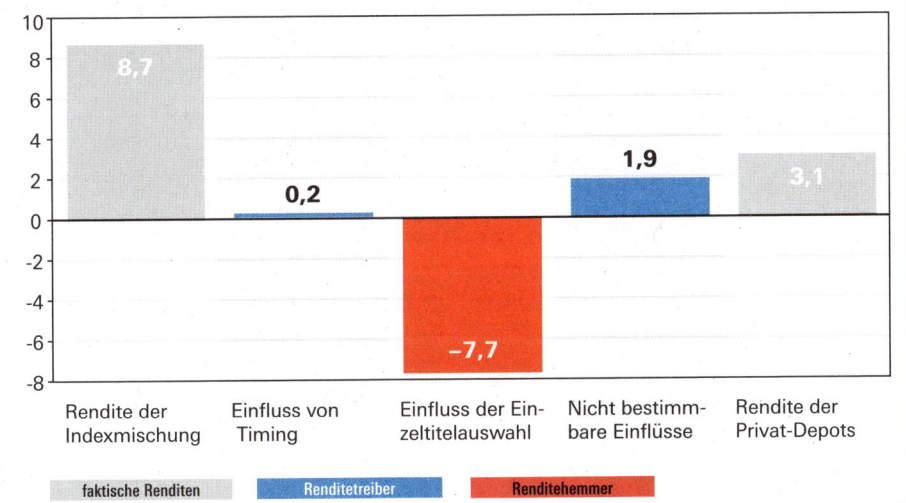

Rendite pro Jahr (Prozent)

Quellen: Berechnungen Hackethal und Meyer, Thomson Reuters
Zeitraum: 1.1.2005 bis 31.12.2015

zum Beispiel der Autoabsatz im weltweit wichtigsten Fahrzeugmarkt China schlecht, kämen die meisten Autobauer in schwieriges Fahrwasser. Anlegerinnen und Anleger sollten ihre Aktienanlagen aus diesem Grund möglichst gut über Länder und Branchen streuen.

Der Nobelpreis-Ökonom Harry Markowitz hat diese Regel sogar wissenschaftlich

erforscht. Seine Einsicht: Wer sein Depot breit streut, drückt das Risiko erheblich, ohne dabei auf allzu viel Rendite verzichten zu müssen. Mit einem börsengehandelten Indexfonds (ETF) können Anlegerinnen einfach einem breit gestreuten Aktienindex folgen, mit Titeln aus allen Branchen und vom ganzen Globus. Am besten geht das mit Weltaktien-Indizes wie dem MSCI

World, der mehr als 1600 Aktien aus 23 Industrieländern umfasst. Wie das geht, lesen Sie ab Seite 44.

2 Langfristig denken

Nichtstun war an der Börse immer schon ein echtes Erfolgsrezept: Denn erfolgreich waren am Parkett meist nicht die kurzfristigen Zocker, sondern die Marathonläufer. Wer sich an den Finanzmärkten von zwischenzeitlichen Kurskapriolen nicht irritieren ließ, konnte in aller Regel gute Gewinne erzielen.

Einzige Voraussetzung: Anlegerinnen blieben dem breiten Aktienmarkt mindestens 10 oder 15 Jahre treu. Wer Schwankungen einfach aussitzen konnte, wurde dafür an der Börse meist belohnt. Am einfachsten geht das, wenn man sich vorher einen ausreichenden Notgroschen zusammengespart hat, um in Notfällen immer flüssig zu sein. Sonst laufen Sie Gefahr, zu Tiefstkursen verkaufen zu müssen, weil gerade die Waschmaschine kaputtgegangen ist.

Klar, in manchen Jahren wird selbst ein Weltindex wie der MSCI World einkrachen. Nach dem Dotcom-Crash 2000 rauschte er zum Beispiel um mehr als 50 Prozent ab. Bislang jedoch haben sich Weltindizes noch von jedem Kollaps zuverlässig erholt. Wer dem MSCI World länger als 14 Jahre folgte, kam in der Vergangenheit immer mindestens auf null heraus. Das ist zwar keine Garantie für die Zukunft, aber ein guter Anhaltspunkt.

66 „Aktien kaufen und Schlaftabletten nehmen"

André Kostolany, Börsen-Urgestein

Die Erkenntnis gilt übrigens auch für andere Börsenbarometer: Renditerechnungen des Deutschen Aktieninstituts für den hiesigen Leitindex Dax zeigen dasselbe Muster. In den inzwischen 71 Jahren seit 1950 schlossen das Leitbarometer der Börse und seine Vorgängerindizes immerhin in 21 Kalenderjahren mit einem Verlust ab, also knapp jedes dritte Jahr. Wer zehn Jahre investierte, lag bloß noch in fünf Prozent aller Fälle unter Wasser.

3 Den Dividendentrick nutzen

Mindestens einmal im Jahr ist für Anlegerinnen und Anleger Zahltag: Viele Unternehmen an der Börse schütten einen Teil ihres Gewinns aus und leiten ihn als Dividende an die Anleger weiter. Auch wenn die Dividende manchmal nur ein kleiner Centbetrag ist, kommt über die Jahre ganz schön etwas zusammen. Im Schnitt schütten deutsche Aktienunternehmen rund 40 Prozent ihres Gewinns an die Anleger aus, im Jahr 2020 waren es bei den 30 Dax-Unternehmen in Deutschland insgesamt 34 Milliarden Euro.

Viele Anleger unterschätzen diese Kraft der Dividende, sie sehen die Gewinnausschüttungen eher als eine Art unverhofftes Urlaubsgeld. Langfristig wäre das allerdings ein schwerer Fehler, wie Rechnungen des Finanzforschers Samuel Hatzmark zeigen: Wer im Jahr 1926 einen Dollar in den US-Aktienmarkt investierte und die Dividenden immer sofort ausgegeben hätte, hätte im Jahr 2015 rund 150 Dollar auf seinem Konto gehabt. Wer die Dividenden auf einem Girokonto parkte, käme immerhin auf rund 200 Dollar. Wer die Dividenden allerdings immer sofort wieder in den US-Aktienmarkt investierte, stünde noch deutlich besser da. Der Endstand in diesem Fall: stolze 5 000 Dollar.

Sie sollten die Dividenden also immer direkt wieder anlegen. Börsengehandelte Indexfonds mit der Zusatzfunktion „akkumulierend" machen das automatisch. Dann arbeitet nicht nur das ursprüngliche Geld des Anlegers an der Börse, sondern auch die Dividenden. Im besten Fall wird daraus für die Anlegerin, den Anleger ein finanzieller Schneeballeffekt. Wie Sie entsprechende Finanzprodukte finden, erfahren Sie ab Seite 120. Bei ausschüttenden ETF können Sie je nach Bank die automatische Wiederanlage der Dividenden vereinbaren.

4 Den idealen Zeitpunkt nutzen

Wenn Sparerinnen ein stattliches Sümmchen an der Börse anlegen wollen, zeigt sich oft ein erstaunliches Paradoxon: Sind die Kurse schon weit nach oben gelaufen, investieren sie nicht, weil ihnen die Aktien zu teuer erscheinen. Sind die Kurse wiederum gerade gefallen, fürchten Anleger eine län-

Gut zu wissen

Dicke Dax-Dividenden. Oft kanzeln Anleger die Gewinnausschüttungen als Peanuts ab. Das Beispiel des deutschen Leitindex Dax zeigt: Während die Kurse lange stagnierten, sorgten die Dividenden für kräftige Gewinne. 1987 startete das Börsenbarometer bei genau 1 000 Punkten. Ohne Dividenden stand es Ende 2020 bei knapp 6 000 Punkten. Mit wiederangelegten Dividenden notierte der „normale" Dax bei knapp 14 000 Zählern.

gere Rutschpartie. Am Ende fassen viele nie den Mut, sich an die Börse zu wagen.

Diese Sorgen sind verständlich: Abhängig davon, wann man investiert, können die Erträge durchaus unterschiedlich ausfallen. Wer zur Jahrtausendwende für zehn Jahre investierte, erlebte mit Dotcom-Crash und Finanzkrise ein mageres Jahrzehnt. Wer 2010 für zehn Jahre sein Geld an der Börse anlegte, erlebte äußerst fette Jahre. Das Problem: Weil niemand die Zukunft vorhersehen kann, kann niemand stets auf dem Tiefpunkt einsteigen und später genau auf dem Höhepunkt verkaufen. Sich darüber vorher den Kopf zu zerbrechen, macht keinen Sinn. Solche Timingfragen lassen sich immer erst in der Rückschau diskutieren.

Klar ist hingegen, dass die Aktienmärkte auf lange Sicht in der Tendenz immer gestiegen sind – und diesen Gedanken können Sie als Anlegerin oder Anleger für Ihre Planungen nutzen. Je früher Sie sich an die Börse wagen, desto erfolgversprechender ist Ihr persönlicher Börsengang, weil Ihr Geld dann länger arbeiten kann. Der sinnvollste Einstiegszeitpunkt ist an der Börse also immer – jetzt.

Viele Anleger dürfte das wundern: Stehen die Kurse nicht schon viel zu weit oben? Sollten sie nicht lieber scheibchenweise jeden Monat einen Teil ihres Großbetrags investieren? Finanztest hat das ganz genau berechnet und eine überraschende Erkenntnis zutage gefördert.

In rund 70 Prozent der Fälle im vergangenen halben Jahrhundert war es besser, eine größere Summe auf einmal zu investieren, als den gleichen Betrag zu splitten und über ein Jahr gestreckt im Monatsrhythmus zu investieren. Der Grund? Wer gesplittet investiert, parkt zu Beginn noch viel Geld auf der hohen Kante, das gar nicht arbeiten kann.

Wer sich aus Angst vor einem möglicherweise bevorstehenden Kurssturz allerdings nicht traut, eine große Summe auf einmal zu investieren, kann getrost auch peu à peu anlegen. So schieben Anleger zum Beispiel jeden Monat oder einmal im Quartal nur eine kleinere Summe ans Parkett – und können sich auf diese Weise psychologisch selbst austricksen.

5 Bei den Kosten knausern

Wer auf ein großes Ziel wie 100 000 Euro spart, kann die vermeintlich kleinen Zahlen schnell mal aus dem Blick verlieren. Was macht schon ein Prozentpünktchen mehr oder weniger aus, wenn es am Ende um eine sechsstellige Summe gehen soll? Doch gerade für das große 100 000-Euro-Ziel lohnt es sich durchaus, wenn Sparer zu Erbsenzählern werden. Ziemlich einfach lässt sich zum Beispiel bei den Kosten des eigenen Depots sparen, wo Sie Ihre Wertpapiere verwahren. Klassische Filialbanken machen oft völlig überteuerte Angebote, während sich bei Onlinebanken oder Aktien-Apps Wertpapiere günstig oder mitunter gar kostenlos kaufen lassen. Wie Sie sich richtig entscheiden, lesen Sie später in Kapitel 4 ab Seite 102. Kleiner Vorgeschmack: Manche Sparer zahlen bei herkömmlichen Anbietern mitunter das Zehnfache dessen, was wirklich nötig ist.

Aber auch bei den konkreten Geldanlageprodukten können Sie große Sparpotenziale heben. So werben viele aktive Fonds zwar mit cleveren Fondsmanagern, haben aber vor allem hohe Kostenquoten: Neben Ausgabeaufschlägen verlangen sie laufende Gebühren, Erfolgsgebühren und mitunter auch Rücknahmeabschläge. Diesen Gebührennachteil müssen die Finanzprofis mit ihren Investments erst einmal wieder hereinwirtschaften, bevor Anlegerinnen und Anleger auch nur einen Euro Gewinn machen.

Welche Kluft zwischen einer günstigen und einer teuren Geldanlage entstehen

Geringe Kosten wirken sich vorteilhaft aus

Wer die Gebühren clever drückt, kann selbst bei einem Sparplan von nur 200 Euro im Monat auf lange Sicht Tausende Euro sparen.

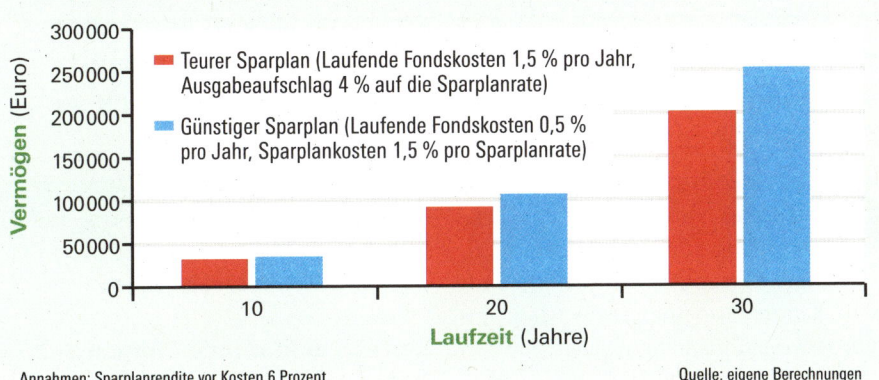

Legende:
- Teurer Sparplan (Laufende Fondskosten 1,5 % pro Jahr, Ausgabeaufschlag 4 % auf die Sparplanrate)
- Günstiger Sparplan (Laufende Fondskosten 0,5 % pro Jahr, Sparplankosten 1,5 % pro Sparplanrate)

Vermögen (Euro) / Laufzeit (Jahre)

Annahmen: Sparplanrendite vor Kosten 6 Prozent.

Quelle: eigene Berechnungen

kann, zeigt schon folgendes Beispiel: Stellen Sie sich vor, Sie möchten über 30 Jahre jeden Monat 200 Euro gewinnbringend anlegen. Heutzutage ist das mit börsengehandelten Indexfonds (ETF) gut möglich, im Langfristschnitt rechnen viele Anlageberater konservativ mit rund sechs Prozent Rendite pro Jahr.

Mit börsengehandelten Indexfonds hätten sich Sparerinnen und Sparer diese Performance günstig sichern können: Pro Rate fallen üblicherweise nur 1,5 Prozent Kaufkosten an – plus 0,5 Prozent Gebühren pro Jahr. Als Alternative hätten Sparer auch in einen fiktiven anderen Fonds mit dem gleichen Verlauf investieren können – aber mit 4 Prozent Kaufkosten vorneweg und obendrein noch 1,5 Prozent jährlichen Gebühren.

Der Unterschied beim Endstand? Schätzen Sie doch mal.

Anlegerinnen mit dem günstigen Produkt hätten am Ende der 30 Jahre rund 250 000 Euro auf dem Konto gehabt. Die Anleger des teuren Produkts hätten mit nur rund 200 000 Euro vorliebnehmen müssen und damit 50 000 Euro verschenkt. Das ist wohlgemerkt der Gegenwert eines schicken Elektroautos mit guter Ausstattung.

Die Kosten für Ihre Geldanlagen zu vergleichen, kostet Sie im Zweifel nur wenige Minuten, kann Ihnen aber Tausende Euro Ertrag bringen. Dass das nicht einmal kompliziert sein muss, können Sie auf den folgenden Seiten sehen. Dort lernen Sie ein besonders günstiges und zugleich solides Basisprodukt für Ihre Geldanlage kennen.

ETF – in die Welt-AG investieren

Mit Indexfonds können sich Anleger einfach an ein Börsenbarometer hängen. Das ist nicht nur günstig, sondern zugleich einfach und chancenreich.

Wie wäre es, von New York über London, von Kopenhagen bis Tokio an allen wichtigen Börsen ein bisschen mitzumischen? Schon mit einer Investition von 25 Euro könnte Ihnen ein winziger Teil von Apple gehören, der größten Börsenfirma der Welt. Dazu noch ein kleines Stück von Volkswagen, dem Traditionsunternehmen aus Deutschland. Obendrauf noch ein bisschen Grandezza mit den Pariser Handtaschenmachern von Louis Vuitton. Und ein kleiner Fleck in den Luxushotels von Ritz Carlton wäre in der Summe von 25 Euro auch noch dabei.

Das ist nicht nur für Superreiche, sondern für jeden Sparer möglich: Denn an der Börse können Anleger schon kleine Sümmchen auf Hunderte Firmen rund um den Globus setzen. Das ist nicht so kompliziert, wie es aussieht: Sie müssen nicht in Kleinarbeit Hunderte Einzelaktien auswählen, sondern können stattdessen einen bereits gepackten Aktienkorb kaufen. Das ist die Idee hinter börsengehandelten Indexfonds, die häufig unter dem Kürzel ETF firmieren. Das steht für Exchange Traded Fund, also „börsengehandelter Indexfonds". Und mit ETF können Sie sämtliche goldenen Regeln für Ihr Geld auf einmal beherzigen.

Einfach einem Index folgen

Das Prinzip der Indexfonds ist ganz einfach: Die in einem solchen Fonds enthaltenen Papiere bilden per Computer einen Aktienindex nach. Steigt der deutsche Leitindex Dax um ein Prozent, wird auch der entsprechende Indexfonds klettern. Verliert der Index mit den 40 wichtigsten hiesigen Börsenunternehmen hingegen ein paar Punkte, wird auch der Indexfonds nachgeben.

Viel besser als der kleine Deutschlandindex Dax sind für Anleger globale Börsenbarometer mit Hunderten Aktien vom ganzen Globus, da sie breiter aufgestellt sind.

Als Anlegerin oder Anleger mit ETF eins zu eins einem Börsenindex zu folgen, ist clever: Anleger werden zwar nie mit viel Glück oder einem guten Riecher auf besonders starke Aktien setzen, sie werden allerdings mit einem weltweiten Index das Risiko einer Vollpleite erheblich senken. Mit dem ETF sind Sie immer mindestens so gut unterwegs wie das Börsenbarometer, aber nie wesentlich schlechter. Statt an der Börse also nach der Nadel im Heuhaufen zu suchen, kaufen Anlegerinnen mit einem ETF einfach den gesamten Heuhaufen.

Mit diesem Index kaufen Sie die ganze Welt

Besonders gut geht das Börsensparen mit dem Aktienindex MSCI World: Das Börsenbarometer umfasst mehr als 1600 Unternehmen aus 23 Industrieländern. Firmen aus allen wichtigen Industriestaaten sind im Weltindex dabei. Unternehmen aus der wichtigsten Börsennation USA sind am stärksten vertreten, aber auch solche aus Deutschland, Japan, Kanada, Frankreich oder Dänemark. Neben den wichtigsten Ländern deckt das Börsenbarometer nebenbei alle Branchen ab, von IT bis Industrie.

Die Topunternehmen im Index sind allesamt bekannte Namen, die Anlegerinnen auch aus dem Alltag kennen: Das größte Gewicht hat im September 2020 unangefochten die US-Technologiefirma Apple, sie kommt auf 4,9 Prozent im Index. Nummer zwei im Index ist Microsoft mit 3,5 Prozent, auf dem dritten Rang folgt das soziale Netzwerk Facebook mit nur noch 1,5 Prozent. Das erste deutsche Unternehmen im Index folgt übrigens erst auf Platz 36: Dort ist der Softwarehersteller SAP mit nur noch 0,37 Prozent vertreten, manche Sparer kennen dessen Programme vielleicht aus der Buchhaltung des eigenen Unternehmens.

5 VORTEILE
VON ETF

1 Breite Streuung
Sie können auf Hunderte Firmen setzen. Das bietet Chancen und reduziert das Risiko.

2 Geringe Kosten
Die Anlagegesellschaften brauchen wenig Personal. Das macht die Indexfolger günstig und so bleibt mehr Geld bei den Anlegerinnen und Anlegern.

3 Guter Schutz
ETF gelten rechtlich als Sondervermögen: Bei einer Insolvenz des ETF-Herausgebers können weder Gesellschaft noch Gläubiger auf Ihr Geld zugreifen. Es liegt auf einem Verwahrkonto.

4 Handelbarkeit
Da ETF an der Börse gehandelt werden, können Anleger jederzeit kaufen und verkaufen.

5 Gute Rendite
Wer über mehr als zehn Jahre in einen weltweiten ETF investierte, schlug nicht nur viele andere ambitionierte Privatanleger, sondern ließ auch professionelle Fondsmanager hinter sich.

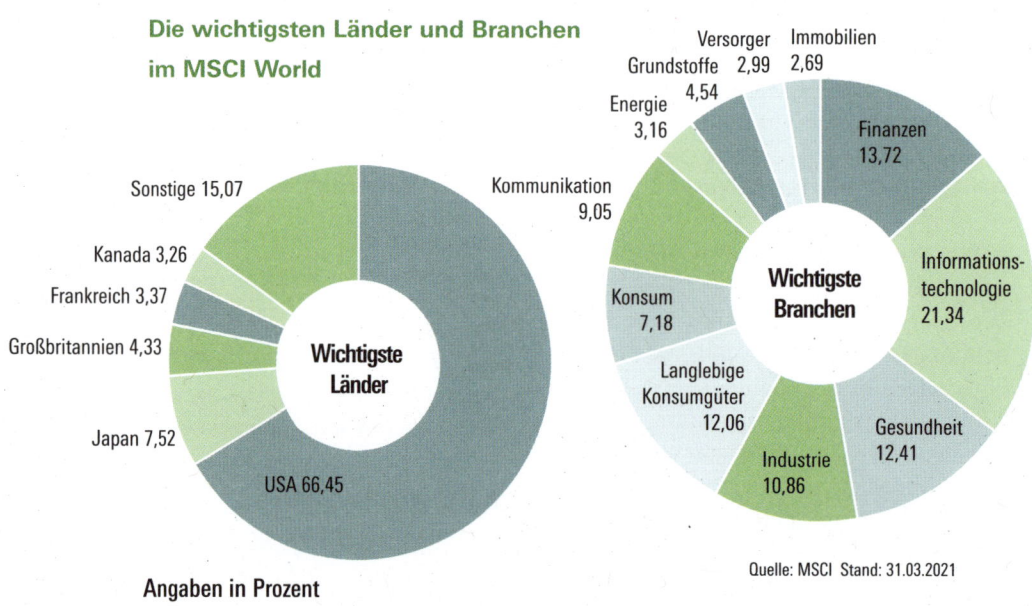

Die wichtigsten Länder und Branchen im MSCI World

Wichtigste Länder

Sonstige 15,07
Kanada 3,26
Frankreich 3,37
Großbritannien 4,33
Japan 7,52
USA 66,45
Kommunikation 9,05

Wichtigste Branchen

Versorger 2,99
Immobilien 2,69
Grundstoffe 4,54
Energie 3,16
Finanzen 13,72
Informationstechnologie 21,34
Gesundheit 12,41
Industrie 10,86
Langlebige Konsumgüter 12,06
Konsum 7,18

Angaben in Prozent

Quelle: MSCI Stand: 31.03.2021

Zwar zielen Anleger mit dem globalen Index nur auf den Börsendurchschnitt, die Performance kann sich aber dennoch sehen lassen. Am 31. Dezember 1969 legten die Indexmacher den Startpunkt bei genau 100 Punkten fest, Ende 2020 notierte das Börsenbarometer bei über 2 600 Punkten. Trotz Ölkrise in den 70er-Jahren, Blitzkollaps in den 80ern, Dotcom-Blase zur Jahrtausendwende, trotz Finanzkrise und Corona-Crash: Im langfristigen Schnitt haben Anleger und Anlegerinnen mit den Anlagen auf dieses Kursbarometer 8,2 Prozent Rendite pro Jahr erzielt – viel mehr, als selbst die meisten professionellen Geldverwalter auf Dauer schaffen.

Mit ETF schlagen Sie selbst die Geldprofis

Wie erfolgreich sich die reinen Indizes im Duell mit den aktiv gemanagten Aktienfonds schlagen, prüft die Ratingagentur Standard & Poor's regelmäßig mit einem großen Fondswettrennen. Dabei lassen die Fachleute der Agentur einmal im Jahr Börsenindizes gegen klassische Aktienfonds antreten. Die entscheidende Frage: Konnten die Fondsmanager aus Fleisch und Blut den Index übertreffen? Dabei zählt einerseits, ob die Fondsmanagerinnen und Fondsmanager eine bessere Leistung als die entsprechenden Börsenbarometer aufs Parkett legen konnten. Wichtig ist aber auch, ob die

Viele Fondsmanager schneiden schlecht ab

So viele aktive Fonds mussten sich gegenüber ihrem Vergleichsindex geschlagen geben.

Anlagefokus der Fonds	Vergleichsindex	So oft war der Index besser		
		über 1 Jahr	über 5 Jahre	über 10 Jahre
Globale Aktien	S&P Global 1200	54,69 %	90,52 %	97,85 %
Europäische Aktien	S&P Europe 350	37,27 %	75,17 %	85,89 %
US-Aktien	S&P 500	54,34 %	88,19 %	94,62 %
Deutsche Aktien	S&P Germany BMI	46,32 %	74,19 %	79,57 %

Quelle: S&P Dow Jones Indices   Stand: 31.12.2020   Anmerkung: Die Fonds mussten den Zeitraum überleben und gleichzeitig den Index schlagen. Jeder Fonds ging mit gleichem Gewicht in die Analyse ein.

aktiven Fonds überhaupt mehr als nur ein paar Jahre überlebten. Anlagegesellschaften stampfen schlechte Produkte nämlich erstaunlich häufig ein, mitunter auch, um deren schlechte Performance zu verschleiern.

Die Ergebnisse der Ratingspezialisten sorgen selbst unter Expertinnen regelmäßig für Erstaunen. Auf Sicht über ein Jahr schaffen es immerhin noch knapp 50 Prozent der aktiven Geldverwalter bei weltweit anlegenden Aktienfonds, ihre Produkte am Markt zu halten und den einfachen Weltindex zu schlagen. Doch selbst hier ist der Index schon in rund 55 Prozent aller Fälle besser (siehe Tabelle oben). Viele Privatanleger sparen an der Börse jedoch nicht nur ein

Jahr lang, sondern langfristig mit Blick auf mehr als ein Jahrzehnt. Über diesen Zeitraum kippt an der Börse die Bilanz der Fondsmanagerinnen und Fondsmanager dramatisch. Nicht einmal drei Prozent der aktiv gemanagten Weltfonds überleben diesen Zeitraum und schlagen gleichzeitig ihre Indexkonkurrenz. In rund 98 Prozent aller Fälle hatte der Weltindex mehr Erfolg.

Dass Anlegerinnen mit vermeintlich „stupiden" Indexfolgern am Ende meist besser dastehen als mit den Produkten der Geldprofis, mag auf den ersten Blick verwundern. Die Erklärung für dieses Erfolgsparadoxon liegt allerdings in den niedrigen Kosten der Aktien-ETF. Weil die Indexnachahmer kaum menschliche Betreuung brauchen, sind sie richtig günstig. Meistens müssen Anleger für einen ETF bloß 0,1 bis 0,5 Prozent laufende Verwaltungsgebühren pro Jahr bezahlen. Aktive Aktienfonds hingegen müssen gleich eine ganze Schar an Aktienexperten, Wertpapierhändlerinnen und Verkäufertrupps beschäftigen und deswegen teure Gebühren verlangen.

Die gute Nachricht: Für eine gelingende Geldanlage sind Privatanleger nicht auf Experten angewiesen. Schon mit einem ganz einfachen, aber cleveren Baukastensystem können Sie Ihre Finanzen für den Weg hin zum 100 000-Euro-Sparziel ganz alleine richtig aufstellen. Wie das geht, erfahren Sie im nächsten Abschnitt auf den kommenden Seiten.

Der Baukasten für Ihr Geld

Einfach, transparent und renditestark: Mit nur zwei Bausteinen können Sie in Richtung der 100 000 Euro sparen.

Was wünschen Sie sich von Ihrer Anlage? Klar, vor allem kräftige Erträge, Sie sparen schließlich auf das ambitionierte Ziel von 100 000 Euro. Vielleicht sind Sie nun voller Motivation: endlich Ihr Geld an die Börse schieben, endlich vom Wachstum der Weltwirtschaft eine Scheibe abbekommen. Endlich mit 100 000 Euro dastehen und die eigenen Träume wahrmachen.

Nun aus Euphorie aber sofort all Ihr Geld an die Börse zu schieben, wäre ein Fehler. Denn niemand will mit seinem Geld allzu große Risiken eingehen. Vor allem nicht, wenn es am Ende um eine sechsstellige Summe gehen soll. Arbeitet nämlich all Ihr Geld an der Börse, hätten Sie überhaupt

kein Sicherheitsnetz, wenn es am Parkett mal richtig kracht. Wie so oft im Leben heißt es deswegen auch in Sachen Geldanlage: Der Mix macht's.

Zwei Bausteine für Ihr Vermögen

Diese einfache Erkenntnis hat Finanztest zur Grundlage einer simplen, aber vielseitigen Vermögensstrategie gemacht. Mit unserem „Pantoffel-Portfolio" verteilen Sie Ihr Geld auf nur zwei Bausteine: Einer soll für die Rendite sorgen, der andere für Ihre Sicherheit. Die Rolle als Renditemotor übernimmt der Aktienanteil, den Sie einfach mit einem Aktien-ETF auf den MSCI-World-Index befüllen können. Als Sicherheitsbau-

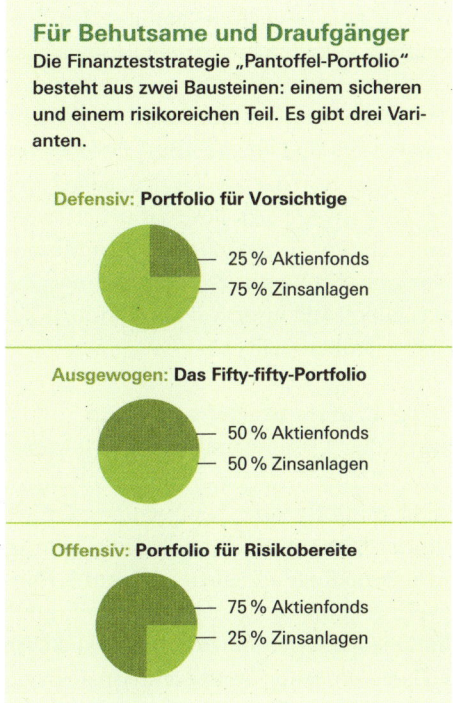

Für Behutsame und Draufgänger
Die Finanzteststrategie „Pantoffel-Portfolio"
besteht aus zwei Bausteinen: einem sicheren
und einem risikoreichen Teil. Es gibt drei Varianten.

Defensiv: Portfolio für Vorsichtige

— 25 % Aktienfonds
— 75 % Zinsanlagen

Ausgewogen: Das Fifty-fifty-Portfolio

— 50 % Aktienfonds
— 50 % Zinsanlagen

Offensiv: Portfolio für Risikobereite

— 75 % Aktienfonds
— 25 % Zinsanlagen

kungen für Ihr Depot, aber auch weniger Er-
tragschance.

Wie Sie den Regler zwischen den beiden
Polen Sicherheit und Rendite austarieren,
liegt dabei ganz in Ihrer Hand. Je nach Risi-
koeinstellung können Sie sich für eine der
drei von Finanztest empfohlenen Strategievarianten entscheiden. Dabei unterscheiden wir zwischen den Typen defensiv, ausgewogen und offensiv:

▸ **Das defensive Pantoffel-Portfolio:**
Vorsichtige Anleger setzen zu 25 Prozent auf Aktien-ETF, zu 75 Prozent auf sichere Zinsanlagen.

▸ **Das ausgewogene Pantoffel-Portfolio:** Ausgewogene Anleger setzen zu 50
Prozent auf Aktien, zu 50 Prozent auf einen Zinspuffer.

▸ **Das offensive Pantoffel-Portfolio:**
Ambitionierte Anleger setzen zu 75 Prozent auf einen Aktien-ETF, zu 25 Prozent
auf Zinsanlagen.

stein können Sie in der einfachsten Form
ein Tagesgeldkonto verwenden und einen
Teil Ihres Geldes dort parken.

Ihr Portfolio können Sie dabei ganz nach
Ihrer eigenen Lebenssituation ausrichten,
denn beide Bestandteile lassen sich flexibel
nach Ihren Wünschen mischen. Wollen Sie
vor allem die Renditechance betonen, setzen
Sie auf einen höheren Aktienanteil. Im Gegenzug müssen Sie dafür aber auch ein höheres Risiko in Kauf nehmen, wenn es an der
Börse einmal rumpliger wird. Mehr Tagesgeld bedeutet umgekehrt weniger Schwan-

Ein Beispiel gefällig? Wer 10 000 Euro mit
der offensiven Strategievariante anlegen
will, würde rund 7 500 Euro in einen Aktien-
ETF stecken und damit von der Kraft des
weltweiten Aktienmarkts profitieren. Für
die restlichen circa 2 500 Euro kommt ein
einfaches Tagesgeldkonto infrage.

Aber die Pantoffel-Strategie ist nicht einfach nur ein Mix aus einem weltweiten Aktien-ETF und Tagesgeld. Der Clou ist das antizyklische Anpassen. Die Idee dahinter:
Wenn die ursprüngliche Aufteilung aus

dem Gleichgewicht gerät und der Aktienbaustein statt 50 Prozent nach einem Crash
etwa nur noch knapp 40 Prozent der Anlagen ausmacht, kaufen Anleger ETF-Anteile
nach – und profitieren umso mehr von einer späteren Kurserholung an den Börsen.

Starke Renditen für alle Typen

Die Strategie ist dabei nicht nur einfach,
sondern auch renditestark: Mit allen drei
Varianten hätten Anlegerinnen und Anleger
nicht nur deutlich mehr Ertrag kassiert als
mit Nullzinsen auf dem Konto, sondern in
der Vergangenheit auch das 100 000-Euro-
Ziel gut erreichen können. Hätte eine Sparerin vor 30 Jahren die ausgewogene Variante
gewählt und 28 160 Euro eingezahlt, hätte
sie jetzt die Hunderttausender-Marke erreicht. Damit hätte sie rechnerisch eine Rendite von 4,3 Prozent pro Jahr eingefahren,
was sich sehen lassen kann. In einer Portfo-
lioanalyse für Finanztest schnitten viele Privatanleger allerdings schlechter ab: Sie
schafften mit Depots der „Marke Eigenbau"
oft nur 3,1 Prozent pro Jahr, also deutlich weniger. In einer großangelegten Erhebung haben die Finanzprofessoren Andreas Hackethal und Steffen Meyer dafür rund 40 000
Depots von Direktbankkunden in Deutschland unter die Lupe genommen, zwischen
2005 und 2015.

Mit dem ausgewogenen Pantoffel-Portfolio haben Anlegerinnen und Anleger also
nicht nur weniger Arbeit, sondern wären in
vielen Fällen auch noch besser weggekommen. Mit der offensiven Variante wäre übrigens noch mehr Ertrag drin gewesen: Über
einen Zeitraum von 30 Jahren hätten Sparer
damit im Schnitt 5,7 Prozent Ertrag pro Jahr
eingespielt und die 100 000-Euro-Marke
noch leichter knacken können. Selbst mit
der defensiven Portfoliovariante hätten sie
immerhin noch zwei Prozent Rendite pro
Jahr gemacht. Das ist deutlich mehr als die
aktuellen Nullzinsen auf dem Konto – bei
überschaubarem Risiko.

Trotz Crashs immer aufwärts

Trotz aller Krisen konnten sich die unterschiedlichen Strategievarianten auf lange
Sicht immer wieder berappeln: Ende der
1990er-Jahre schickten Finanzkrisen in
Asien und Russland die Börsen auf Schlin-
gerkurs, pünktlich zur Jahrtausendwende
ließ die geplatzte Dotcom-Blase die Kurse
kollabieren. Schon wenige Jahre später trieb
die Finanzkrise Anlegern Sorgenfalten auf
die Stirn, im Jahr 2020 schließlich der Corona-Crash.

An der Börse allerdings heilte der Faktor
Zeit verlässlich die Wunden: Wer mehr als
14 Jahre Zeit mitbrachte, musste in der Vergangenheit bei keiner der Strategievarianten auch nur einen Cent Verlust erleiden.
Das kann auch Börsenzauderern ein Argu-
ment an die Hand geben, zumindest zum
Teil auf Aktien zu setzen, um der Nullzins-
falle auf dem Konto zu entkommen. Denn
der langfristige Trend an den Börsen zeigt
nach oben.

Sofort loslegen

Das Beste: Mit dem Pantoffel-Portfolio müssen Sie nicht umständlich auf den vermeintlich richtigen Moment für Ihren Börsenstart warten. Egal ob Sie 10 000 Euro angespart haben, 30 000 Euro geerbt haben, 300 Euro im Monat sparen wollen oder auch nur 75 Euro übrighaben: Am besten legen Sie sofort los. Unsere Strategie passt für Anleger, die nur einmal eine größere Summe anlegen wollen. Sparerinnen, die jeden Monat ein bisschen zur Seite legen wollen, können sie genauso gut nutzen. Und wenn Sie mögen, lassen sich beide Strategien sogar kombinieren. Am Anfang einen größeren Batzen aus Ihren Ersparnissen anlegen und dann jeden Monat ein bisschen Geld hinzusparen.

Dabei bleiben Sie immer flexibel: Ihre monatliche Sparrate können Sie bequem auf einen vierteljährlichen Turnus umstellen. Bekommen Sie eine Gehaltserhöhung, schrauben Sie Ihre Sparrate einfach rauf. Und wenn es mit Kindern finanziell zwischenzeitlich enger werden sollte, können Sie Ihre Sparrate ohne Probleme an die eigenen Lebensbedingungen anpassen. Theoretisch können Sie Ihre Raten für einige Monate sogar ganz auf null setzen.

So finden Sie das richtige Portfolio

Wenn Anleger den passenden Mix für ihr Portfolio suchen, sollten sie sich jedoch nicht kurzerhand von starken Renditen locken lassen. Denn an der Börse wird es immer wieder zu Crashs kommen. Umso wichtiger ist es daher, dass Sparer dann nicht die Nerven verlieren und ihre Aktien vor lauter Panik verkaufen, wenn die Kurse im Keller sind. Deswegen sollten Sie eine entsprechende Strategie wählen, die zu Ihrem Risikotyp passt. Nur so lässt sich die Börsenachterbahn auf dem Weg hin zu 100 000 Euro wirklich durchhalten.

Vielleicht erinnern Sie sich noch an unseren kleinen Psychotest aus dem ersten Kapitel? Da konnten Sie beurteilen, ob Sie in Sachen Finanzen und Börse eher Draufgängerin, Angsthase oder Durchschnittssparer sind. Zur Erinnerung: Wie viel Risiko Sie vertragen, machen Sie am besten an vier Parametern fest.

1 Wie lange wollen Sie anlegen? Je länger Ihr Horizont, desto mehr Aktien vertragen Sie.

2 Wie abgesichert sind Sie? Je sicherer Ihre gesamte Finanzlage ist, desto offensiver können Sie an der Börse anlegen.

3 Wie flexibel ist Ihr 100 000-Euro-Ziel? Wenn Sie am Ende im Zweifel auch mit weniger als 100 000 Euro leben könnten oder im Notfall etwas länger Zeit haben, können Sie mehr Risiko eingehen.

4 Was halten Sie aus? Je weniger Angst Sie vor möglichen Schwankungen und zwischenzeitlichen Verlusten haben, desto höher kann Ihre Aktienquote sein.

So wählen Sie die richtige Mischung

Anlegerinnen und Anleger müssen Rendite und Risiko austarieren. Mit dieser Tabelle finden alle ihren persönlichen Anlagetyp.

Welche Rendite streben Sie an?					
Durchschnittliche Rendite (Prozent p. a)	0	2,2	4,3	6,3	8,1
Wie viel Risiko halten Sie aus?					
Maximaler Verlust (Prozent)	0	-17,0	-31,9	-45,0	-56,2
Schlechteste Rendite (Prozent p. a.) über … 1 Jahr	0	-11,3	-21,6	-31,0	-39,6
… 10 Jahre	0	-0,8	-1,9	-3,0	-4,3
… 20 Jahre	0	0,8	1,5	2,1	2,5
… 30 Jahre	0	1,7	3,4	4,9	6,2
Längste Verlustdauer (Jahre)	–	12,8	13,1	13,4	13,5
Dann ist das die richtige Mischung					
	Tagesgeld	Defensiv	Ausge- wogen	Offensiv	Aktien- ETF

Quellen: Refinitiv, eigene Simulationen. Untersuchungszeitraum 31. Dezember 1969 bis 31. Dezember 2020. Details zur Methodik unter test.de/100k/methodik

Konfrontieren Sie sich immer mit dem Ernstfall: Was hieße ein heftiger Aktiencrash für Ihr Portfolio? Kurskapriolen sind schließlich keine Ausnahmen aus heiterem Himmel, sie suchen die Börse in schöner Regelmäßigkeit heim. Wenn Sie mehr als fünf Jahre sparen, müssen Sie fest von mindes-tens einem Aktienkollaps während Ihrer Anlagephase ausgehen. Gut, wenn Sie sich vorher für diese Zeiten gewappnet haben.

Dafür hilft eine Schockkonfrontation in Euro und Cent: Was hieße es, wenn die Börsen ab jetzt – wie im historisch schlimmsten Fall der vergangenen 50 Jahre – um 56 Prozent einbrechen würden? Auch unsere drei Varianten des Pantoffel-Portfolios würde ein solcher Crash tief ins Minus treiben. Offensive Anlegerinnen mit einer Aktienquote von 75 Prozent müssten ein Minus von 45 Prozent verkraften. Das heißt konkret: Wer 10 000 Euro angelegt hatte, stünde dann vorübergehend nur noch mit 5 500 Euro da.

Anleger mit der ausgewogenen Variante wären glimpflicher davongekommen und stünden noch mit immerhin 6 800 Euro da. Sparer und Sparerinnen mit dem Defensivdepot hätten die geringsten Verluste einstecken müssen und verfügten zwischenzeitlich noch über eine Summe von 8 100 Euro. Welche Variante würden Sie ohne Albträume durchstehen?

Der Sicherheitsbaustein

Den Sicherheitsanteil Ihres Geldes schieben Sie am besten auf ein Tagesgeldkonto. Dort gibt es zwar oft kaum noch Zinsen, anders als an der Börse gibt es dort aber kein Auf und Ab für Ihr Geld, also keine Schwankungen. Gleichzeitig profitieren Sie, wenn die Zinsen wieder steigen sollten: Der Zinssatz auf dem Tagesgeldkonto passt sich automatisch der neuen Zinslage an.

Wer ein bisschen mehr Zins im Sicherheitsbaustein für sich herausholen will, kann auch über Festgelder nachdenken. Dort legen Sie Ihr Geld für ein, drei, fünf oder zehn Jahre fest – und kassieren einen etwas höheren Zins. Bleiben die Zinsen noch

Gut zu wissen

Auch Banken können pleitegehen. Das ist kein Risiko aus dem vergangenen Jahrtausend, sondern weiter aktuell. Seit der Jahrtausendwende hat es in Deutschland zum Beispiel die Gontard- und Metallbank, die Weserbank oder das Bankhaus Wölbern erwischt. Gut, dass es die staatliche Einlagensicherung bis 100 000 Euro pro Person gibt. Bis zu dieser Summe ist Ihr Geld sicher, selbst wenn eine Bank ins Wanken geraten sollte. In Deutschland sind viele Banken sogar über diese Summe hinaus abgesichert.

über einen langen Zeitraum niedrig, bringt das mehr als das reine Tagesgeld. Sollten die Zinsen in den kommenden Jahren wieder anziehen, hätten Sie allerdings Pech: Denn – wie der Name schon sagt – einmal festgelegt, ist der Zins beim Festgeld auf Jahre fix, außerdem können Sie zwischendurch nicht auf Ihr Geld zugreifen. Clevere Sparer und Sparerinnen setzen deswegen auf Tagesgeld und Festgeld gleichzeitig. Wie das funktioniert, erfahren Sie ab Seite 133. Wer mit dem Pantoffel-Portfolio spart, sollte immer einen Teil seiner Ersparnisse im Tagesgeld vorhalten – damit er sein Depot anpassen kann, falls das erforderlich sein sollte.

In sechs Schritten zum Pantoffel-Portfolio von Finanztest

☐ **Schritt 1:** Risiko festlegen. Überlegen Sie sich sehr gründlich, welches Risiko Sie eingehen wollen. Daran bemisst sich, wie stark Sie auf Aktien-ETF oder Tagesgeld setzen. Schielen Sie dabei nicht auf die mögliche Rendite, sondern schauen Sie vielmehr auf die Verlustgefahren. Sie müssen sich auch im Crash mit Ihrer Entscheidung noch wohlfühlen.

☐ **Schritt 2:** Depot aufmachen. Falls Sie noch kein Aktiendepot haben, suchen Sie sich eine günstige Bank. Einmalanlagen sind nahezu überall möglich, monatliches Sparen mit ETF-Sparplänen bieten nur manche Banken an. Tipps zur Auswahl ab Seite 102.

☐ **Schritt 3:** Aktien-ETF auswählen. Empfehlenswert sind diejenigen ETF, die weltweit anlegenden Aktienindizes folgen. Als Index eignet sich vor allem ein weltweit streuender Index, zum Beispiel der MSCI World. Details ab Seite 110.

☐ **Schritt 4:** Anlagebetrag festlegen. Wie viel müssen Sie sparen, um mit Ihrer Strategievariante am Ende 100 000 Euro zu erreichen? Schon mit kleinen Beträgen kann der große Traum möglich werden. Unsere umfangreichen Finanztest-Kalkulationen finden Sie in Kapitel 3 ab Seite 56. Dort können Sie Ihre ganz persönliche Anlagesumme herausfinden. Je nachdem, ob Sie 30, 20 oder 10 Jahre sparen wollen – und abhängig von Ihrem Risikotyp.

☐ **Schritt 5:** Sicherheitsbaustein befüllen. Eröffnen Sie am besten ein Tagesgeldkonto, auf dem Sie den Sicherheitsanteil parken. Zusätzlich können Sie auch über Festgelder nachdenken. Genauere Informationen ab Seite 133.

☐ **Schritt 6:** Regelmäßig checken. Prüfen Sie ungefähr einmal im Jahr, ob die ursprüngliche Aufteilung zwischen Rendite- und Zinsbaustein noch stimmt. Wie das geht, erfahren Sie ab Seite 142.

Auch das Konto birgt Risiken

Vielen Deutschen gilt das Tagesgeld als Hort der Sicherheit: Wer dort heute 50 000 Euro parkt, wird auch in 30 Jahren noch genau dieselbe Summe vorfinden. Formell ist das nicht falsch: Auf dem Konto gibt es keine Kursschwankungen, um vorübergehende Minusperioden brauchen sich Anleger keine Gedanken machen. Im Gegenzug gibt es bei Konten jedoch ganz andere Risiken. Mit der Zeit nagen die tendenziell steigenden Preise am eigenen Vermögen. Von den 50 000 Euro können Sie sich in einigen Jahren also nur noch weniger kaufen – weil Lebensmittel und Mieten vielleicht teurer geworden sind.

Selbst wenn die Preise pro Jahr bloß um ein Prozent steigen sollten, wäre der Effekt langfristig spürbar: Wenn das Geld 30 Jahre auf dem Konto schlummert, wäre es am Ende rund 25 Prozent weniger wert. Das Problem dabei: Dieser reale Geldverlust ist mit den niedrigen Kontozinsen meist nicht wieder aufzuholen, anders als an der Börse ist das Vermögensminus also endgültig. Beziehen Sie neben dem Kursrisiko bei Aktien also auch das Inflationsrisiko bei Anleihen oder Sparkonten in Ihre Überlegungen mit ein. Der einfachste Weg, sich auf beide Risiken vorzubereiten: Setzen Sie mit einem Teil des Geldes auf den Aktienmarkt, mit einem anderen Teil auf Zinsanlagen. Mit unserer Strategie klappt das ganz einfach – und Sie begegnen beiden Risiken auf einmal.

Einfach die Welt-AG kaufen

Wer sich für eine der drei Varianten unserer 100 000-Euro-Strategie entschieden hat, teilt sein Anlagegeld auf und bestückt den Renditebaustein. Dafür empfehlen wir einen Aktien-ETF, der dem MSCI-World-Index folgt. Diesen fertig geschnürten Aktienkorb mit mehr als 1 600 Aktien aus 23 Industrieländern vom ganzen Globus haben Sie auf Seite 45 bereits kennengelernt.

Wenn Anleger sich noch breiter aufstellen wollen, können sie auf den MSCI All Country World setzen. Mit diesem Index folgen Sparer und Sparerinnen nicht nur Aktien aus den 23 Industrieländern, sondern zusätzlich noch Titeln aus weiteren 27 aufstrebenden Schwellenländern wie China oder Indien. Das kann im besten Fall mehr Rendite bringen, birgt aber auch ein wenig mehr Risiko.

Beimischungen

Alternativ können ambitionierte Anlegerinnen ihren Aktienbaustein auch mit mehreren ETF füllen. Dann reduzieren sie den Anteil des weltweiten MSCI World und fügen noch einen weiteren Indexfolger hinzu, der beispielsweise ausschließlich deutschen Titeln, spannenden Rohstoffen oder aufstrebenden Schwellenländern folgt. Auf welche Weise offensive Anleger diese Strategien umsetzen und ob das auch tatsächlich ein messbares Renditeplus bringt, können Sie ab Seite 116 in unseren Tipps für engagierte Anleger lesen.

Ihr Fahrplan zu 100 000 Euro

Mit welchen Sparsummen aus dem Traum von 100 000 Euro Wirklichkeit werden kann, zeigen wir Ihnen in diesem Kapitel. Finanztest hat für verschiedene Anlagezeiträume nachgerechnet.

Können Sie sich 100 000 Euro vorstellen? Würden Sie diesen Betrag in Banknoten von zehn Euro vor sich aufstapeln, kämen Sie auf einen Turm von genau einem Meter Höhe. Um den Betrag abzutransportieren, bräuchten Sie sogar mehr als einen handelsüblichen Geldkoffer. Und wenn Sie sich die Summe auf der Bank in Euromünzen abholen würden, müssten Sie mit einem Anhänger vorfahren, um insgesamt 750 Kilogramm wegzuschaffen.

Unbestritten, 100 000 Euro sind eine Menge Geld, umso erstaunlicher sind die Ergebnisse von Finanztest: Selbst Sparerinnen ohne großes Startkapital haben innerhalb von 30 Jahren gute Chancen, diese Summe zu knacken und ihr persönliches Großvermögen aufzubauen. Schon rund 80 Euro im Monat hätten risikofreudigen Anlegern über 30 Jahre gereicht, um rein mit einem Aktien-ETF am Ende der jüngsten drei Dekaden mit 100 000 Euro dazustehen.

Für das große Vermögen müssen Sie an der Börse aber nicht einmal zwingend Draufgänger sein: Über 30 Jahre kann selbst kontrolliert investiertes Geld seine Kraft entfalten. Egal ob Sie offensive Aktionärin, ausgewogener Anleger oder eher Defensivsparerin sind: Jeder Anlegertyp hat zumindest gute Chancen auf 100 000 Euro. Nur, welche Summe sollten Sparer anlegen, um das große Ziel zu erreichen?

Großes Vermögen mit kleinem Geld

Wer eine sechsstellige Summe ansparen will, muss gut planen. Finanztest hat einen Härtetest für Ihr Geld simuliert – mit überraschenden Ergebnissen.

Wer den sichersten Weg wählen will, schiebt einfach jeden Monat eine fixe Summe aufs Konto: Sollten die Zinsen auch weiterhin an der Nulllinie kleben, müssten Sparer Monat für Monat die Summe von 280 Euro auf die hohe Kante legen. Nach 30 Jahren hätten sie das Ziel von 100 000 Euro dann nur mit ihrem Konto erreicht und ganz ohne Zinsen.

Wer in den vergangenen Jahren jedoch zumindest zum Teil auf die Ertragskraft von Aktien setzte, hätte seine monatlichen Raten deutlich drücken können: Ausgewogene Anleger hätten nicht 280 Euro, sondern bloß rund 150 Euro pro Monat in ihre persönliche Strategie für 100 000 Euro stecken müssen. Heißt konkret: Die Hälfte des Geldes hätte in den vergangenen 30 Jahren immer in einem weltweiten Aktien-ETF gesteckt, die andere Hälfte auf dem Tagesgeldkonto gelegen (siehe Grafik auf Seite 59).

Anleger müssen sich aber gar nicht jeden Monat eine Summe X absparen. Wer genug Geld zur Verfügung hat, kann auch einen größeren Betrag auf einmal anlegen und ihm beim Wachsen zusehen. Dazu hätte vor 30 Jahren schon ein mittleres Erbe gereicht: Wer damals, noch zu Zeiten der D-Mark, umgerechnet 28 200 Euro nach unserer ausgewogenen Fifty-fifty-Methode investierte, hätte pünktlich Ende 2020 die Marke von 100 000 Euro geknackt und seinen ursprünglichen Betrag mehr als verdreifacht.

Ein Härtetest für Ihr Geld

Wer nun seine Sparsumme für das 100 000-Euro-Ziel festlegen will, sollte sich allerdings nicht nur willkürlich am aktuellsten 30-Jahres-Zeitraum orientieren. Dass die kommenden Jahrzehnte exakt so ablaufen wie die vergangenen, ist ziemlich unwahrscheinlich. Wenn Sie sich also Ihre Sparrate überlegen, sollten Sie sich nicht nur den aktuellsten Zeitraum von 30, 20 oder 10 Jahren anschauen, sondern viele unterschiedliche aus der längeren Vergangenheit. Die Devise: je mehr, desto besser. Erst dann bekommen Sie ein Gefühl dafür, was eine außergewöhnlich starke Börsenphase war, in welchem Zeitraum der Ertrag mager ausfiel und wo sich der historische Schnitt einpendelte.

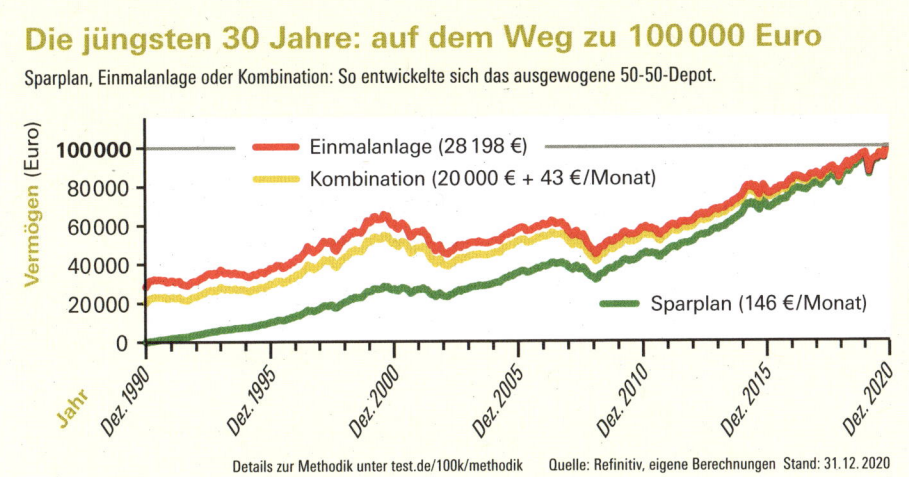

Die jüngsten 30 Jahre: auf dem Weg zu 100 000 Euro

Sparplan, Einmalanlage oder Kombination: So entwickelte sich das ausgewogene 50-50-Depot.

Vermögen (Euro)

- Einmalanlage (28 198 €)
- Kombination (20 000 € + 43 €/Monat)
- Sparplan (146 €/Monat)

100 000 / 80 000 / 60 000 / 40 000 / 20 000 / 0

Jahr: Dez. 1990, Dez. 1995, Dez. 2000, Dez. 2005, Dez. 2010, Dez. 2015, Dez. 2020

Details zur Methodik unter test.de/100k/methodik   Quelle: Refinitiv, eigene Berechnungen Stand: 31.12.2020

Finanztest hat in einer umfangreichen Datenanalyse über 5,4 Millionen Depotverläufe untersucht: Dabei haben wir unter anderem ausgewertet, wie defensive, ausgewogene und offensive Anleger mit dem Pantoffel-Portfolio gefahren wären. Egal ob Anleger 30 Jahre investieren wollten, nur 20 Jahre Zeit hatten oder sogar im Expressverfahren binnen zehn Jahren ans Ziel wollten. Unsere Analyse hat alle Anlagephasen seit Ende 1969 unter die Lupe genommen. Dieser Startpunkt ist kein Zufall: Erst seit rund 50 Jahren gibt es offizielle Notierungen für den Industrieländer-Aktienindex MSCI World. Und der bildet schließlich das Kernstück des Pantoffel-Portfolios, ist also buchstäblich der Anfang von allem.

So haben wir getestet

Beginnend mit dem 31.12.1969 haben wir uns im Monatsrhythmus durch alle denkbaren Anlagezeiträume gearbeitet. Der erste beginnt genau mit diesem Stichtag, der zweite Ende Januar 1970, der dritte im Februar – immer um einen Monat nach hinten versetzt. Für jeden Anfangszeitpunkt haben wir alle denkbaren Zeiträume von mindestens zwölf Monaten Länge analysiert. Ausgehend vom ersten Anfangszeitpunkt, dem 31. Dezember 1969, ging der erste Zeitraum bis zum 31. Dezember 1970, der zweite Zeitraum bis zum 31. Januar 1971, der dritte bis zum 28. Februar 1971. Finanzexperten nennen das eine „rollierende" Analyse, Monat für Monat haben wir das vergangene halbe Jahrhundert für Sie aufgerollt.

Was bedeutet das konkret? Statt nur die jüngsten zehn, zwanzig oder dreißig Jahre anzuschauen, haben wir alle 253 Zeiträume von je dreißig Jahren analysiert, sämtliche 373 Zeitspannen von je zwanzig Jahren, und obendrein alle 493 Zeiträume von je zehn Jahren Dauer. Auch alle anderen Zeiträume von mindestens einem Jahr Länge haben wir untersucht. Mit anderen Worten: Wir haben alle relevanten Anlageverläufe innerhalb des vergangenen halben Jahrhunderts unter die Lupe genommen.

Unsere Analyse ist daher keine Schönwetter-Erhebung, sondern ein Härtetest für

100 000 Euro Sparziel: So viel ist dafür nötig

Die Kästen mit Strichen zeigen pro Aktienquote und Laufzeit, wie viel Anleger in unterschiedlich guten Börsenphasen sparen mussten. (Lesehilfe auf S. 61)

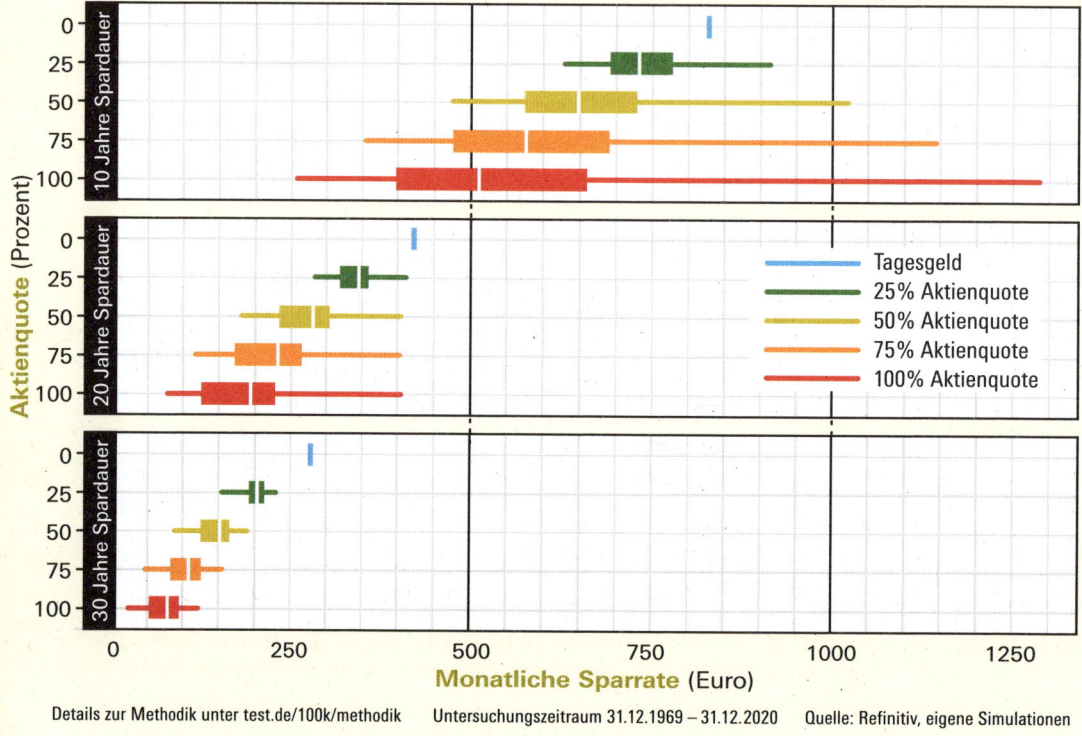

Details zur Methodik unter test.de/100k/methodik   Untersuchungszeitraum 31.12.1969 – 31.12.2020   Quelle: Refinitiv, eigene Simulationen

Ihr Geld: Der Zeitraum nach 1970 war gepflastert mit großen und kleinen Krisen. So brachte die Ölkrise 1973 die Weltbörsen aus dem Gleichgewicht (-54 Prozent Verlust), dann sorgte der Blitzcrash im Jahr 1987 für Irritationen (-31 Prozent Verlust). Zur Jahrtausendwende wiederum ließ die aufkeimende Internetwirtschaft die Kurse erst ins schier Unermessliche steigen, dann jedoch jäh zusammensacken (-60 Prozent Verlust).

Ausgerechnet als sich die Kurse endlich wieder etwas stabilisiert hatten, gerieten in der Finanzkrise Banken und Börsen gehörig ins Wanken (-53 Prozent Verlust), bevor 2020 der Corona-Crash für neue Dramatik sorgte (-34 Prozent Verlust). Alle diese einschneidenden Ereignisse finden sich eins zu eins in unserem Zahlenmaterial wieder.

Auch in anderer Hinsicht haben wir konservativ gerechnet: So haben wir zum Beispiel unterstellt, dass es auf dem Konto auch in der Vergangenheit dauerhaft Nullzinsen gab. Beim Aktien-ETF haben wir fondstypische Kosten sowie marktübliche Handels- und Sparplangebühren in unsere Untersuchung mit einbezogen. Wenn Sie noch weitere Details über unsere genauen Testkriterien erfahren wollen, lesen Sie die Details gerne ab Seite 168 oder schauen Sie im Netz unter test.de/100k/methodik.

Der erste Überblick

Die Erkenntnis aus den Datenbergen: Trotz aller Crashs konnten selbst normale Sparer das Ziel von 100 000 Euro erreichen. In Phasen mit langen Durststrecken an der Börse mussten Anleger zuweilen etwas mehr sparen, bei besonders positiven Kursverläufen reichte manchmal eine niedrigere Sparrate. In unserer Kästchengrafik links sehen Sie daher die Spannweite aller Ergebnisse und können sich selbst ein Bild machen.

Die bunten Kästchen und dünnen „Schnurrbarthaare" in der Grafik lassen sich einfach lesen: Links können Sie jeweils den besten Börsenfall nachvollziehen, in dem Sie am wenigsten hätten sparen müssen, um die 100 000 Euro zu knacken. Rechts ist jeweils das schlimmste Szenario aufgeführt, in dem die Sparbeträge höher lagen.

1 Welche Sparsumme hätte exakt in der Hälfte der Fälle gereicht? Schauen Sie dazu auf den senkrechten weißen Strich in der Mitte der viereckigen Boxen. Beim ausgewogenen Strategietyp in gelber Farbe können Sie das über 20 Jahre besonders gut erkennen. Der Strich in der Mitte der Box zeigt Ihnen: Im Schnitt hätten rund 280 Euro Sparsumme pro Monat gereicht.

2 Welche Sparsummen hätten grob in den normalen Fällen ausgereicht? Schauen Sie dazu in die viereckigen Boxen. Sie umfassen die mittleren fünfzig Prozent aller Börsenverläufe. Wie viel Euro hätten gereicht, um in den mehr oder minder normalen Fällen an der Börse 100 000 Euro im Depot zu haben? Die Antwort für ausgewogene Anleger über 20 Jahre: zwischen 230 und 300 Euro im Monat.

3 Welche Sparsummen hätten grob in den turbulenteren Börsenphasen gereicht? Das zeigt der dünne Strich rechts der Boxen. Er zeigt etwa das Viertel der schlechtesten Fälle. Im Musterfall für 50/50-Anlegerinnen hätten über 20 Jahre rund 300 bis 400 Euro im Monat gespart werden müssen.

4 Welche Sparsumme brauchte ich im absoluten Extremfall? Schauen Sie ganz an den rechten Rand der dünnen Striche. Dieser Ausläufer in der Grafik zeigt über 20 Jahre für balancierte Anleger: Im schlimmsten Fall hätten Sie jeden Monat 405 Euro auf die Seite schieben müssen.

5 Welche Sparsumme reichte im besten Fall? Schauen Sie ganz ans linke Ende des dünnen Strichs auf der linken Seite der Box. Die freudige Überraschung: In diesem besten Fall hätten ausgewogenen Anlegerinnen schon rund 180 Euro gereicht, wenn sie 20 Jahre Zeit mitgebracht haben.

30
SEKUNDEN FAKTEN

103 786 EURO
zahlte ein Auktionsgast bei Sotheby's für Adidas-Schuhe mit Porzellanaufsätzen.

100 000 EURO
zahlten zwei Unternehmen für den Bart von Ex-Bild-Chefredakteur Kai Diekmann.

100 940 EURO
brachten Uhren, Kugelschreiber und Zigaretten von Helmut Schmidt bei einer Auktion.

Quellen: Sotheby's, Diekmann, Auktionshaus Stahl

Die wichtigste Erkenntnis

Was sich an der Kästchengrafik auf Seite 60 auch unmittelbar erkennen lässt: Wer länger sparte, kam in der Regel mit niedrigeren Raten zum Ziel. Das ist nur logisch, denn über längere Zeit läppern sich die monatlichen Einzahlungen stärker. Zugleich kann das eigene Geld an der Börse auf lange Sicht besser arbeiten. Wer also vor allen Dingen eine niedrige Rate im Blick hat, sollte über längere Zeit sparen.

Aus dem 100 000-Euro-Projekt einen Marathon zu machen, kann sich gleich noch aus einem zweiten Grund lohnen: Anlegerinnen konnten sich bei ihrer Ratenwahl sicherer sein. Während der Unterschied zwischen der geringsten und der höchsten notwendigen Sparrate über 30 Jahre nicht sehr groß war, nimmt die Spannweite über 20 Jahre bereits etwas zu. Bei einem Zeitraum von nur zehn Jahren schlugen die kurzfristigen Launen der Börse wiederum am stärksten zu, mal lief es super, mal aber auch bescheiden. Deswegen liegen auch die geringsten und höchsten Sparraten hier viel weiter auseinander. Die Kästchen samt Schnurrbärten sind über zehn Jahre schließlich viel breiter als über 30 Jahre.

Ihr Ziel bestimmt den Sparbetrag

An welchem der Werte sollten Sie sich nun orientieren, wenn Sie Ihre Sparrate für den Weg in Richtung 100 000 Euro festlegen wollen? Das hängt von Ihrer Lebenslage, Ihrem Risikoprofil und Ihren Wünschen ab.

Heißt konkret: Wenn Sie für die Altersvorsorge sparen, sollten Sie nichts dem Zufall überlassen. Wer die 100 000 Euro am Ende dringend braucht, sollte eher auf Nummer sicher gehen und sich am schlechtesten historischen Fall orientieren.

Anleger, die nicht exakt 100 000 Euro brauchen und das Ganze eher als Wette sehen, können sich den mittleren Wert anschauen: In 50 Prozent der Fälle kamen auf diese Weise mehr als 100 000 Euro heraus, in den anderen 50 Prozent der Fälle jedoch weniger. Daher ist Vorsicht geboten, wenn Sie genau die Summe von 100 000 Euro brauchen und das auch noch zu einem fixen Termin. In diesem Fall wäre es zu riskant, in 50 Prozent der Fälle nicht ans Ziel zu kommen. Das sollte nur wagen, wer etwa auf eine Weltreise spart – und sich auch mit Jugendherbergen statt Luxushotels zufriedengeben oder einige Monate früher zurückkommen könnte. Die andere Alternative: Im Zweifel ein bisschen länger sparen und mit der Weltreise später anfangen.

Den richtigen Wert finden

Keine Sorge, wenn Sie Ihre ganz individuelle Sparsumme finden wollen, müssen Sie nicht mit dem Millimetermaß die Kästchengrafik auf Seite 60 ausmessen. Dieses Diagramm soll Ihnen nur eine erste Vorstellung geben, welche Sparsummen grob auf Sie zukommen. Ins Eingemachte geht es auf den kommenden Seiten, dort navigieren wir Sie durch das Dickicht an unterschiedlichen Sparzeiträumen. Ganz egal ob Sie auf einmal einen großen Betrag investieren, monatlich sparen oder auch beides kombinieren wollen.

So funktioniert's:

▶ **Die Untersuchung verstehen.** Lesen Sie gern die Seiten 64 bis 67, dort lernen Sie am Beispiel der 30 Jahre, wie wir getestet haben – und was Sie wissen müssen.

▶ **Den richtigen Zeitraum finden.** Wer 30 Jahre sparen will, beginnt im Abschnitt ab Seite 64. Wer 20 Jahre sparen will, kann ab Seite 76 schauen. Und wer nur zehn Jahre Zeit hat, wird ab Seite 88 fündig.

▶ **Den Überblick bekommen.** Auf den ersten drei Seiten je Abschnitt bekommen Sie einen Vorgeschmack, welche Sparsummen für 30, 20 oder 10 Jahre relevant sind.

▶ **Die genauen Sparsummen finden.** Auf den Seiten 67, 79 und 91 präsentieren wir Ihnen in drei großen Tabellen alle Sparsummen, die über 30, 20 oder 10 Jahre nötig waren. Hier finden Einmalanlegerinnen Ihre Daten genauso wie monatliche Sparer.

▶ **Die Details verstehen.** Eine Tabelle sagt nicht alles: Nach unseren drei großen Tabellen stellen wir auf je drei Doppelseiten pro Sparzeitraum die sinnigsten, cleversten oder ausgebufftesten Anlagevarianten vor – lassen Sie sich inspirieren.

30 Jahre: Der Marathon

Mit kleinem Geld zum großen Vermögen: Über lange Zeiträume können selbst vorsichtige Anleger ihr Ziel von 100 000 Euro erreichen.

Wie stellen Sie sich Ihr Leben in 30 Jahren vor? Vielleicht wollen Sie im Ruhestand auf der Terrasse Ihres eigenen Ferienhäuschens frühstücken. Vielleicht träumen Sie aber auch von großen Reisen und wollen nach den Pyramiden auch den Baikalsee entdecken. Oder Sie planen gar nicht so groß und wollen angesichts einer zu geringen gesetzlichen Rente einfach Ihren monatlichen Finanzrahmen aufbessern.

Die gute Nachricht: All diese Dinge müssen keine Träume bleiben. Egal ob Sie sich mit Mitte 20 nach dem Studium um Ihr Geld kümmern, pünktlich zum dreißigsten Geburtstag einen Weckruf in Sachen Finanzen bekommen oder als Mittvierziger mit Familie Ihr Vermögen für die Zukunft aufstellen wollen. Mit dem Pantoffel-Portfolio können Anleger an der Börse in die kontrollierte Offensive gehen und sich beste Chancen auf die sechsstellige Summe sichern.

Das gilt sogar für Menschen, die nicht bereits Tausende Euro auf dem Konto haben, sondern von null aus mit dem Sparen anfangen. Selbst mit geringeren Summen können sich die 100 000 Euro erreichen lassen, wenn Sie Monat für Monat ein wenig auf die Seite schieben. Insbesondere über einen langen Zeitraum von 30 Jahren ist die Zeit ganz auf Ihrer Seite.

Summen für Sparplananleger

Die erste Kalkulation ist die einfachste: Wer bei Nullzinsen nur mit dem Tagesgeld sparen wollte, musste monatlich rund 280 Euro auf die Seite schieben. Das ist für Anlegerinnen mit einem gehobenen Gehalt alles andere als unmöglich, war aber selbst für vorsichtige Naturen gar nicht notwendig.

Die Kalkulationen von Finanztest zeigen: Auf Sicht von 30 Jahren zumindest zum Teil auf die weltweiten Aktienmärkte zu setzen, hat sich stets als gute Idee erwiesen. An den Weltbörsen gab es in unserem Check keinen einzigen Fall, in dem Anleger nach 30 Jahren am Ende einen Verlust einstecken mussten.

Wer auf Basis solcher Überlegungen zumindest einen Teil seiner Sparsummen an die Börse schob, konnte die Renditen aufpeppen und im Umkehrschluss die monatlichen Raten drücken (siehe Grafik rechts). Schon bei nur 25 Prozent Aktienquote reichten im Schnitt statt grob 280 Euro Monatsbetrag schon bloß 210 Euro monatliche Rate für den großen Traum, ausgewogene Anlegerinnen kamen mit der Faustregel „halbe-

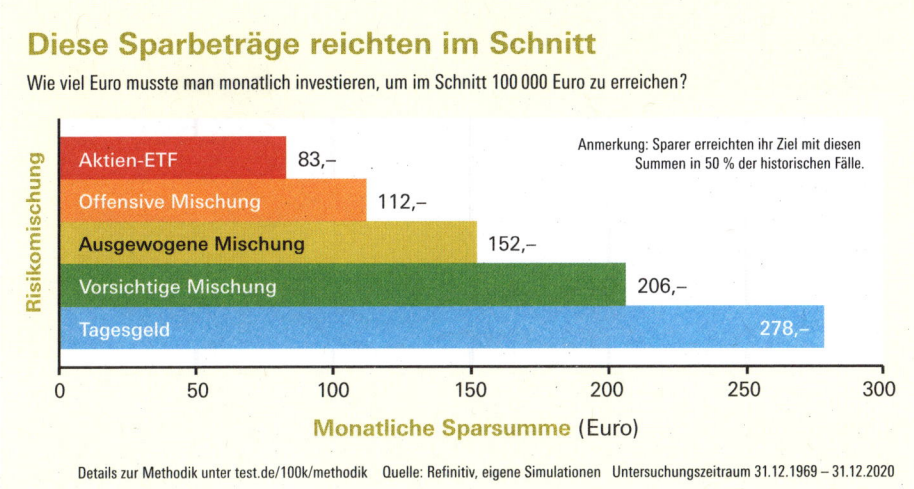

Diese Sparbeträge reichten im Schnitt

Wie viel Euro musste man monatlich investieren, um im Schnitt 100 000 Euro zu erreichen?

Anmerkung: Sparer erreichten ihr Ziel mit diesen Summen in 50 % der historischen Fälle.

Risikomischung

- Aktien-ETF — 83,–
- Offensive Mischung — 112,–
- Ausgewogene Mischung — 152,–
- Vorsichtige Mischung — 206,–
- Tagesgeld — 278,–

0   50   100   150   200   250   300

Monatliche Sparsumme (Euro)

Details zur Methodik unter test.de/100k/methodik   Quelle: Refinitiv, eigene Simulationen   Untersuchungszeitraum 31.12.1969 – 31.12.2020

halbe" schon mit rund 150 Euro hin. Wer als Offensivspieler 75 oder gar 100 Prozent seiner Sparsummen für das 100 000-Euro-Ziel an der Börse investierte, hätte nur 110 oder gar nur 80 Euro im Monat sparen müssen.

Auch bei Anlegern, die eine größere Summe auf einmal investieren wollten, hätte sich mehr Risiko ausgezahlt: Während vorsichtige Anlegerinnen im Schnitt etwas mehr als 50 000 Euro investieren mussten, um zumindest in der Hälfte aller Fälle die sechsstellige Marke zu knacken, hätten ausgewogenen Anlegern mit immerhin 50 Prozent Aktienquote schon 26 000 Euro gereicht. Extrem offensive Anleger wären mit 100 Prozent Aktienquote im Schnitt sogar mit knapp 10 000 Euro hingekommen. Wer etwas Spielgeld auf dem Konto hat, könnte es als Zocker darauf ankommen lassen.

Nicht immer läuft es wie im Schnitt

Diese Zahlen sind aber nur der Schnitt aller Fälle. Wer immer nur auf den Durchschnitt schielt, rechnet sich die Börse schön: Mal lief es am Parkett besser als im Schnitt, in 50 Prozent der Fälle aber auch schlechter. Anlegerinnen sollten sich also nicht nur die Sparsummen für den geglätteten Schnitt ansehen, sondern explizit auch die schlechteren Verläufe. Wer den schlimmsten historischen Fall betrachtet, konfrontiert sich mit dem Ernstfall – und das ist ratsam.

Auf die vermeintlich einfache Frage, welche Summe Anleger für 100 000 Euro investieren mussten, gibt es also immer mehrere Antworten. In der Tabelle auf Seite 67 sehen Sie die Ergebnisse übersichtlich zusammengefasst und können zwischen verschiedenen Varianten wählen:

▶ **Mindestens 100 000 Euro:** Wer auf Nummer sicher gehen will, orientiert sich am schlimmsten Fall aus der Vergangenheit. Die Mindestens-Spalte zeigt genau jenen Sparbetrag, mit dem Sparer selbst im schlechtesten Fall das 100 000-Euro-Ziel noch erreicht hätten. Übrigens: In den anderen bis zu 491 restlichen Perioden wäre es ausnahmslos besser gelaufen und Sparer hätten

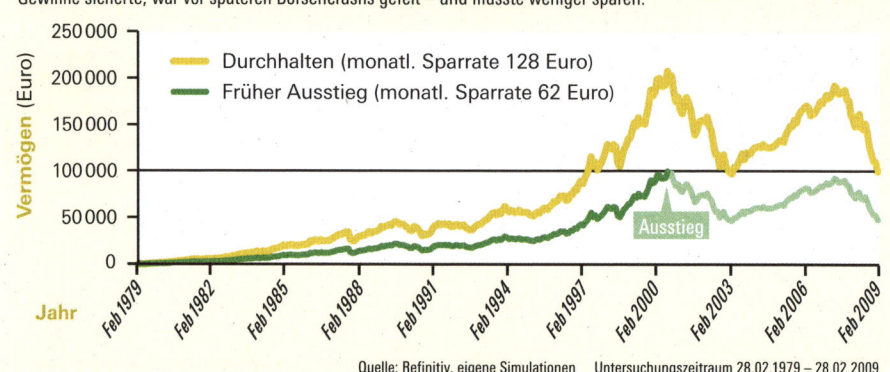

So senken Sie Ihre Sparrate

Börsenhochs trugen Anlegerinnen und Anleger manchmal schon vorzeitig über die Ziellinie. Wer dann seine Gewinne sicherte, war vor späteren Börsencrashs gefeit – und musste weniger sparen.

Durchhalten (monatl. Sparrate 128 Euro)
Früher Ausstieg (monatl. Sparrate 62 Euro)

Quelle: Refinitiv, eigene Simulationen   Untersuchungszeitraum 28.02.1979 – 28.02.2009

teils deutlich höhere Endergebnisse als 100 000 Euro erzielt.

▸ **Im Schnitt 100 000 Euro:** Wer im Schnitt 100 000 Euro erreichen will, schaut in diese Tabellenspalte. Dort finden Sie die Sparbeträge, mit denen es historisch in 50 Prozent aller Fälle geklappt hätte. Wichtig: In der anderen Hälfte der Fälle wären Sie unterschiedlich weit vom Ziel entfernt geblieben. Dieses Risiko kann nicht jede eingehen.

▸ **Genau 100 000 Euro:** Wer das Ziel mit etwas Glück schon früher erreichen will, schaut in diese Spalte. Oft tragen Börsenhochs Anleger vorzeitig über die Marke von 100 000 Euro. Sobald Ihr Depotstand die Marke knackt, sichern Sie Ihr Geld auf einem Tagesgeldkonto. So vermeiden Sie, dass Ihr Depotstand unter die Hunderttausendermarke sinkt, sollten die Börsenkurse danach abbröckeln. Mit den Raten aus dieser Spalte hätten Sie selbst im turbulentesten Börsenverlauf spätestens Ende der Laufzeit die 100 000 Euro geknackt – aber auch keine höhere Summe erreicht.

Ein Beispiel (siehe Grafik oben): Wer sein 100 000-Euro-Projekt Ende Februar 1979 mit einem reinen Aktiendepot startete und ursprünglich auf 30 Jahre plante, hätte das Ziel schon im Sommer 2000 erreichen können. Statt 30 Jahre zu warten, hätten Sparerinnen das Geld schon nach rund 20 Jahren in der Tasche gehabt – mit nur rund 60 Euro Sparrate im Monat. Wer die Gewinne allerdings nicht sofort sicherte, wäre danach in den Doppelcrash aus Dotcom-Turbulenzen und Finanzkrise gelaufen. Das können Sie anhand der dunkelgrünen Linie in der Grafik gut erkennen. Sofort, wenn der grüne Graph die 100 000-Euro-Linie berührt, hätten Anleger alles in Sicherheit bringen müssen. Sonst wäre ihr Vermögen abgebröckelt, wie die mintgrüne Fortsetzung der Linie zeigt. Clevere Sparer hätten also nicht nur kürzer angelegt, sondern wären auch mit einer niedrigeren Rate davongekommen.

▸ **Zocker, Normalo oder Zauderer? Auf den kommenden Seiten erfahren Sie, welche Varianten aus der großen Tabelle sich für Sie ganz persönlich eignen.**

Wie Sie 100 000 Euro in 30 Jahren erreichen können

Mit diesen Sparsummen sicherten sich Anlegerinnen und Anleger die Chance auf das sechsstellige Vermögen.

Portfolio	Mindestens 100 000 Euro[1]	Genau 100 000 Euro[2]	Im Durchschnitt 100 000 Euro[3]
Großen Betrag anlegen			
Tagesgeld	100 000	100 000	100 000
Defensiv	59 621	59 293	51 475
Ausgewogen	37 099	36 693	27 893
Offensiv	24 097	23 705	15 917
Aktien-ETF	16 348	15 990	9 567
Jeden Monat sparen			
Tagesgeld	278	278	278
Defensiv	235	223	206
Ausgewogen	194	174	152
Offensiv	158	136	112
Aktien-ETF	128	109	83
Einmal 20 000 Euro anlegen + monatlich sparen			
Tagesgeld	222	222	222
Defensiv	146	138	131
Ausgewogen	74	69	48
Offensiv	20	17	-27[4]
Aktien-ETF	-19[4]	—[4]	-72[4]

1) Der kleinste Betrag, mit dem genau am Ende der Spardauer selbst im schlechtesten Fall 100 000 Euro erreicht wurden. 2) Der kleinste Betrag, mit dem auch im schlechtesten Fall tw. vorzeitig 100 000 Euro erreicht wurden. Wer die 100 000 Euro dann sicher haben wollte, musste sofort den Gewinn sichern. 3) Der Betrag, mit dem am Ende der Laufzeit in der Hälfte aller Fälle mindestens 100 000 Euro erreicht wurden. 4) Negative Beträge bedeuten, dass dieser Betrag monatlich entnommen werden konnte und dennoch am Ende der Laufzeit 100 000 Euro vorhanden waren. Entnahmebeträge bei vorzeitiger Beendigung der Investitionsdauer geben wir nicht an. Quellen: Refinitiv, eigene Simulationen, Untersuchungszeitraum: 31.12.1969 – 31.12.2020 Anmerkungen: Handelsübliche Kaufkosten mit eingerechnet. Details zur Methodik unter test.de/100k/methodik.

Varianten über 30 Jahre

Egal ob Zocker oder Zauderer: Jeder kann eine individuelle Strategie für 100 000 Euro finden. Wir zeigen die interessantesten Varianten.

→ **Haben Sie Ihren persönlichen Weg** hin zu 100 000 Euro bereits gefunden? Auf den kommenden Seiten zeigen wir Ihnen die sinnvollsten Sparvarianten aus unserer großen Tabelle auf der vorherigen Seite. Denn offensive Anlegerinnen brauchen andere Herangehensweisen als vorsichtige Naturen, Einmalanleger andere als Ratensparer. Auf den folgenden Doppelseiten gibt es viele Anlageideen für ausgewogene und vorsichtige Anleger, auf dieser Doppelseite können Offensivanleger herausfinden, wie viel Zockerei wirklich sinnvoll ist.

1 Offensive Einmalanlage

Sind Sie ein deutscher Durchschnittserbe? Dann könnten Sie einen Nachlass von mehr als 20 000 Euro Ihr Eigen nennen. Das trifft sich gut: Denn egal, wann Anlegerinnen die stattliche Summe von 24 100 Euro entsprechend dem offensiven Pantoffel-Portfolio nach der Gewichtung 75/25 investierten, hätten sie nach genau 30 Jahren stets mit mindestens 100 000 Euro dagestanden. In Zahlen bedeutet das: Rund 18 100 Euro hätten sie in einen Weltindex an der Börse investiert, die restlichen 6 000 Euro auf einem Tagesgeldkonto geparkt. Am Ende hät-

ten Anleger mit dieser 75/25-Strategie selbst im schlechtesten Fall 100 000 Euro erzielt – meist allerdings weitaus mehr. In der Hälfte aller 30-Jahreszeiträume wäre man bei solch einer Sparsumme am Ende mit mindestens 150 000 Euro rausgekommen.

Wenn also unverhofft eine größere Summe aus dem Nachlass von Oma oder Opa eintrudelt, könnten Sparerinnen damit den Grundstock für ihr ganz persönliches Großvermögen bilden und ins Träumen geraten: Was halten Sie pünktlich zur Rente zum Beispiel von einem Fertigferienhäuschen mit kleiner Terrasse? Oder möchten Sie nach erfolgreichem Arbeitsleben lieber eine ausführliche Weltreise unternehmen? All das ist mit 100 000 Euro möglich.

2 Offensiver Sparplan

Aus kleinem Geld ein großes Vermögen machen? Das ist nicht nur ein Traum aus Hollywood-Filmen, sondern kann für jeden Realität werden. Schon rund 160 Euro Sparrate pro Monat hätten im vergangenen halben Jahrhundert immer gereicht, um mit der offensiven Variante unserer Vermögensstrategie nach 30 Jahren ans Ziel zu kommen. Einzige Vorbedingung: 75 Prozent der Sparrate

Für offensive Anleger: 100 000 Euro in 30 Jahren

Offensive Einmalanlage Gesamt: 24 097 Euro Ziel immer erreicht	Renditebaustein: 18 085 Euro		Zinsbaustein: 6 012 Euro
Offensiver Sparplan Gesamt: 158 Euro / Monat Ziel immer erreicht	Renditebaustein: 119 Euro / Monat		Zinsbaustein: 39 Euro / Monat
Einmanlage Aktien-ETF Gesamt: 9 567 Euro Ziel in 50 % der Fälle erreicht	Renditebaustein: 9 567 Euro		

Untersuchungszeitraum: 31.12.1969 – 31.12.2020.   Quelle: Refinitiv, eigene Simulationen.
Beim Aktien-ETF sind Handelskosten berücksichtigt. Weitere Details zur Methodik unter test.de/100k/methodik

hätten Sie jeden Monat in einen weltweiten Aktien-ETF gesteckt und die restlichen 25 Prozent als Sicherheitspuffer auf ein Tagesgeldkonto fließen lassen.

Besonders gut eignet sich diese Strategie für Berufseinsteigerinnen: Viele wissen genau, dass die staatliche Rente in 30 Jahren nicht mehr ausreichen wird, um so gut zu leben wie aktuell. Wer 100 000 Euro anspart, könnte damit im Alter zumindest einige Jahre lang Heimkosten zahlen, sich eine private Zusatzrente genehmigen oder den Kindern in 30 Jahren etwas zur ersten Immobilie dazugeben.

Egal, ob Sie direkt im ersten Job gut verdienen oder stärker haushalten müssen, 160 Euro im Monat lassen sich für viele Menschen gut zusammensparen. Wenn Ihnen die Rate doch etwas groß erscheint, werden Sie einfach erfinderisch. Ihr Chef kann Ihnen mit sogenannten vermögenswirksamen Leistungen 40 Euro im Monat in einen Aktien-ETF einzahlen, mehr dazu im Netz unter test.de/vl. Wenn Sie dann noch clever Ihre Tarife für Strom, Handy und Co. vergleichen, können Sie weiteres Geld sparen. Oft ist die Eigenleistung am Ende gar nicht mehr so groß.

3 Einmalanlage für Zocker

Haben Sie ein bisschen Erspartes übrig, das Sie wirklich nicht in absehbarer Zeit brauchen? Dann könnten Sie eine kleine Wette wagen: Sie investieren auf einen Schlag rund 9570 Euro voll und ganz in einen weltweiten Aktien-ETF und warten in aller Ruhe 30 Jahre ab. Immerhin in der Hälfte der historischen Fälle hätten Sie am Ende die 100 000-Euro-Marke geknackt.

Allerdings brauchen Sie dazu mehr Nerven: Im Crash kann der Wert Ihres Depots zwischenzeitlich um mehr als 50 Prozent abrauschen. 100 Prozent Aktienanlage empfiehlt sich daher nur für Anlegerinnen, die keine Angst vor dem Crash haben. Das Geld könnten Sie übrigens schneller zusammenhaben als gedacht: Wer will, kann Urlaubsgeld, 13. Monatsgehalt und mögliche Boni zusammenlegen und es darauf ankommen lassen.

Für ausgewogene Anleger: 100 000 Euro in 30 Jahren

Ausgewogene Einmalanlage Gesamt: 37 099 Euro Ziel immer erreicht	**Renditebaustein:** 18 575 Euro	**Zinsbaustein:** 18 524 Euro
Ausgewogener Sparplan Gesamt: 194 Euro / Monat Ziel immer erreicht	**Renditebaustein:** 98 Euro / Monat	**Zinsbaustein:** 96 Euro / Monat
Ausgewogene Kombivariante Gesamt: 20 000 Euro + laufend 74 Euro Ziel immer erreicht	**Renditebaustein:** 10 000 Euro + 37 Euro / Monat	**Zinsbaustein:** 10 000 Euro + 37 Euro / Monat

Untersuchungszeitraum: 31.12.1969 – 31.12.2020 Quelle: Refinitiv, eigene Simulationen.
Beim Aktien-ETF sind Handelskosten berücksichtigt. Weitere Details zur Methodik unter test.de/100k/methodik

Mittleres Risiko: Ausgewogene Anlagevarianten

Auf der Karriereleiter haben Sie bereits ein paar Stufen erklimmen können, mit Ihrem Partner oder Ihrer Partnerin haben Sie über Nachwuchs gesprochen, und bald steht der Umzug in eine größere, aber auch teurere Wohnung an? Dann sind Sie gut beraten, wenn Sie es mit Ihrer 100 000-Euro-Strategie an der Börse etwas ruhiger angehen lassen. Dabei heißt es: Lieber nicht volles Risiko fahren, sondern einen ausreichenden Teil des Geldes schnell verfügbar haben. Eine Hälfte Ihrer Anlagen können Sie deswegen auf einem Tagesgeldkonto parken, die andere Hälfte lassen Sie an der Börse für sich arbeiten.

1 Ausgewogener Sparplan

Sie wollen besonders solide sparen? Dann ist diese Variante wie für Sie gemacht. Mit insgesamt nur rund 190 Euro im Monat hätten ausgewogene Anleger das Ziel von 100 000 Euro auch noch im schlimmsten aller 30-Jahreszeiträume erreicht. Das ist ganz besonders solide, weil Sie sich damit

am Ernstfall orientieren. Und es ist zudem ausgewogen, weil Sie Ihr Geld nach dem Prinzip „fifty-fifty" aufteilen: Mit rund 95 Euro im Monat legen Sie genau die Hälfte auf ein sicheres Zinskonto, während die anderen etwa 95 Euro sich an der Börse vermehren sollen.

Vor allem diejenigen Anleger, die sich in Sachen Finanzen als solide Planer verstehen, mögen diese Variante gern: Sie sparen oft über lange Laufzeiten und wollen sich damit fürs Alter absichern. Das Geld soll Ertrag erwirtschaften, aber nicht zu stark im Feuer stehen.

Das Beste am ausgewogenen Sparplan: Wer sich als solider Anlegerinnen am schlechtesten historischen Fall orientierte, wäre in allen anderen 252 30-Jahreszeiträumen in unserer Untersuchung deutlich besser weggekommen. Das passt für Sie besonders gut, wenn Sie für eine kleine Extrarente sparen: Je mehr am Ende dabei herumkommt, desto besser. Im Durchschnitt hätten Anleger bei einer monatlichen Sparrate von rund 190 Euro am Ende der 30 Jahre mindestens 128 200 Euro erzielt.

2 Ausgewogene Kombi

Sich jeden Monat mehr als 100 Euro absparen? Das kann in turbulenten Zeiten schwierig sein. Doch auch das lässt sich lösen, wenn Sie ein bisschen Geld auf der hohen Kante haben.

Wer vielleicht bereits 20 000 Euro angespart hat, könnte dieses Geld auf einen Schlag für das 100 000-Euro-Projekt einsetzen. Oft liegen diese Ersparnisse zu Nullzinsen sowieso nutzlos auf dem Konto herum, mitunter kommt es sogar noch schlimmer: Manche Banken verlangen für mehr als 10 000 Euro auf dem Konto sogar schon Negativzinsen.

Wer sich in den ersten Berufsjahren bereits ein gutes Finanzpolster geschaffen hat, könnte einen Teil seines erarbeiteten Sparvermögens nach unserer ausgewogenen Strategie seriös und kontrolliert investieren.

Heißt konkret: Die eine Hälfte der 20 000 Euro könnten Anleger auf ein Tagesgeldkonto schieben, die andere Hälfte in einen weltweiten Aktien-Indexfonds investieren. Dann müssten Anleger jeden Monat nur noch 37 Euro in den Aktienbaustein investieren und weitere 37 Euro in den Tagesgeld-Topf. Unter dem Strich würden Ihnen dann 74 Euro im Monat bereits ausreichen, um mit kontrolliertem Risiko ans Ziel zu kommen.

Mischt in den Dreißigern plötzlich Nachwuchs die Familie auf, kann es mit den Finanzen knapper werden. Alle paar Monate brauchen die Kinder neue Kleidung, ab und an soll auch ein Urlaub drin sein. Wer seine monatliche Sparrate angesichts solcher Herausforderungen kleinhält, handelt ausgewogen und vorausschauend zugleich.

3 Ausgewogene Einmalanlage

Solide, aber nicht langweilig: Auf diesen Nenner lässt sich die ausgewogene Einmalstrategie bringen. Anlegerinnen investieren einen größeren Batzen Geld auf einmal, gehen dabei aber pragmatisch vor. Mit rund 18 550 Euro wandert die Hälfte des Anlagebetrags von insgesamt grob 37 100 Euro an die Börse, die andere Hälfte bleibt auf einem Konto liegen. Mit dieser Sparsumme orientieren Sie sich am schlechtesten historischen Fall und sparen daher besonders belastbar in Richtung der 100 000 Euro.

66 Solide, aber nicht langweilig

Das kann sinnvoll sein, wenn Sparerinnen ein unverhofftes Erbe erhalten haben. Wer sich dem Verstorbenen stark verpflichtet fühlt, will das Geld vielleicht nicht allzu offensiv anlegen, es aber auf dem Konto angesichts steigender Preise aber auch nicht dem stillen Wertverlust aussetzen. Pragmatikerinnen mögen es eben gerne solide und geordnet, gleichzeitig aber nicht unnötig übervorsichtig.

Für vorsichtige Anleger: 100 000 Euro in 30 Jahren

Vorsichtiger Sparplan Gesamt: 235 Euro / Monat *Ziel immer erreicht*	**Zinsbaustein:** 176 Euro / Monat	**Renditebaustein:** 59 Euro / Monat
Vorsichtige Kombianlage Gesamt: 20 000 Euro + 146 Euro / Monat *Ziel immer erreicht*	**Zinsbaustein:** einmalig 15 000 Euro + 109 Euro / Monat	**Renditebaustein:** einmalig 5 000 Euro + 37 Euro / Monat
Vorsichtige Einmalanlage Gesamt: 59 621 Euro *Ziel immer erreicht*	**Zinsbaustein:** 44 685 Euro	**Renditebaustein:** 14 937 Euro

Untersuchungszeitraum: 31.12.1969 – 31.12.2020.   Quelle: Refinitiv, eigene Simulationen. Beim Aktien-ETF sind Handelskosten berücksichtigt. Weitere Details zur Methodik unter test.de/100k/methodik

Geringes Risiko: Vorsichtige Strategien

Sie machen sich schon bei leichten Kurskapriolen Sorgen? Dann gehören Sie zu den defensiven Anlegern. Ihre Sorgen sollten Sie ernst nehmen: 50 Prozent runter, 100 Prozent rauf – das ist nicht jedermanns Sache. Anleger und Anlegerinnen haben jedoch an der Börse über den Zeitraum von 30 Jahren mit weltweiten und breit gestreuten Aktien-ETF nie Verlust gemacht. Über eine geringe Aktienquote von 25 Prozent können also auch vorsichtige Sparer zumindest nachdenken.

1 Vorsichtiger Sparplan

Selbst defensive Anlegerinnen und Anleger haben über einen Zeitraum von 30 Jahren bereits mit einem Einsatz von rund 240 Euro im Monat gute Chancen, ein sechsstelliges Vermögen anzusammeln. Dabei würden drei Viertel des Geldes (rund 180 Euro) sicher und ohne Kursschwankungen auf ei-

nem Tagesgeldkonto liegen. Mit etwa 60 Euro nur ein Viertel an die Börse.

Das heißt: Mögliche Kursschwankungen würden immer nur dieses eine Viertel Ihres Geldes treffen. Wer so vorgeht, hätte in der Vergangenheit nach 30 Jahren verlässlich mit 100 000 Euro dagestanden. Diese Strategie kann sich vor allem für den Typus des vorsichtigen Absicherers eignen: Sie wollen für ihr Alter vorsorgen und das angepeilte Finanzziel auf jeden Fall erreichen. Mit der Sparsumme von 240 Euro hätte das in der Vergangenheit immer geklappt.

2 Vorsichtige Kombi

Manchmal läppern sich die Summen auf dem Konto schneller zusammen, als gedacht: Wer nach dem Berufseinstieg jedes Jahr gerade mal 2 000 Euro spart, hat mit Mitte 30 oft schon 20 000 Euro und mehr auf dem Konto. Wohin dann damit?

Anleger und Anlegerinnen, die sich an das Thema Geld und Börse zunächst herantasten wollen, können nach unserer vorsichtigen Kombimethode investieren: 15 000 Euro erst einmal auf dem Konto lassen, sich aber mit 5 000 Euro in das Abenteuer Börse stürzen. Wer monatlich noch knapp 150 Euro dazuspart und nach dem gleichen Muster splittet, kann sich nach 30 Jahren beste Hoffnungen auf ein sechsstelliges Vermögen machen.

3 Vorsichtige Einmalanlage

Oft vererben Eltern oder Großeltern nicht nur Charakterzüge, sondern auch eine Menge Geld. Immer häufiger sind ganz normal situierte Sparerinnen und Sparer plötzlich mit größeren Erbsummen konfrontiert. Viele Menschen wollen jedoch angesichts der großen Beträge nichts riskieren – und können deswegen über das vorsichtige Pantoffel-Portfolio nachdenken.

Wer knapp 60 000 Euro erbt, könnte drei Viertel der Summe sicher verwahren, rund 45 000 Euro müssten dann auf einem Tagesgeldkonto liegen. Ein Viertel des Erbes, also die Summe von etwa 15 000 Euro, würde zeitgleich an der Börse mit einem weltweit gestreuten Aktienkorb für ein bisschen Chance sorgen.

Im besten Fall reicht das unverhoffte Erbe auf diese Weise hinterher, um als Durchschnittsverdiener rund fünf Jahre früher als geplant in den Ruhestand starten zu können oder sich einen 100 000-Euro-Traum zu erfüllen.

30
SEKUNDEN FAKTEN

RANG 9
der Wirtschaftsnationen dürfte Deutschland in 30 Jahren belegen, meinen Berater von PWC.

2050
könnte es mehr Plastik in den Ozeanen geben als Fische, mutmaßen Experten von McKinsey.

1,8 GRAD HÖHER
als aktuell dürfte die Temperatur in 30 Jahren in Berlin liegen, glauben Klimaforscher.

Prognosen: PWC, McKinsey, ETH Zürich

„Das Haus ist ein Teil der Familie."

Holzbalken, Kamin und Wohnküche: Edith und Ulrich Dolde
wollten sich ihr Traumhaus bauen. Das Problem: Mehr als
100 000 Euro sollte es nicht kosten.

Eigentlich war das alles am Anfang nur eine fixe Idee, eine Spinnerei. Zwölf Zentimeter breit, sieben Zentimeter hoch, nicht mehr als ein paar schwarze Linien und orange Kästchen. Mit ein paar Strichen und Vierecken versuchte Ulrich Dolde seinen Traum vom eigenen Haus auf Millimeterpapier zu bannen. Die Wände aus Holz, die große Fensterfront, dazu ein kleiner Kamin. Was sich gewöhnlich anhören mag, war allerdings alles andere als das: Dolde wollte sein Traumhaus nicht nur selbst bauen – sondern auch für maximal 100 000 Euro.

Wenn Ulrich Dolde nun, acht Jahre nach seinen ersten Skizzen, durch das fertige Selbstbau-Haus läuft, hat er mit einer sechs-stelligen Summe etwas Unbezahlbares geschaffen: Nachmittags kann der Autor und Verleger aus seinem Wohnzimmerfenster im österreichischen Kärnten beobachten, wie die Sonne den Ossiacher See in ein warmes Licht taucht. „Das Haus ist wirklich ein Teil unserer Familie geworden", sagt Ulrich Dolde.

Doch bevor es mit dem Projekt des 100 000-Euro-Hauses losgehen konnte, musste das Ehepaar erst einmal ein Grundstück finden. Ruhig sollte es sein, abgeschieden wie auf einer Alm, aber auch nicht zu hoch gelegen, weil sich sonst schnell Kälte durch die Wände frisst. Jahrelang suchten Edith und Ulrich, bis sie in Kärnten fündig wurden und aus der fixen Idee ein konkreter Plan werden konnte.

Sofort waren sich die Doldes einig, dass sie ihr Haus aus Holz bauen wollen. Die warme Farbe, die natürliche Ausstrahlung, der erdige Geruch, solche Dinge gefallen den beiden. Ein Zimmerer besorgte für rund 25 000 Euro das Konstruktionsvollholz, schnitt Außenwände, Dachlatten und Giebelwände zentimetergenau zurecht – und fuhr sie mit dem Lkw gar bis vor die Tür der Doldes.

2 900 Stunden haben Edith und Ulrich Dolde seitdem insgesamt an ihrem Haus gearbeitet, Dachziegel aufgelegt, über den Trittschall des Trockenestrichs gegrübelt, Lichtschalter montiert und dabei immer die Kosten im Blick behalten. Das Holz war mit 25 000 Euro der größte Brocken, der Boden sollte die beiden mit Estrich und Parkett rund 15 000 Euro kosten, die Fenster noch einmal genauso viel. Obendrauf noch rund 13 000 Euro für die Elektrik und knapp 10 000 Euro für das Dach. Den Rest der Summe investierten die Doldes in die vielen größeren und kleineren Posten – und für den einen oder anderen Handwerker für die richtig komplizierten Dinge. „Am Ende haben wir die Hunderttausender-Marke ganz knapp gerissen", sagt Hausbauer Dolde, der mit seinen Bauerfahrungen den Blog „Haus-Selbstbau.com" füllt. Dolde will seine Tipps und Tricks weitergeben, weil auch ihn immer wieder ein befreundeter Architekt und ein alter Bekannter unterstützten.

Obwohl die Doldes den Grundstückspreis, die Bodenplatte und die Inneneinrichtung aus ihrer 100 000-Euro-Rechnung ausgeklammert haben, mussten sie beim Sparen oft erfinderisch werden: Statt teure historische Holztüren zu kaufen, entschieden sie sich für die günstigste Variante aus dem Baumarkt. Damit die Türen optisch dennoch in die Wohnung passen, musste Edith Dolde ihnen mit Nadelholz-Vergrauer einen schicken, rauchigen Anstrich verpassen – und damit das gewisse Etwas.

❝❝ Eine gute Atmosphäre ist unbezahlbar.

Längst nicht immer sollte beim Bauen allerdings der Preis den Ausschlag geben. „Ich will ja am Ende nicht in einer Spanplattenhütte wohnen", sagt der Hausbauer. Ulrich Dolde ist das wichtig, vor rund 20 Jahren hat er eine Ausbildung zum Feng-Shui-Berater durchlaufen. Statt billiger Dispersionsfarben setzte das Ehepaar bei seinen Wänden deswegen auf natürliche Kalifarben aus Marokko. Anders als manche Chemiefarben lassen diese Kreidefarben die feuchte Luft im Raum entweichen und sorgen auch optisch für ein angenehmes Raumklima. Dass die Doldes damit ihren 100 000-Euro-Rahmen leicht gesprengt haben? Nun ja, sagt Dolde, eine gute Atmosphäre sei eben unbezahlbar.

20 Jahre:
Der Mittelstreckenlauf

Auch ohne jedes Startkapital können sich Anlegerinnen eine sechsstellige Summe ersparen. Wer ein paar Tricks beachtet, kommt noch besser weg.

Wir alle haben große Träume: Vielleicht haben Ihre Kinder gerade krabbeln gelernt und Sie wollen ihnen nach dem Abi ein teures Auslandsstudium spendieren. Vielleicht planen aber auch Oma und Opa, Ihnen in einigen Jahren ein Haus zu überschreiben und Sie können die Renovierung schon absehen. Neues Bad, teure Fliesen, schicke Gauben für das Dachgeschoss – überlegen Sie mal, was Sie mit 100 000 Euro alles anstellen könnten.

Die gute Nachricht: Über 20 Jahre haben Sie genug Zeit, um Ihr Geld an der Börse gewinnbringend arbeiten zu lassen. Allerdings peilen Sie mit 100 000 Euro auch eine ganz schön große Summe an. Die Konsequenz? Um auch im kürzeren Zeitraum von 20 Jahren noch über die Ziellinie zu kommen, müssen Sie normalerweise höhere Raten stemmen.

Wer nach genau 20 Jahren einen Haken an das „Projekt sechsstellig" setzen will, kann dabei leicht in Probleme geraten. Wollten Ratensparer selbst im schlechtesten historischen Fall die Marke knacken, hätten sie pro Monat mehr als 400 Euro auf die Seite schieben müssen. Nicht unmöglich, aber doch eine ordentliche Verpflichtung. Auch mit einer Einmalanlage wäre ohne ein Großerbe von mindestens 60 000 Euro nichts zu machen gewesen, wenn Anleger es selbst im schlimmsten Börsenverlauf noch über die Hunderttausender-Marke schaffen wollten.

Zwischen Boom und Bärenmarkt

Sparer müssen aber nicht resignieren: Die Analyse von Finanztest zeigt, dass schon ein paar clevere Tricks die Raten drastisch drücken können. Um das herauszufinden, hat sich Finanztest alle historischen 20-Jahreszeiträume im vergangenen halben Jahrhundert angesehen.

Die erste Zeitspanne beginnt am 31. Dezember 1969, ab diesem Stichtag haben wir im Monatsrhythmus alle Varianten geprüft. Insgesamt haben die Stiftungscomputer also mehr als fünf Dekaden Börsengeschichte analysiert: 373 Zeiträume von je 20 Jahren sind Bestandteil unserer Analyse, der letzte endete pünktlich mit den Silvesterfeierlichkeiten am 31. Dezember 2020.

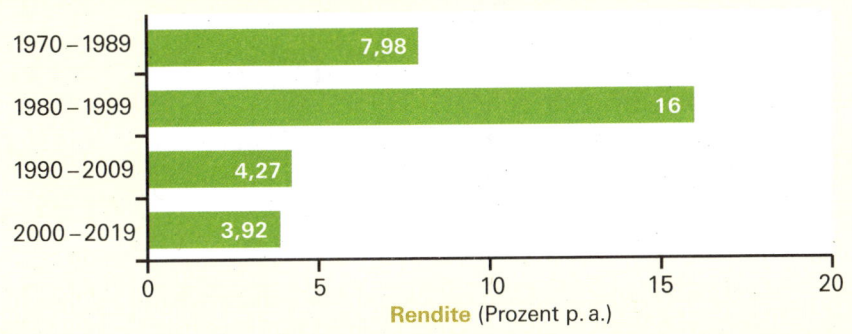

Unterschiedliche Zeiträume, unterschiedliche Renditen

Wer 20 Jahre lang gespart hätte, wäre mit einem ETF auf den MSCI World immer ins Plus gekommen. Dennoch unterscheiden sich die Renditen für Einmalanleger drastisch – je nach Zeitraum.

Zeitraum	Rendite (Prozent p. a.)
1970 – 1989	7,98
1980 – 1999	16
1990 – 2009	4,27
2000 – 2019	3,92

Rendite (Prozent p. a.)

Basierend auf den Monatsrenditen des MSCI World Index in Euro. Kosten für die Einmalanlage (0,25 Prozent plus 4,9 Euro) sowie laufende Kosten in Höhe von 0,5 Prozent p.a. sind berücksichtigt.   Quelle: Refinitiv, eigene Berechnungen

Die zentrale Erkenntnis? Über 20 Jahre stellten sich die guten Börsenrenditen nicht mehr so verlässlich ein wie im deutlich längeren Zeitraum von 30 Jahren. In unserer Grafik oben können Sie erkennen, wie es zu unterschiedlichen Zeiten an der Börse lief. So brachte der Weltindex MSCI World seinen Anlegern zwischen 1970 und 1989 eine gute Rendite von rund acht Prozent pro Jahr, ziemlich genau den historischen Schnitt.

Wer als Einmalanleger zehn Jahre später loslegte, hätte am Ende jedoch auf eine satte jährliche Rendite von 16 Prozent zurückgeblickt. Ab 1980 hätten Anlegerinnen mit dem Weltindex schließlich fast ausschließlich Boomzeiten erlebt. Wer allerdings zur Jahrtausendwende einstieg, hätte es ab März 2000 sofort mit dem Dotcom-Crash zu tun bekommen. Die Folgen spüren Einmalanleger auch noch 20 Jahre später: Sie konnten Ende 2019 bloß auf eine mittlere Rendite von knapp vier Prozent pro Jahr zurückblicken. Ähnlich mittelmäßig lief es zwischen 1990 und 2010, wo unter dem

Strich nur wenig mehr als vier Prozent Rendite im Jahr standen.

Mit dem Schlimmsten rechnen

Was bedeuten diese Zahlen für ganz normale Anleger? Sie zeigen, wie wichtig ein alter Börsianerspruch ist: „An der Börse auf das Beste hoffen, aber mit dem Schlimmsten rechnen." Wer besonders belastbar investieren will, sollte sich bei der Wahl seiner Sparrate am schlimmsten historischen Verlauf orientieren. Diesen Wert finden Sie ganz links in der großen 100 000-Euro-Tabelle auf Seite 79 unter der Aufschrift „mindestens 100 000 Euro". Mit diesen Sparsummen hätten Anleger nach 20 Jahren selbst im turbulentesten Börsenverlauf immer mindestens 100 000 Euro im Depot gehabt. Diese gesunde Vorsicht ist besonders angebracht, wenn Sie für Ihre Altersvorsorge sparen, um Ihre Rentenlücke zu füllen. Auch Sparerinnen, die ihren Kindern nach dem Abitur ein teures Auslandsstudium finanzieren wollen, sollten möglichst wenig dem Zufall überlassen.

Mit Zusatzbetrag die Raten senken

Wer zum Start der Sparphase eine Einmalsumme anlegte, konnte seine laufenden Raten als ausgewogener Anleger über 20 Jahre deutlich drücken, um am Ende der Laufzeit 100 000 Euro zu haben.

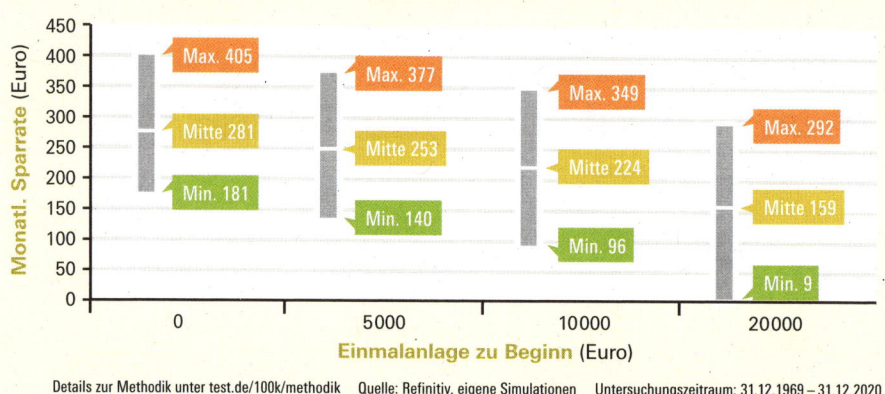

Details zur Methodik unter test.de/100k/methodik   Quelle: Refinitiv, eigene Simulationen   Untersuchungszeitraum: 31.12.1969 – 31.12.2020

Mit Tricks die Raten drücken

Auch mit geringeren Sparraten als 400 Euro pro Monat konnten sich Anleger zumindest eine Chance auf 100 000 Euro sichern. Vor allem diese drei Tricks funktionierten gut:

▶ **Vom Sockel aus starten.** Wer etwas Geld übrig hat, kann damit seine laufenden Raten drücken. Als ausgewogene Anlegerin konnten Sie mit 10 000 Euro Startinvestment vorneweg die späteren Monatsraten um mehr als 50 Euro senken (siehe Grafik oben). Wer sogar 20 000 Euro Einmaleinschuss parat hatte, musste monatlich oft mehr als 100 Euro weniger leisten.

▶ **Vorher aussteigen.** Manchmal knacken Anleger mit ihrem Depot die sechsstellige Summe schon vor dem Ende der geplanten Laufzeit. Wer die 100 000 Euro dann sofort in Sicherheit bringt, kann ausschließen, dass bröckelnde Börsenkurse auf den letzten Metern zur Gefahr für das Geld werden. Im Gegenzug kommen Anlegerinnen oft mit einer niedrigeren Rate hin: Wer

als ausgewogener Anleger zum vorzeitigen Ausstieg bereit gewesen wäre, hätte selbst im schlechtesten historischen Fall nur circa 340 Euro im Monat sparen müssen – rund 60 Euro weniger als im Standard-Szenario. Die passenden Sparsummen finden Sie in der Tabelle unter „genau 100 000 Euro".

▶ **Kalkulierte Wette eingehen.** Wenn Ihnen ein bisschen mehr Risiko nichts ausmacht, können Sie auf Basis unserer Daten eine begründete Spekulation wagen. Sparen Sie zum Beispiel auf einen möglichen Vorruhestand, ist es vielleicht nicht so schlimm, wenn Sie die 100 000 Euro nur in der Hälfte der Fälle erreicht hätten, Sie könnten darauf schließlich flexibel reagieren. Wer so denkt, wirft einen Blick in die Spalte „Im Durchschnitt 100 000 Euro" und lässt sich von diesen Werten inspirieren.

▶ Welche Varianten aus der großen Tabelle sich für Sie ganz persönlich am besten eignen, erfahren Sie auf den folgenden Seiten.

Wie Sie 100 000 Euro in 20 Jahren erreichen können

Erhöhtes Tempo, erhöhte Sparsummen: Auch über 20 Jahre lässt sich das Ziel gut erreichen.

Portfolio	Mindestens 100 000 Euro[1]	Genau 100 000 Euro[2]	Im Durchschnitt 100 000 Euro[3]
Großen Betrag anlegen			
Tagesgeld	100 000	100 000	100 000
Defensiv	85 011	81 519	66 434
Ausgewogen	74 094	67 998	45 729
Offensiv	66 237	58 054	32 626
Aktien-ETF	60 755	50 744	24 031
Jeden Monat sparen			
Tagesgeld	417	417	417
Defensiv	410	385	342
Ausgewogen	405	341	281
Offensiv	402	307	232
Aktien-ETF	402	277	193
Einmal 20 000 Euro anlegen + monatlich sparen			
Tagesgeld	333	333	333
Defensiv	312	283	241
Ausgewogen	292	215	159
Offensiv	275	159	87
Aktien-ETF	264	106	30

1) Der kleinste Betrag, mit dem genau am Ende der Spardauer selbst im schlechtesten Fall 100 000 Euro erreicht wurden. 2) Der kleinste Betrag, mit dem auch im schlechtesten Fall tw. vorzeitig 100 000 Euro erreicht wurden. Wer die 100 000 Euro dann sicher haben wollte, musste sofort den Gewinn sichern. 3) Der Betrag, mit dem genau am Ende der Laufzeit in der Hälfte aller Fälle 100 000 Euro erreicht wurden. Quelle: Refinitiv, eigene Simulationen. Untersuchungszeitraum: 31.12.1969 – 31.12.2020 Anmerkungen: Handelsübliche Kaufkosten mit eingerechnet. Details zur Methodik unter test.de/100k/methodik

Varianten über 20 Jahre

Sparen für die Kinder oder absichern für den Ruhestand? Unterschiedliche Bedürfnisse erfordern unterschiedliche Strategien. Wir zeigen die spannendsten Varianten.

Von null auf hunderttausend: In nur 20 Jahren ohne dickes Portemonnaie die Marke von 100 000 Euro zu knacken, klingt für viele Sparer illusorisch. Doch unsere Rechnungen zeigen, dass sich nicht nur Menschen mit gut gefüllten Konten gute Chancen auf das große Geld ausrechnen können. Auch ganz normale Sparerinnen haben mit ein bisschen Disziplin ordentliche Aussichten auf 100 000 Euro.

Auf den kommenden Seiten präsentieren wir Ihnen die sinnvollsten Anlagevarianten. So können Sie verstehen, welche Sparsumme für Ihre individuelle Situation am besten passen könnte. Auf dieser Doppelseite sehen Sie Varianten für risikofreudige Anleger, danach folgen Varianten für ausgewogene und schließlich für vorsichtige Sparer.

1 Offensive Einmalanlage

Plötzlich Geld? Viele Deutsche bekommen einmal in ihrem Leben einen unverhofften Geldregen. Wer unverhofft eine Summe von rund 24 000 Euro bekommt, könnte das Geld als Geschenk betrachten und es an der Börse in eine pure Wette stecken. Als Offensivspieler könnten Sie die Summe in voller Höhe in einen Aktien-ETF investieren und

schauen, ob Sie die Kraft der Börse am Ende über die Ziellinie hievt. In immerhin 50 Prozent aller Fälle hätten Sie damit in der Vergangenheit die Marke von 100 000 Euro übersprungen. In der anderen Hälfte der Fälle hätte es zwar nicht geklappt, aber Geld verbrannt hätten Sie trotz einer sportlichen Aktienquote von 100 Prozent über 20 Jahre auch nie. Selbst im schlechtesten Fall hätten Sie am Ende 40 000 Euro gehabt.

Das kann gut passen, wenn Sie bereits voll abgesichert sind und sich zum Beispiel die Option auf einen Vorruhestand sichern wollen. Ob Sie am Ende genau bei 100 000 Euro landen, ist dabei gar nicht so wichtig. Wie viel früher Sie in den Ruhestand starten, können Sie schließlich von der erreichten Summe abhängig machen. Nach dem Motto: je mehr, desto früher.

2 Offensiver Sparplan

Wer ohne besonderes Vermögen seinen persönlichen Vermögensmarathon starten will, kann unserem 4-2-1-Prinzip folgen: Mit rund 400 Euro über 20 Jahre in Richtung der 100 000 Euro sparen. Zumindest im vergangenen halben Jahrhundert hätten Sparer damit nach 20 Jahren die magische

Einmanlage für Offensiv-spieler Gesamt: 24 031 Euro Ziel in 50 % der Fälle erreicht	**Renditebaustein:** 24 031 Euro	
Sparplan für Offensivspieler Gesamt: 402 Euro / Monat Ziel immer erreicht	**Renditebaustein:** 302 Euro / Monat	**Zinsbaustein:** 99 Euro / Monat
Offensive Kombianlage Gesamt: 20 000 Euro + 159 Euro / Monat Ziel immer erreicht, ggf. vor-zeitig aussteigen	**Renditebaustein:** 15 000 Euro + 120 Euro / Monat	**Zinsbaustein:** 5 000 Euro + 39 Euro / Monat

Untersuchungszeitraum: 31.12.1969 – 31.12.2020.   Quelle: Refinitiv, eigene Simulationen.
Beim Aktien-ETF sind Handelskosten berücksichtigt. Weitere Details zur Methodik unter test.de/100k/methodik

Marke immer durchbrochen. Die einzige Bedingung: An der Börse sind Sie schmerzfrei und trauen sich zu, mit rund 300 Euro im Monat ganze 75 Prozent Ihres Spargeldes in einen Weltaktien-ETF zu investieren. Die restlichen etwa 100 Euro würden Sie auf dem Konto lagern.

Gerade karriereorientierte Singles Anfang 30 können es sich oft leisten, mit ihrer Vermögensstrategie in die Vollen zu gehen: Die ersten Schritte auf der Karriereleiter sind erklommen, die ersten Gehaltserhöhungen eingesackt, das Gehalt in manchen Berufen höher als der Bedarf. Manche finden vor lauter Stress nicht einmal Zeit zum Geldausgeben. In Sachen Börse können solche Sparer offensiver unterwegs sein, weil sie weder für Kinder sorgen noch eine Familie absichern müssen. Mit Kindern allerdings könnte eine solche Rate schwierig werden.

3 Offensive Kombi

Welcher Offensivspieler kann bei einem guten Geschäft schon nein sagen? Auch bei Ihrem 100 000-Euro-Plan können Sie ein solches eingehen: Mit ihm ließ sich die monatliche Sparrate mehr als halbieren, auf nur noch grob 160 Euro.

Zugegeben, diese Ratenhalbierung gibt es nicht umsonst. Anleger müssten sich den niedrigeren Sparbetrag an der Börse durch ein Tauschgeschäft erkaufen.

Direkt zum Start müssten sie insgesamt 20 000 Euro nach dem 75/25-Prinzip splitten: 15 000 Euro würden in einen weltweiten Aktien-ETF wandern und die restlichen 5 000 Euro würden als Sicherheitspuffer auf einem Tagesgeldkonto verwahrt. 120 Euro würden Sie monatlich an der Börse investieren, fortlaufend etwa 40 Euro auf dem Konto deponieren.

Gleichzeitig würden sich Anlegerinnen mit dieser Sparrate verpflichten, ihr Depot sofort leerzuräumen, wenn sie die 100 000 Euro erreicht haben. So verhindern sie, dass ein Crash kurz vor Ende der Sparphase die Früchte des vorherigen Börsenbooms wieder zerstört und ihr Vermögen auf den letzten Metern empfindlich dezimiert.

Für ausgewogene Anleger: 100 000 Euro in 20 Jahren

Ausgewogene Einmalanlage Gesamt: 45 729 Euro in 50 % der Fälle erreicht	**Renditebaustein:** 22 895 Euro	**Zinsbaustein:** 22 833 Euro
Ausgewogener Sparplan Gesamt: 341 Euro / Monat Ziel immer erreicht, ggf. vorzeitig aussteigen	**Renditebaustein:** 172 Euro / Monat	**Zinsbaustein:** 169 Euro / Monat
Ausgewogene Kombivariante Gesamt: 20 000 Euro + 215 Euro / Monat Ziel immer erreicht, ggf. vorzeitig aussteigen	**Renditebaustein:** 10 000 Euro + 108 Euro / Monat	**Zinsbaustein:** 10 000 Euro + 107 Euro / Monat

Untersuchungszeitraum: 31.12.1969 – 31.12.2020. Quelle: Refinitiv, eigene Simulationen.
Beim Aktien-ETF sind Handelskosten berücksichtigt. Weitere Details zur Methodik unter test.de/100k/methodik

Mittleres Risiko: Ausgewogene Anlagevarianten

Mehr Verantwortung, weniger Risiko: Gerade in den bewegten Zeiten des Lebens zwischen 30 und 50 Jahren empfiehlt sich für viele Anleger die ausgewogene Strategievariante des Pantoffel-Portfolios von Finanztest. Sobald die Kinder auf der Welt sind, ändert sich schließlich der finanzielle Kompass. Schnell müssen Sparer nicht nur Babystrampler, sondern auch Klassenreisen und das erste Skateboard finanzieren. Deswegen können Sie die Hälfte des Spargelds sicher auf einem Tagesgeldkonto verwahren und die andere Hälfte an der Börse für sich arbeiten lassen. Das ist übrigens auch dann sinnvoll, wenn die Kinder wieder aus dem Haus sind, mit Anfang 50 aber nur noch knapp 20 Jahre bis zur Rente bleiben.

1 Ausgewogene Einmalanlage

Suchen Sie eine Chance, Ihr Geld zu verdoppeln? Dann können Sie über diese ausgewogene Einmalanlage nachdenken. In der Vergangenheit hätten Anleger damit ihr Geld zumindest in der Hälfte aller Fälle von rund 45 730 Euro auf genau 100 000 Euro mehr als verzweifeln können. Die Hälfte des Geldes hätte immer sicher auf einem Tagesgeldkonto geschlummert, nur die andere Hälfte des Großbetrages wäre den Launen der Börse überhaupt ausgesetzt gewesen. Sparer riskieren damit nicht zu viel und sicherten sich in der Vergangenheit zugleich eine 50–50-Chance auf das große Geld.

Aber Vorsicht: In 50 Prozent der Fälle hätten Sie das Ziel nach 20 Jahren auch verfehlt. Im schlechtesten Fall hätten Sie bei dieser Sparsumme am Ende 62 000 Euro gehabt. Wer genau 100 000 Euro also dringend am Ende der Zeitspanne braucht, sollte lieber eine Kombianlage wählen und jeden Monat selbst noch ein bisschen hinzusparen. Manchem macht es außerdem Angst, mit knapp 22 900 Euro eine große Summe auf einmal an der Börse zu investieren. Viele Anleger fürchten, dass die Kurse zu ihrem Einstiegszeitpunkt viel zu hoch stehen. Also erst einen Crash abwarten, um vermeintlich günstig einsteigen zu können? Unsere Untersuchungen zeigen: Im schlechtesten Falle mussten Anlegerinnen knapp elf Jahre warten, bis die Kurse einmal um 30 Prozent nachgegeben hatten und die Kaufgelegenheit günstig war. Daher besser allen Mut zusammennehmen und sofort investieren. Alternativ können Sparer die große Summe auch gestreckt über 12 oder 24 Monate in kleinen Raten investieren.

2 Ausgewogener Sparplan

Wer monatlich spart, kann den Weg zum großen Vermögen in 240 Schritten gehen: Mit einer Sparrate von rund 340 Euro im Monat hätten Anleger die Marke von 100 000 Euro in der Vergangenheit spätestens nach 20 Jahren stets geknackt. Bedingung: Sobald die Marke erreicht ist, bringen sie ihr Vermögen in Sicherheit. Jeweils etwa 170 Euro schieben sie bis dahin auf ein Konto und in einen Aktien-ETF.

Diese Variante passt vor allem für planvolle Anlegerinnen, die strukturiert und ausgewogen handeln. Sie sind finanziell oft gut ausgestattet, schränken sich aber lieber heute etwas ein, um morgen auf der sicheren Seite zu sein. Auch wer mit Mitte oder Ende 40 den Rententurbo anwerfen will, kann über ein solches Modell nachdenken. Oft klettern Sparer dann auf der Karriereleiter noch weit nach oben und können als Teamchefs oder Projektleiterinnen Monat für Monat etwas mehr Geld zurücklegen.

Übrigens: Wer nicht exakt 100 000 Euro anpeilt, sondern eher mehr erzielen will, könnte Monat für Monat auch 405 Euro wegsparen und nach der Fifty-fifty-Methode aufteilen. Damit wären im schlechtesten Fall genau 100 000 Euro herausgekommen.

3 Ausgewogene Kombi

Verträgliche Sparraten bei ausgeglichenem Risiko? Solch eine Quadratur des Kreises verspricht die ausgewogene Kombistrategie in Richtung der 100 000 Euro. Wer sie wählte, musste zum Start zwar 20 000 Euro mitbringen – dann jeden Monat aber bloß noch 215 Euro auf die Seite schieben. Das Geld würden Sie nach der Daumenregel „halbe-halbe" auf Renditebaustein und die Zinskomponente aufteilen.

Dieses Modell kann sich lohnen, wenn Sie Ihren Kindern in knapp 20 Jahren ein kostspieliges Auslandsstudium finanzieren wollen. Oft legen die Großeltern den Enkeln eine größere Summe in die Wiege, mitunter lässt sich damit der Start der Kombianlage schon stemmen.

Wichtig: Weil Eltern für das Studium ihrer Kinder meist nicht mehr als 100 000 Euro aufbringen müssen, sollten sie die Abräumer-Methode nutzen. Sobald die Summe im Depot erreicht ist, müssten sie das Geld sofort auf die Seite schieben. Wer auf diese Weise verhindert, dass bröckelnde Kurse am Ende der Anlagephase zum Problem werden, konnte sich damit in der Vergangenheit meist geringere Raten sichern.

Für vorsichtige Anleger: 100 000 Euro in 20 Jahren

Sparplan ohne Aktien Gesamt: 417 Euro / Monat Ziel immer erreicht	Zinsbaustein: 417 Euro / Monat	
Vorsichtige Kombianlage Gesamt: 20 000 Euro + 283 Euro / Monat Ziel immer erreicht, ggf. vorzeitig aussteigen	Zinsbaustein: 15 000 Euro + 212 Euro / Monat	Renditebaustein: 5 000 Euro + 72 Euro / Monat

Untersuchungszeitraum: 31.12.1969 – 31.12.2020. Quelle: Refinitiv, eigene Simulationen.
Beim Aktien-ETF sind Handelskosten berücksichtigt. Weitere Details zur Methodik unter test.de/100k/methodik

Geringes Risiko: Vorsichtige Anlagevarianten

Gehören Sie auch zu den „Sparefrohs" der Republik? Dann setzen Sie bei Ihren Anlagen vor allem auf Sicherheit. Im Zweifel ist Ihnen der Ertrag gar nicht so wichtig, sofern Sie Ihr Geld gut aufgehoben wissen. Dann sollten Sie defensiv vorgehen. Die gute Nachricht: Auch kontrollierte Anlegerinnen können die magische Summe von 100 000 Euro über 20 Jahre gut erreichen. Das geht schon mit nur 25 Prozent Aktien im Depot – und im Zweifel sogar ganz ohne.

1 Sparplan ohne Aktien

Kleinvieh macht bekanntlich auch Mist: Selbst aus wenigen Euro können Sparer große Summen machen. Wer allerdings nur mit dem Sparkonto ans Ziel kommen will, muss jeden Monat einen etwas höheren Betrag auf die Seite schieben: Wer Monat für Monat rund 420 Euro unters Kopfkissen legt, hätte am Ende der Zeitspanne 100 000 Euro angesammelt. Das Gute daran: In dieser Variante haben Sie keine Kursrisiken, auf dem Konto geht es mit Ihrem Geld schließlich nicht abwärts – aber auch nicht richtig aufwärts.

Extrem sicherheitsbewusste Sparer können diese Variante dennoch ohne Gram in Betracht ziehen: Wer zum Ende der Laufzeit auch im schlimmsten Fall mindestens 100 000 Euro erreichen wollte, hätte selbst mit den riskanteren Börsenvarianten des Pantoffel-Portfolios schließlich rund 400 Euro pro Monat auf die Seite legen müssen. Das ist kein großer Unterschied zu den 420 Euro Sparsumme ganz ohne die Börse.

Scheint Ihnen das zu viel? Dann rechnen Sie die Summe doch mal auf einen Tageswert runter. 420 Euro bedeuten nichts anderes, als dass Sie pro Tag rund 14 Euro sparen müssten. Vielleicht liefert Ihnen diese neue Perspektive bereits erste Ideen, wie Sie die Summe stemmen können. Manchmal hilft es auch, eine Art Sparchallenge auszurufen, um sich zu motivieren.

Übrigens: Wer die Rate etwas senken will, könnte zumindest über 25 Prozent Aktienquote und etwas mehr Risiko nachdenken. Schon rund 340 Euro Sparsumme hätten gereicht, um zumindest in 50 Prozent aller Fälle ans große Ziel zu gelangen. Verluste hätten Anlegerinnen über den Zeitraum von 20 Jahren mit dem weltweit gestreuten Pantoffel-Portfolio trotzdem nie gemacht.

2 Vorsichtige Kombi

Wer sich im Umgang mit den eigenen Finanzen mehr Selbstsicherheit und eine Prise Leichtigkeit wünscht, kann gut über eine Aktienquote von 25 Prozent nachdenken. Statt jeden Monat mehr als 400 Euro zu sparen, hätte dann im Zweifel schon eine Rate von 280 Euro im Monat ausgereicht. Die beiden Voraussetzungen: Sie leisten am Anfang der Laufzeit einen Einmaleinschuss von 20 000 Euro – und sichern das gesamte Geld sofort, wenn Ihr Depot die Marke von 100 000 Euro überschreitet.

Eine solche Strategie kann sich zum Beispiel für Immobilienerben eignen. Weil sie sich die monatliche Miete sparen, haben sie nach dem Berufseinstieg oft schnell eine größere Summe Geld auf dem Konto. Die könnten sie als Startsockel für das 100 000-Euro-Projekt verwenden. In 20 Jahren könnten sie dann an die Renovierung des eigenen Hauses denken: ein Bad mit schicken Fliesen einrichten, die Heizung auf den neuesten Stand bringen, den Dachboden ausbauen – da kann die Rechnung schnell 100 000 Euro betragen.

Übrigens: Wer clever vorgeht, kann die monatliche Sparrate noch weiter senken. Schon etwa 240 Euro im Monat hätten nach einem Startbetrag von 20 000 Euro für Vorsichtige ausgereicht, um zumindest in der Hälfte aller Fälle ans Ziel zu kommen. Im schlechtesten aller 20-Jahreszeiträume hätte man ausgehend von diesen Sparbeträgen am Ende immer noch 77 270 Euro gehabt.

30
SEKUNDEN FAKTEN

15 %
der Deutschen würden in 20 Jahren gerne mit Iris oder Fingerscan bezahlen.

5,7 %
weniger Fahrzeuge in Deutschland halten Zukunftsforscher in 20 Jahren für realistisch.

20 JAHRE
wird es noch dauern, dann dürften in fast jedem Raum Haushaltsroboter zum Einsatz kommen, mutmaßt die Allianz.

Prognosen: Infas quo, Deutsches Zentrum für Luft- und Raumfahrt, Allianz

Unser 100 000-Euro-Traum
Mit der ganzen Familie einmal um die Welt reisen

„Raus aus dem Alltag"

Ein Jahr, zehn Länder, 100 000 Euro: Annette Gref und Klaus Balthes gingen mit einem Großbetrag auf Weltreise. Und kamen reicher zurück.

Die Entscheidung, das weiß Klaus Balthes noch ganz genau, fiel am 15. März 2013 per SMS. Er war gerade in Madrid, seine Frau irgendwo hinter Lörrach. Sie: Wir machen eine Weltreise. Die Idee, eigentlich ganz einfach. Raus aus dem Alltag, rein ins Abenteuer. „Hauptsache raus aus dem Trott", sagt Balthes heute.

Zweieinhalb Jahre später ging es für Annette Gref und Klaus Balthes los, im September 2015 begannen sie mit den beiden Kindern ihre große Reise um die Welt. Zehn Länder hat die Familie im Lauf von zwölf Monaten besucht, vier Reisepässe vollgestempelt, rund 11 000 Fotos geschossen – und unter dem Strich fast 100 000 Euro

ausgegeben. Diese Zahlen, sie sind der Versuch einer Bilanz, die sich eigentlich nicht in Zahlen ziehen lässt.

Gleich der erste Flug bringt die Gref-Balthes ans andere Ende der Welt, 8 117 Kilometer Luftlinie nach Namibia, zu der wohl ersten Erkenntnis ihrer Reise: Wenig ist so, wie man glaubt. Auch sie hatten Afrika für einen heißen Kontinent gehalten, die Wüste für einen trockenen Ort. Aber als die Familie den größten namibischen Seehafen Walvis Bay besucht, um Robben und Delfine anzuschauen, zieht die feuchte Kälte durch mehrere Jacken bis in ihre Knochen. Als sie in der Wüste Geckos, Chamäleons und Schlangen besichtigen, tröpfelt es sogar leicht .

Ausgerechnet in diesen ersten Tagen ist die Familie so weit weg von Deutschland, wie man wohl sein kann und irgendwie doch kaum entfernt. Das Stadtviertel, in dem ihr erstes Apartment liegt, heißt schlicht „Ludwigsdorf". In einer Schule in Otjiwarongo hat die deutsche Minderheit zum Oktoberfest sogar die Mehrzweckhalle blauweiß dekoriert, serviert Brathendl und Leberkäs. „Das war für uns ein interessanter Übergang von Deutschland in die Ferne", sagt Balthes heute.

Zweieinhalb Jahre hatten Annette Gref und Klaus Balthes ihr Projekt zu Hause vorbereitet, Flugrouten geplant, Kosten kalkuliert und Impfungen geprüft. Knapp 20-mal haben sie ihre Pläne umgeschmissen, teure Flüge durch günstige ersetzt und die politische Weltlage neu sortiert. „Wir wollten wegen der Kinder nichts riskieren", sagt Balthes. Sogar mit der Schule ihres Ältesten fanden sie einen Weg: Ein Jahr konnte sich die Familie in Deutschland abmelden, ihr Sohn zwischendrin in Schulen im Ausland lernen. Und vor allem: viel fürs Leben.

In Neuseeland erfuhren Eltern und Kinder, dass unter der Erdkruste des Landes viele Vulkane lauern. Unter dem Taupo-See verbirgt sich zum Beispiel ein Supervulkan, seit vor rund 27 000 Jahren erst die Magmakammer kollabierte und sich dann mit Wasser füllte. In einem Museum schüttelt eine spezielle Kammer die Besucher so heftig durch wie bei einem Erdbeben – eine äußerst eindrückliche Erfahrung!

Die Bilanz nach rund einem Jahr Reise: Knapp 22 000 Euro haben die vier für ihre Flüge ausgegeben, 21 000 Euro für Unterkünfte, 15 000 Euro für Essen und noch einmal so viel für den Transport vor Ort. Der Rest des Reisebudgets ging für Aktivitäten und Zubehör drauf, für Moskitonetze und Versicherungen. Unter dem Strich sind die vier Familienmitglieder am Ende mit rund 94 000 Euro hingekommen. Eine Summe, für die sie unnützen Hausrat im Netz verkauften, eifrig sparten und eine Fassadenrenovierung absagten. „An eine Weltreise erinnert man sich schließlich lieber als an eine akkurate Fassade", sagt Klaus Balthes.

❝ Die beste Schule fürs Leben.

Nach Stationen in Malaysia, Australien, den USA und Kanada kommt die Familie knapp ein Jahr nach ihrem Start in Costa Rica an, im 16. Stock eines Hochhauses beziehen die Reisenden ihre Ferienwohnung. Während die Kinder Legos aufbauen, sitzen Annette Gref und Klaus Balthes auf dem Sofa und packen ihren Laptop aus. Zum ersten Mal, sagt Balthes, haben sie sich nicht auf ein Land vorbereitet. Nichts über die Kultur gelesen, keine Ziele recherchiert und keine Touren gebucht. Zum ersten Mal fühlt sich Balthes satt, gefüllt, vielleicht sogar ein wenig reich. Vor allem an Erfahrungen.

10 Jahre: Der Sprint

Im Eiltempo zum großen Geld? Mit dem Pantoffel-Portfolio kann das klappen. Dafür sollten Sie die Launen der Börse allerdings genau kennen.

Wo sehen Sie sich in zehn Jahren?

In Vorstellungsgesprächen ist das eine beliebte Frage, nun dürfen Sie allerdings ganz ohne Druck darüber nachdenken: Wollen Sie in absehbarer Zeit Ihre eigene Geschäftsidee wahrmachen und selbst zur Chefin werden? Oder wollen Sie sich lieber ein Jahr Auszeit vom Job nehmen, um einmal rund um die Welt zu jetten oder in einer sozialen Einrichtung zu arbeiten? Vielleicht liebäugeln Sie aber auch schlicht mit etwas richtig Luxuriösem: Wie wäre es mit einer sündhaft teuren Uhr oder einem schicken Kleinboot?

Zugegeben, in nur zehn Jahren die Mittel für eines dieser Ziele anzuhäufen, klingt nach einem schönen Traum. Finanztest wollte es trotzdem wissen und hat sich den großen Traum vom schnellen Geld näher angesehen. Dabei haben wir natürlich sicherheitshalber konservativ gerechnet, trotzdem ist unser Ergebnis erstaunlich: Mit dem eigenen Depot in nur einer Dekade die 100 000-Euro-Marke zu knacken, kann durchaus klappen. Die Betonung liegt allerdings auf: kann. Und zumindest in den meisten Fällen müssen Sie bereits ein klein wenig Geld mitbringen.

Mal Glück, mal Pech

Wer die 100 000 Euro in nur zehn Jahren erreichen will, hat nämlich nicht nur weniger Zeit, sein Geld für sich arbeiten zu lassen. Die Eiltempomethode bringt zugleich größere Risiken am Kapitalmarkt mit sich. Während Sparer über einen Zeitraum von 20 oder 30 Jahren bislang selbst nach Kurscrashs immer wieder aus der Verlustzone herauskamen, ist das bei nur zehn Jahren nicht immer der Fall gewesen. Im Klartext: Wer an der Börse bloß zehn Jahre lang auf die Kraft der „Welt-AG" setzen konnte, stand am Ende manchmal mit einem Verlust da.

Wie unterschiedlich die Börsen über zehn Jahre laufen können, zeigt die Grafik auf der rechten Seite eindrücklich: Wer zu Anfang 2010 seinen persönlichen Börsengang wagte, blickte Ende 2019 auf eine Dekade mit satten Renditen und vergleichsweise wenigen Turbulenzen zurück. Der Industrieländer-Index MSCI World hätte Aktionären hier eine Rendite von knapp 12,3 Prozent pro Jahr beschert. Über den gesamten Zeitraum wäre so insgesamt ein Plus von 218 Prozent aufgelaufen. Ganz anders wäre es jedoch gelaufen, wenn Anlegerinnen mit dem Start des Jahres 2000 zum Hö-

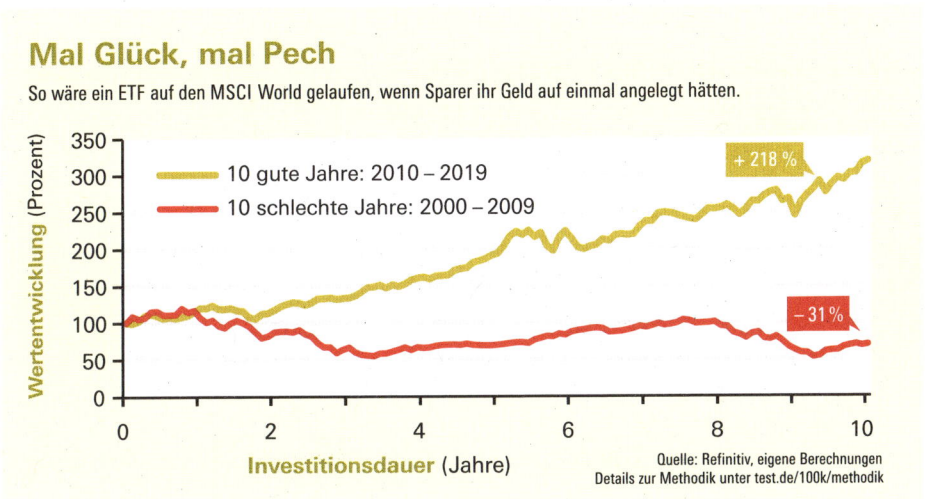

Mal Glück, mal Pech

So wäre ein ETF auf den MSCI World gelaufen, wenn Sparer ihr Geld auf einmal angelegt hätten.

Wertentwicklung (Prozent)

- 10 gute Jahre: 2010 – 2019
- 10 schlechte Jahre: 2000 – 2009

+ 218 %

– 31 %

Investitionsdauer (Jahre)

Quelle: Refinitiv, eigene Berechnungen
Details zur Methodik unter test.de/100k/methodik

hepunkt der Interneteuphorie an der Börse eingestiegen wären. Nur wenige Monate später hätten sie es mit einem langjährigen Crash auf Raten zu tun bekommen – und bis Ende 2009 jedes Jahr rechnerisch ein Minus von 3,6 Prozent eingefahren. Insgesamt wäre so über den gesamten Zeitraum ein Verlust von mehr als 30 Prozent aufgelaufen.

Die Risiken

Um Ihnen das volle Bild aus guten, mittleren und schlechten Börsenperioden zu liefern, haben wir uns für den 100 000-Euro-Check im Monatsrhythmus mehr als ein halbes Jahrhundert Börsengeschichte angesehen, darunter alle 493 denkbaren Zeiträume von zehn Jahren. Aus den Daten können Sparer drei zentrale Erkenntnisse gewinnen:

① Sehr unterschiedliche Sparsummen. Weil die Börsenverläufe über den kurzen Zeitraum von zehn Jahren derart unterschiedlich sind, liegen auch die nötigen Sparsummen für 100 000 Euro extrem weit auseinander. Wer als Anlegerin alles auf Aktien setzte, hätte im besten Fall bereits mit nur knapp 17 000 Euro Startkapital nach zehn Jahren die magische Marke von 100 000 Euro erreicht. In der Hälfte aller 10-Jahreszeiträume hätte jedoch auch eine Einmalanlage von 45 100 Euro nötig sein müssen – und in der anderen Hälfte der Fälle sogar noch mehr. Das macht es auf den ersten Blick kompliziert, eine passende Anlagesumme festzulegen.

Wer etwas länger spart, kommt besser ans Ziel

Über zehn Jahre kamen reine ETF-Sparer mit 520 Euro Anlagesumme pro Monat nur in der Hälfte der Fälle ans Ziel. Warteten sie anderthalb Jahre länger, schafften sie es bereits in drei Viertel aller Fälle.

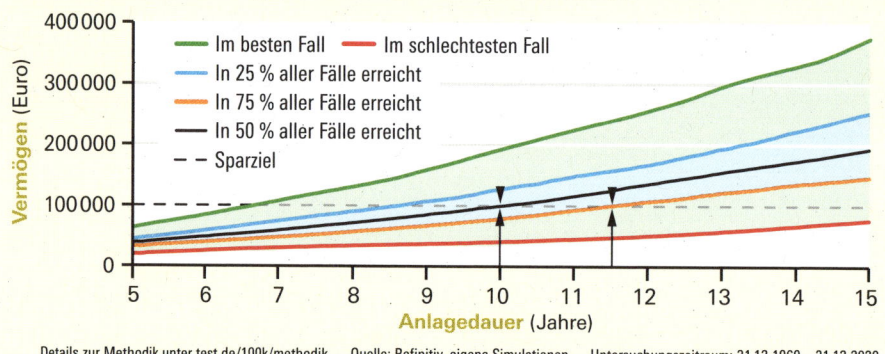

Details zur Methodik unter test.de/100k/methodik   Quelle: Refinitiv, eigene Simulationen   Untersuchungszeitraum: 31.12.1969 – 31.12.2020

❷ Sehr hohe Sparsummen. Viele Sparraten in der Tabelle sind unrealistisch hoch. Wer für das große Ziel jeden Monat eine Summe X auf die Seite schieben will, muss beim reinen Zinssparen jeden Monat schon 833 Euro erübrigen. Die Sparraten an der Börse lagen mitunter noch höher, weil Anleger dort im schlimmsten Fall Geld verbrannt hätten. Wer verträgliche Raten sucht, muss deshalb erfinderisch werden.

❸ Schlechtester Fall ist kein sinnvoller Maßstab mehr. Wer besonders vorsichtig ist und sich am schlechtesten Fall aus der Vergangenheit orientieren will, wird dieses Beispiel in diesem Fall kaum hilfreich finden. Über zehn Jahre gab es selbst beim breit gestreuten Weltindex MSCI World einige Phasen, die das Börsenbarometer mit einem Minus abschloss. Was bedeutet das für Ihre Strategie? Um am Ende selbst bei bröckelnden Börsenkursen noch 100 000 Euro im Depot zu haben, hätten Sparer insgesamt mehr als diesen Betrag anlegen müssen.

Was also tun?

In unseren Analysen haben wir drei Ideen herausgefiltert. Erstens: Insbesondere offensive Anleger können eine kleine Wette eingehen. Wem es als engagiertem Anleger reicht, das große Ziel nur in 50 Prozent der Fälle zu erreichen, der hätte rund 530 Euro im Monat voll und ganz in einen weltweiten Aktien-ETF investieren können. Schon damit hätten sich Sparer die 50-Prozent-Chance auf 100 000 Euro sichern können. Werfen Sie also einen guten Blick auf unsere Sparsummen in der Spalte „im Durchschnitt". Zweitens: Wenn Anleger nach den zehn Jahren noch rund zwei Jahre länger Zeit hatten und dem Weltindex so lange die Treue hielten, kamen sie mit diesem monatlichen Sparbetrag schon in 75 Prozent aller Fälle ans 100 000-Euro-Ziel (siehe Grafik oben). Eine verhältnismäßig überschaubare Nachspielzeit für Ihr Geld kann sich also richtig lohnen. Drittens: Wer 20 000 Euro vorneweg anlegt, kann seine Raten ebenfalls deutlich drücken. Das lässt sich im untersten Drittel unserer großen Tabelle rechts gut erkennen.

Wie Sie 100 000 Euro in 10 Jahren erreichen können

Im Gegenzug für niedrigere Sparsummen mussten Anlegerinnen und Anleger akzeptieren, dass es mit dem großen Sparziel nur in der Hälfte der Fälle klappte.

Portfolio	Mindestens 100 000 Euro[1]	Genau 100 000 Euro[2]	Im Durchschnitt 100 000 Euro[3]
Großen Betrag anlegen			
Tagesgeld	100 000	100 000	100 000
Defensiv	108 900[4]	102 379[4]	79 980
Ausgewogen	120 543[4]	105 820[4]	65 076
Offensiv	135 668[4]	110 453[4]	53 693
Aktien-ETF	155 301[4]	116 448[4]	45 098
Jeden Monat sparen			
Tagesgeld	833	833	833
Defensiv	925	888	741
Ausgewogen	1 032	902	660
Offensiv	1 157	898	590
Aktien-ETF	1 305	868	528
Einmal 20 000 Euro anlegen + monatlich sparen			
Tagesgeld	667	667	667
Defensiv	755	718	558
Ausgewogen	859	729	459
Offensiv	983	735	372
Aktien-ETF	1 132	712	296

1) Der kleinste Betrag, mit dem genau am Ende der Spardauer selbst im schlechtesten Fall 100 000 Euro erreicht wurden. 2) Der kleinste Betrag, mit dem auch im schlechtesten Fall tw. vorzeitig 100 000 Euro erreicht wurden. Wer die 100 000 Euro dann sicher haben wollte, musste sofort den Gewinn sichern. 3) Der Betrag, mit dem genau am Ende der Laufzeit in der Hälfte der Fälle 100 000 Euro erreicht wurden. 4) Negative Rendite über zehn Jahre, daher ist der Anlagebetrag größer 100 000 Euro. Quelle: Refinitiv, eigene Simulationen, Untersuchungszeitraum: 31.12.1969 – 31.12.2020. Anmerkungen: Handelsübliche Kaufkosten mit eingerechnet. Details unter test.de/100k/methodik

Varianten über 10 Jahre

In zehn Jahren zum schnellen Geld? Das ist gar nicht so einfach. Wir zeigen die interessantesten Varianten – und ihre Risiken.

Im Expressverfahren zu 100 000 Euro zu gelangen? Das ist nicht nur den Offensivspielerinnen vorbehalten. Auch ausgewogene Anleger oder vorsichtige Naturen können es schaffen. Die passende Strategie findet aber nur, wer alle Tipps und Tricks kennt. Deswegen zeigen wir die vielversprechendsten Varianten für alle Anlegertypen im Detail. Auf den folgenden Doppelseiten finden ausgewogene und vorsichtige Sparer passende Varianten, auf dieser Doppelseite dürfen offensive Anleger ihre Lust am Nervenkitzel auf die Probe stellen.

1 Offensive Einmalanlage

Haben Sie schon mal eine Münze geworfen? Die Entscheidung zwischen „Kopf" oder „Zahl" ist eine faire Sache: In der Hälfte der Fälle klappt es, in der anderen Hälfte geht es schief. So ähnlich können Sie über zehn Jahre auch bei Ihrer 100 000-Euro-Strategie vorgehen.

Wer in der Vergangenheit insgesamt etwa 53 700 Euro in seine 100 000-Euro-Strategie gesteckt hätte, wäre in der Hälfte der Fälle nach zehn Jahren am Ziel gewesen. Rund 40 300 Euro hätten Sie dazu in einen weltweiten Aktien-ETF stecken müssen,

grob 13 400 Euro auf einem Tagesgeldkonto als Sicherheitspuffer geparkt.

Auch wenn sich der Begriff „Fifty-fifty-Chance" gut anhört, sollten Sie nichts beschönigen: In 50 Prozent aller Fälle hätten Sie Ihr großes Ziel mit dieser Sparsumme verfehlt und manchmal sogar Geld verloren. Im schlechtesten Fall hätten Sie beim Einsatz der rund 53 700 Euro am Ende der zehn Jahre nur 40 000 Euro übrig gehabt.

2 Offensiver Sparplan

In zehn auf hundert – das ist das Motto des offensiven Sparplans. Selbst über die knappe Zeitspanne von zehn Jahren kann es mit dem Ziel von 100 000 Euro nämlich klappen, sogar wenn Sie noch keine großen Summen auf dem Konto haben. Wer jeden Monat insgesamt 590 Euro auf Renditemotor und Zinsbaustein verteilte, wäre seit 1970 in der Hälfte aller Fälle hingekommen. Rund 440 Euro würden Sie Monat für Monat in einen Aktien-ETF schieben, circa 150 Euro auf einem Tagesgeldkonto verwahren.

Gerade mit Kindern sind solche Sparsummen sicher nur für die Wenigsten zu stemmen, Berufsanfängerinnen mit ausreichendem Gehalt können es jedoch darauf

Offensive Einmalanlage	Renditebaustein:	Zinsbaustein:
Gesamt: 53 693 Euro Ziel in 50 % der Fälle erreicht	40 296 Euro	13 397 Euro
Offensiver Sparplan Gesamt: 590 Euro / Monat Ziel in 50 % der Fälle erreicht	**Renditebaustein:** 444 Euro / Monat	**Zinsbaustein:** 146 Euro / Monat
Offensive Kombianlage Gesamt: 20 000 Euro + 372 Euro / Monat Ziel in 50 % der Fälle erreicht	**Renditebaustein:** 15 000 Euro + 280 Euro / Monat	**Zinsbaustein:** 5 000 Euro + 92 Euro / Monat

Untersuchungszeitraum: 31.12.1969 – 31.12.2020   Quelle: Refinitiv, eigene Simulationen.
Beim Aktien-ETF sind Handelskosten berücksichtigt. Weitere Details zur Methodik unter test.de/100k/methodik

ankommen lassen. Sie leben oft noch studentisch-spartanisch und haben am Monatsende noch eine Menge auf dem Konto übrig.

Doch Vorsicht, auch diese Variante ist riskant. In der Hälfte der Fälle hätten Sie das große 100 000-Euro-Ziel nämlich verfehlt. Im schlechtesten Fall wären bei einer monatlichen Sparrate von 590 Euro am Ende lediglich rund 51 000 Euro rausgekommen. Darauf sollten sich nur nervenstarke Naturen einlassen oder Anlegerinnen, die ein Kursbeben im Zweifel einfach aussitzen können.

3 Offensive Kombi

Wer clever anlegt, erkauft sich einen Push für seinen Vermögensplan: Statt jeden Monat bloß ein bisschen zu sparen, können Anleger am Anfang direkt eine größere Summe einzahlen. Wer als Erbe oder Gutverdienerin neben seinen Reserven für Notfälle zusätzlich 20 000 Euro auf der hohen Kante hat, kann sie direkt zum Start der Vermögensstrategie einsetzen. 15 000 Euro würden dann am weltweiten Aktienmarkt arbei-

ten, 5 000 Euro als Sicherheitspuffer auf einem Tagesgeldkonto verbleiben.

Mit dieser Strategie hätten Sparerinnen und Sparer ihre monatlichen Raten deutlich drücken können: Statt jeden Monat wie beim ganz normalen Offensivsparplan 590 Euro zu entbehren, mussten sie laufend nur noch rund 370 Euro sparen. Wer sich daran orientieren will, lässt 280 Euro Monat für Monat an die Weltbörsen wandern und parkt rund 90 Euro auf dem Konto.

Sparerinnen sollten sich jedoch überlegen, ob sie das Risiko eingehen können und wollen. Denn wie in den anderen Fällen gilt auch hier: In der Hälfte der Fälle wären Sparer in der Vergangenheit damit nicht bei 100 000 Euro gelandet. Im schlechtesten 10-Jahreszeitraum blieben bei diesem Einsatz von insgesamt 64 700 Euro am Ende nur 37 840 Euro übrig, ein herber Verlust. Diese Strategie eignet sich also nur für hartgesottene Naturen, die zum Beispiel ihr finanzielles Sicherheitsnetz bereits anderweitig gespannt haben und denen auch ein deutliches Minus keine großen Probleme bereiten würde.

Für ausgewogene Anleger: 100 000 Euro in 10 Jahren

Ausgewogene Einmalanlage Gesamt: 65 076 Euro in 50 % der Fälle erreicht	Renditebaustein: 32 581 Euro	Zinsbaustein: 32 495 Euro
Ausgewogener Sparplan Gesamt: 660 Euro / Monat in 50 % der Fälle erreicht	Renditebaustein: 332 Euro / Monat	Zinsbaustein: 327 Euro / Monat
Ausgewogene Kombivariante Gesamt: 20 000 Euro + 459 Euro / Monat in 50 % der Fälle erreicht	Renditebaustein: 10 000 Euro + 231 Euro / Monat	Zinsbaustein: 10 000 Euro + 228 Euro / Monat

Untersuchungszeitraum: 31.12.1969 – 31.12.2020. Quelle: Refinitiv, eigene Simulationen. Beim Aktien-ETF sind Handelskosten berücksichtigt. Weitere Details zur Methodik unter test.de/100k/methodik

Mittleres Risiko: Ausgewogene Anlagevarianten

Hier ist alles in Balance: Mit der ausgewogenen Finanztest-Strategie, dem Pantoffel-Portfolio, setzen Sie zu gleichen Teilen auf Sicherheit und Renditechance. 50 Prozent Ihrer Anlagesumme lassen Sie an der Börse für sich arbeiten, die anderen 50 Prozent parken Sie auf einem Tagesgeldkonto. Mögliche Verluste an der Börse schlagen so immer nur auf die Hälfte Ihres Portfolios durch. Für die meisten Anlegerinnen ist dieser Fifty-fifty-Mix die beste Variante, weil er Chance und Risiko ausbalanciert. Doch Vorsicht: Bei der kurzen Laufzeit von nur zehn Jahren war diese Strategie weniger ein Selbstläufer als oft buchstäblich Balanceakt.

1 Ausgewogene Einmalanlage

Können Sie sich die Summe von 250 Milliarden Euro vorstellen? So viel wird in Deutschland Jahr für Jahr vererbt und verschenkt, schätzt das Deutsche Institut für Wirtschaftsforschung. Arbeiterinnen und Angestellten, Beamtinnen und Bauleitern verschafft solch ein Geldregen mitunter

über Nacht eine große Summe auf dem Konto. Wer rund 65 000 Euro erbt oder auf anderem Wege einspielt, könnte das Geld nach der ausgewogenen Finanztest-Strategie, dem Pantoffel-Portfolio, investieren. Rund 32 500 Euro an die Börse geben, die anderen etwa 32 500 Euro auf ein Tagesgeldkonto legen. So geht man mit dem Geld seiner Lieben gleich doppelt verantwortungsvoll um. Einerseits, weil man mit der 50–50-Methode nicht zu viel Geld aufs Spiel setzt. Andererseits, weil man das große Geld zumindest nicht in voller Höhe dem stillen Wertverlust auf dem Konto durch die Inflation aussetzt.

In der Hälfte aller Fälle hätten Sie damit in der Vergangenheit spätestens nach zehn Jahren mit der Summe von 100 000 Euro dagestanden. Falls es nicht klappt, ist das vielleicht aber auch gar nicht so schlimm: Mit dem Erbe hatten Sie schließlich nicht kalkuliert und können es einfach länger an der Börse investiert lassen. Denn auch im schlimmsten Fall wären nach zehn Jahren beim einmaligen Einsatz von 65 000 Euro am Ende noch 54 000 Euro übrig gewesen.

2 Ausgewogener Sparplan

Diese Strategie ist nichts für jeden: Monat für Monat 660 Euro sparen? Für viele Anleger und Anlegerinnen wird das zu Recht wie eine astronomische Summe wirken. Mancher kann sich allerdings auch diesen Großbetrag leisten und daraus womöglich einen noch größeren machen. Wer dem altbewährten 50:50-Prinzip folgt, würde jeden Monat etwa 330 Euro an die Börse schieben und circa 330 Euro auf dem Tagesgeldkonto parken.

Schließlich gibt es manche junge Leute, die direkt nach dem Berufseinstieg gut verdienen und eine Challenge daraus machen, für den überschaubaren Zeitraum von zehn Jahren ordentlich zu sparen – mit der Chance den Einsatz zu vervielfachen. Wenn Sie bereits der reiferen Jugend angehören, muss eine Rate von 660 Euro jedoch auch kein illusorischer Betrag sein. Zumindest wenn Sie auf der Karriereleiter bereits ein paar Sprossen erklommen haben und ein recht auskömmliches Salär erhalten.

Mit diesem Plan wären Anleger in der Vergangenheit jedoch nur in 50 Prozent aller Fälle hingekommen. Wenn es ganz schlecht lief, waren am Ende nur rund 64 000 Euro zusammengespart – bei Einzahlungen von insgesamt etwa 79 200 Euro. Dieses Risiko können eher die eingehen, die sich im Hier und Jetzt bereits rundum abgesichert haben und um auskömmliche Pensionsansprüche für den Lebensabend nicht sorgen müssen.

3 Ausgewogene Kombianlage

Clever kombiniert: Wer am Anfang eine größere Summe investiert, kann später mit geringeren monatlichen Raten hinkommen. 10 000 Euro investieren Sie zum Start auf einen Schlag an der Börse, mit noch einmal 10 000 Euro füllen Sie den sicheren Zinsbaustein. So starten Sie Ihr 100 000-Euro-Projekt nicht ganz von null aus, die laufende Monatsrate kann angenehmer ausfallen. Eine Idee: Jeden Monat splitten Sie etwa 460 Euro nach dem Prinzip „halbe-halbe" auf Börse und Tagesgeld. Für Berufseinsteigerinnen mit ordentlichem Gehalt, Selbstnutzer in der eigenen Immobilie oder Gutverdiener kann das allemal machbar sein.

Besonders gut eignet sich diese Strategie übrigens für Ziele, die Ihnen zwar wichtig, aber preislich nicht fix sind. Wer zum Beispiel in zehn Jahren das eigene Haus renovieren will, hat meistens Spielraum. Auch im schlechtesten 10-Jahreszeitraum unserer Untersuchung hätten Sie bei diesem Einsatz am Ende rund 53 500 Euro übrig gehabt – und könnten zumindest mit einigen Zimmern anfangen. Umgekehrt muss aber auch klar sein: Brauchen Sie die 100 000 Euro unbedingt in voller Höhe und genau zum Ende der zehn Jahre, wird es schwierig. Denn ein Blick in die Börsengeschichte zeigt, dass es über diesen verhältnismäßig kurzen Zeitraum immer wieder magere Perioden und Verlustphasen gab. Das heißt: Anlegerinnen müssen wohl oder übel mehr Zeit einplanen.

Für vorsichtige Anleger: 100 000 Euro in 10 Jahren

Sparplan ohne Aktien Gesamt: 833 Euro / Monat Ziel immer erreicht	**Zinsbaustein:** 833 Euro / Monat	
Vorsichtige Kombianlage Gesamt: 20 000 Euro + 558 Euro / Monat in 50 % aller Fälle erreicht	**Zinsbaustein:** einmalig 15 000 Euro + 417 Euro / Monat	**Renditebaustein:** einmalig 5 000 Euro + 141 Euro / Monat

Untersuchungszeitraum: 31.12.1969 – 31.12.2020.   Quelle: Refinitiv, eigene Simulationen.
Beim Aktien-ETF sind Handelskosten berücksichtigt. Weitere Details zur Methodik unter test.de/100k/methodik

Geringes Risiko: Vorsichtige Anlagevarianten

Wer eher vorsichtig ist, will nicht das Nachsehen haben: Wenn es um das eigene Vermögen geht, lässt sich das besonders gut verstehen. Gerade über einen Zeitraum von nur zehn Jahren war in der Vergangenheit oft Vorsicht geboten, denn die Börsen zeigten sich in einer derart kurzen Spanne ziemlich wechselhaft.

Die gute Nachricht: Auch mit einem gesunden Maß an Vorsicht können selbst defensive Anleger das Ziel von 100 000 Euro in zehn Jahren erreichen. Ganz egal, ob Sie zumindest 25 Prozent Ihres Geldes mit einem Weltaktien-ETF breit über viele Branchen und Länder streuen wollen – oder doch lieber ganz auf die Börse verzichten.

1 Vorsichtiger Kontosparplan

Wie wäre es mit der Salamitaktik? Um in zehn Jahren das 100 000-Euro-Ziel zu erreichen, müssen Sparer jeden Monat rund 830 Euro auf die Seite schieben. Wer die 100 000 Euro am Ende der zehn Jahre verlässlich brauchte, hatte angesichts schlechter Börsenphasen keine andere Alternative, als die 100 000 Euro zu 100 Prozent aus eigener Kraft zu stemmen.

Viele Sparer werden bei einer solch happigen Sparsumme zu Recht sofort abwinken, in speziellen Konstellationen kann das reine Zinssparen aber Sinn machen. Gerade unter jungen Sparern gibt es eine kleine, aber wachsende Zahl, die sich einige Jahre lang extrem einschränkt, um am Ende mit dem ganz großen Geld dazustehen. Die Extremsparer haben sich unter dem Schlagwort der „Fire-Bewegung" zusammengeschlossen. Das steht für financial independence, retire early. Auf Deutsch: finanzielle Unabhängigkeit, früh in Rente gehen. In Foren tauschen die Sparer Tipps aus, wie man zum Beispiel beim Einkaufen sparen kann und seinen Urlaub sehr kostengünstig organisiert. Immer wieder äußern Experten Zweifel, ob sich eine Rente mit 40 tatsächlich so einfach machen lässt wie manche Mitglieder nahelegen. Ob sich das lohnt, muss jeder individuell beurteilen.

Zumindest zum Teil auf die Börse zu setzen, hätte sich für ganz vorsichtige Naturen nicht gelohnt. Weil Anlegerinnen und Anleger am Parkett über zehn Jahre manchmal Geld verbrannten, hätten sie auf dem Weg hin zu 100 000 Euro an der Börse im Ernstfall höhere Raten zahlen müssen als reine Tagesgeldsparer.

2 Vorsichtige Kombianlage

Diese Anlagevariante ist gleich doppelt clever: Wer an zwei Stellen einfallsreich kombiniert, kann selbst als vorsichtiger Anleger seine Monatsraten deutlich drücken.

Erster Trick: Wer zu Beginn der Sparphase einen Einmaleinschuss von 20 000 Euro leistet, muss danach jeden Monat weniger zahlen. Mitunter ließen sich die monatlichen Raten so um 100 oder 150 Euro senken. Mit einem zweiten Trick lassen sich die monatlichen Raten noch mehr drücken: Wer sich mit seiner Sparrate am historischen Schnitt orientiert, musste in der Vergangenheit nur noch rund 560 Euro monatliche Rate aufwenden, um zumindest in 50 Prozent aller Fälle ans Ziel zu kommen, in der anderen Hälfte aber auch nicht.

Das kann etwa für Paare gut passen, die (noch) keine Kinder habe und sich Miete, Strom und andere Ausgaben teilen. Bis das Thema Familie in zehn Jahren vielleicht doch akut wird, könnten sie es damit vielleicht schon über die Hunderttausendermarke geschafft haben.

Teilen sich beide Partner die monatliche Sparrate, käme jeder übrigens schon mit 280 Euro im Monat hin. Riskant wäre das nicht wirklich, weil nur 25 Prozent der Sparsummen an die Börse wandern – und der Großteil sicher auf dem Tagesgeldkonto schlummert.

30
SEKUNDEN FAKTEN

7,8 %
weniger Fußwegeverkehr im Jahr 2030 laut Arbeitsministerium, weil die Gesellschaft altert.

40 %
des Einzelhandelsumsatzes könnten 2030 online gemacht werden, vermutet die Fondsgesellschaft Schroders.

50 %
der Arbeitszeit könnten Büroangestellte 2030 zu Hause verbringen, glauben die Fondsmanager.

Prognosen: BMAS, Schroders

Mein 100 000-Euro-Traum
In der eigenen Manufaktur neue Eissorten kreieren

„Ich mach 'ne Eisdiele!"

Mirabelle, Lakritz-Kirsche oder Himbeer-Rucola: Neben ihrem Job auf dem Amt hat Sylke Balzer eine Eisdiele aufgemacht. Und mit rund 100 000 Euro schon mehr als 100 Sorten geschaffen.

Vielleicht liegt das Geheimnis von Sylke Balzers Eis vergraben auf einem kleinen Ackerstreifen am Rande des brandenburgischen Hermsdorf. Über den Tannen am Feldrand türmen sich die Wolken, im späten Herbst blühen hier die Krokusse zartviolett. Und wenn es gut läuft, dann sprießen aus den Blüten gar die kleinen Safranfäden – die Balzers Eis am Ende eine besondere Note verleihen.

Verrückt, dachten viele aus der Gegend, als ein örtlicher Hobby-Landwirt die Safranknollen in den Boden setzte. Toll, dachte Sylke Balzer, als er ihr das Gewürz vorbeibrachte. „Bei den Persern ist Safraneis schließlich schon lange bekannt", sagt die Eismacherin.

Eigentlich, könnte man sagen, dürfte es Sylke Balzers Eisdiele gar nicht geben. Die Chefin ist schließlich keine berufsmäßige Gastronomin, sondern Leiterin des Finanzressorts auf dem örtlichen Amt, und die Eisdiele vor ihrem Haus ist nur an zwei Wochenenden im Monat geöffnet. Die Sorten sind gerne experimentell. Und doch bilden sich an den Wochenenden Schlangen vor Balzers Eisdiele, manchmal parken die Leute ihr die Straße zu und einige Gäste kommen sogar aus dem Dresdner Raum. Man könnte sagen: Sylke Balzer hat aus dem etwas vergessenen Örtchen Hermsdorf eine Anlaufstelle gemacht, für Radfahrer, Touristen – und Eiskenner.

Balzer hatte das nicht ahnen können, als sie sich vor ein paar Jahren ihre erste Eismaschine für den Privathaushalt kaufte. Fruchteis wollte sie machen, aber richtig cremig wurde es nie. „Jetzt hör' ich auf herumzudoktern", sagte sich Balzer und opferte ihren Urlaub für einen Lehrgang an der Eisfachschule im nahen Wildau. Balzer paukte die Unterschiede zwischen Milcheis, Cremeeis und Sorbets. Lernte, dass das Eis nur cremig wird, wenn verschiedene Zuckerarten im Spiel sind, die Macher kräftig rühren und die Eismasse blitzartig gefrostet wird. „Wenn sie nämlich langsam gefriert", sagt Balzer, „wird das Wasser innen knochenhart."

66 Die Zutaten wachsen vor der Haustür.

Schon am ersten Abend des Lehrgangs verkaufte Balzer ihre Eismaschine aus dem Handel, am zweiten kam ihr die Idee mit der Eisdiele, am Ende der ersten Woche brachte sie das erste Eis mit nach Hause – und überzeugte auch ihre Familie. Mit den Bankern war es schwieriger: Hermsdorf, sagte einer, liege doch irgendwo im Nirgendwo. Dort, wo Brandenburg nach Sachsen ausfranst. Wer denn da überhaupt hinwolle?

Doch Balzer ließ sich nicht von ihrer Idee abbringen, schlug sich Nächte für einen Businessplan um die Ohren, erarbeitete einen Förderplan und sicherte sich genau 92 249,49 Euro aus einem regionalen Fördertopf. Genug Geld, um den Pasteurisator zu kaufen, eine Eismaschine, den Schockfroster und das Tiefkühllager einzurichten. Dazu die Kühlung für Früchte und Milch – und natürlich eine schicke Eisvitrine.

Balzers Erfolgsrezept? Aus der abgelegenen Lage hat die Hobby-Unternehmerin ihren Markenkern entwickelt. Statt konventioneller Lebensmittel kauft Balzer vor Ort. Den Holunder pflückt sie vor der Tür, den Waldmeister ihre Mutter, die Mirabellen wachsen an den Hainen.

Jedes zweite Wochenende präsentiert Balzer 16 Eissorten in ihrer Vitrine, mehr als 110 hat sie insgesamt bereits kreiert. Mal kombiniert sie Lakritz und Sauerkirsche, weil Säure und Schärfe so gut zueinander passen. Mal setzt sie auf Honigmelone-Schinken, weil das beim Buffet ja vielen schmeckt. Oft mischt sie auch Himbeere und Rucola, was immer ein bisschen anders schmeckt, weil der Gewächshaus-Rucola im Frühjahr noch eher mild daherkommt, während der Freiland-Rucola im Sommer eine erdige Schärfe entwickelt.

Und manchmal muss Balzer die Sorten gar nicht suchen, sondern die Ideen kommen zu ihr. Neulich erst, da hatte ein Nachbar seine Aprikosenbäume abgeerntet und ihr einen ganzen Berg vorbeigebracht. „Jetzt leuchtet es bei mir im Hof orange", sagt Balzer und lacht. Nächstes Wochenende wird es dann wohl Aprikoseneis geben.

Jetzt geht's los

Tagesgeld befüllen, ETF kaufen oder Sparplan einrichten: Hier finden Sie die wichtigsten Tipps und Tricks, mit denen Sie alles richtig machen.

Wollen Sie in Richtung der 100 000 Euro starten, wird es beim Kauf oft kitzelig: Auch wenn ETF in der Theorie eigentlich einfach und transparent sind, kommen manche Anleger mit den ersten Schritten in Richtung Fondsdepot oft nicht so leicht klar. Dabei ist es nicht schwierig, einen ETF-Sparplan oder ein Wertpapierdepot zu eröffnen.

In diesem Kapitel erfahren Sie, wie Sie unser Baukastensystem spielend leicht in die Tat umsetzen – und dabei ein kleines Renditeplus für Ihr 100 000-Euro-Ziel rausholen. Wenn Sie clever die richtige Bank wählen, können Sie zum Beispiel ordentlich Depotgebühren sparen. Mit dem passenden Tagesgeldkonto ist obendrein noch ein kleines Zinsplus drin. Außerdem erfahren Sie, wie Sie aus der Vielzahl der ETF den richtigen finden – und am Ende an der Börse zuschlagen. Auf geht's!

Das richtige Depot finden

Wer ETF kaufen will, braucht ein Depot für Wertpapiere. Weil viele Filialbanken hoffnungslos überteuert sind, starten Online-banken und Aktien-Apps den Preisangriff.

Wer als Anlegerin an der Frankfurter Börse vor Ort Aktien oder ETF kaufen will, den weist das Sicherheitspersonal direkt ab. Wertpapiere kaufen? Das geht im Herzen der Frankfurter Innenstadt nicht. Wer als Privatkunde handeln will, muss bei einer Bank oder einem Broker ein Depot aufmachen. Nur die Institute können im Auftrag des Kunden an der Börse agieren.

Bei einem Depot handelt es sich um ein Konto für Aktien, ETF und andere Wertpapiere. Kunden können im Depot Kaufaufträge geben, die Bank verbucht die Wertpapiere und verwahrt sie dort wie in einem Tresor – bis die Anleger wieder verkaufen. Inzwischen bieten nicht nur klassische Filialbanken um die Ecke Depots an, sondern auch Direktbanken im Netz und sogar reine Smartphone-Broker für das Handy mischen mit. Jede Variante hat Vor- und Nachteile:

▸ **Filialbanken.** Bei der Sparkasse oder Volksbank um die Ecke neben dem Girokonto auch das Depot zu führen, klingt verlockend. Was bequem wirkt, kommt Anleger in aller Regel aber teuer zu stehen. Viele Filialbanken verlangen nicht nur eine jährliche Grundgebühr, sondern auch noch üppige Kaufgebühren

pro Order. Im Gegenzug können Anleger ihre Depots zumindest theoretisch im persönlichen Kontakt mit einem Filialmitarbeiter führen. Der Haken: Stichproben zeigen, dass Bankmitarbeiter oft schlecht beraten. Und manche Filialbank bietet keine ETF-Sparpläne an, weil sie an den kostengünstigen Produkten kaum mitverdienen kann.

▸ **Direktbanken.** Diese Banken gibt es nur im Netz: Wer bei Instituten wie ING, Comdirect oder der Consorsbank ein Depot eröffnet, erledigt alle Bankgeschäfte per Mausklick. Keine Sorge, mit Problemen können sich Kunden per Telefon oder Chat an einen Kundensupport wenden. Der Vorteil: Bei Direktbanken bekommen Kundinnen sowohl Konto, Depot als auch andere Bankdienstleistungen aus einer Hand müssen aber meist deutlich weniger zahlen als bei Filialbanken.

▸ **Neobroker.** Nur Depot, sonst nichts: Sogenannte Neobroker wie Trade Republic, Scalable Capital oder Justtrade bieten außer Wertpapieren oft kaum Bankdienstleistungen an. Bei Trade Republic lassen sich Aktien und ETF bislang sogar

Manche zahlen das Zehnfache

Wer bei der Depotwahl gut vergleicht, kann eine Menge Geld sparen.

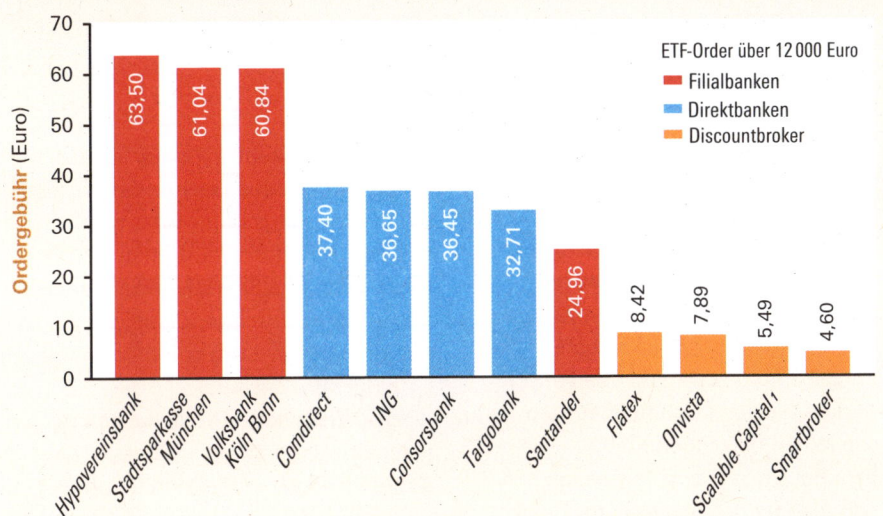

Anmerkungen: Order über Xetra inklusive Fremdkosten; Onlineauftrag; ohne Depotkosten; 1) Abweichender Stand: 15. Dezember 2020 **Depotnamen:** Stadtsparkasse München Klassikdepot; Volksbank Köln-Bonn Voba Depot Klassik; Hypovereinsbank HVB Depot Online; Flatex Depot; Comdirect Bank Depot; ING Direkt-Depot; Consorsbank Depot; Targobank Direkt-Depot; Santander Consumer Bank Wertpapierdepot; Smartbroker Depot; Onvista Bank Festpreis-Depot; Scalable Capital Free Broker   Quelle: Finanztest   **Stand: 1. September 2020**

nur auf dem Handy handeln. Dafür sind die Konditionen dieser Bank-Angreifer günstiger als bei etablierten Onlinebanken. Wer handelsübliche Weltaktien-ETF kaufen will und kein Problem mit dem Smartphone hat, kann sich diese Anbieter näher ansehen.

Wie lukrativ ein guter Kostenvergleich beim eigenen Depot ist, zeigt folgendes Beispiel: Wer jeden Monat 50 Euro in einen ETF-Sparplan schieben will, würde aufs Jahr gesehen 600 Euro einzahlen. Anlegerinnen, die für den Sparplan extra ein Depot bei der Commerzbank eröffnen, kommen durch den jährlichen Mindestpreis von 80 Euro sehr teuer weg. Im ersten Jahr würde die Bank sage und schreibe 115 Euro an Gebühren abfischen, knapp 20 Prozent der Anlagesumme. Und das, obwohl manche Handy-Broker diese Dienstleistung inzwischen zum Nulltarif anbieten.

Der Fall macht klar: Auf der Jagd nach dem Geld müssen Anleger nicht nur auf die Rendite schauen, sondern auch die Kosten in den Blick nehmen (siehe Grafik oben). Wer Grundgebühren fürs Depot vermeidet, Orderkosten verringert und undurchsichtigen Gebührenmodellen den Kampf ansagt, kann Jahr für Jahr Hunderte Euro sparen – und sein 100 000-Euro-Ziel schneller erreichen.

Für Sparplansparer

Gerade bei geringen Summen gilt die alte Händlerregel: Auch im Einkauf liegt der Ge-

Auf die Details achten. Bei einigen Anbietern wie Trade Republic müssen Sparer ihre Raten erst vom eigenen Girokonto auf das Verrechnungskonto des Depots überweisen. Andere Banken können Sparraten von jedem beliebigen Konto einziehen. Bei Onvista und Targobank können Anleger pro Sparplan maximal 500 Euro je Rate anlegen, in der Regel sind deutlich höhere Raten möglich.

winn. Bei kleinen monatlichen Sparraten fallen die Kosten schließlich besonders ins Gewicht, umso mehr lohnt sich ein schneller Vergleich. Verbraucher sollten dabei Banken eher außen vor lassen, die für ihr Wertpapierdepot eine Grundgebühr verlangen. Einige Institute kassieren nämlich 30, 40 oder gar 80 Euro Grundgebühr, nur damit sie die ETF-Anteile im Depot „sicher verwahren". Aber wer möchte schon Geld dafür zahlen, dass die eigenen Wertpapiere auf dem Weg hin zu 100 000 Euro vor sich hinschlummern?

Seitdem die allermeisten Direktbanken ihre Depots ohne jede Grundgebühr anbieten, ist eine Parkgebühr für Wertpapiere in aller Regel überflüssig. Aber aufgepasst: Manche Banken werben zwar mit Depots ohne Grundgebühr, knüpfen das aber an Bedingungen wie ein gleichzeitiges Girokonto dort. Prüfen Sie genau, ob das wirklich sinnvoll ist oder bloß Gebühren durch die Hintertür bedeutet. Bei vielen Banken reicht es allerdings auch schon, dass Sie einen Wertpapiersparplan laufen haben, damit die Grundgebühr entfällt.

Zusätzlich halten viele Banken noch bei jeder einzelnen Sparplanrate die Hand auf: Kaufen Anleger jeden Monat zum Beispiel für 50 Euro ETF-Anteile, kassiert die Bank jedes Mal Ausführungsgebühren. Meistens zwacken die Institute entweder einen kleinen Prozentsatz der Anlagesumme ab oder sie verlangen eine Pauschalgebühr pro Sparplanausführung. Manchmal gibt es auch Kombipreise: Dann kassiert die Bank zusätzlich zu einer Pauschale pro Order noch einen kleinen Prozentsatz der Anlagesumme. Welches Preismodell für Sie persönlich am meisten Sinn ergibt? Das hängt vor allem von Ihrer individuellen Sparsumme ab.

❶ **Kleine Sparsummen:** Die jährliche Grundgebühr Ihres Depots sollte an der Nulllinie liegen und die turnusmäßigen Kaufkosten pro Sparplanorder sollten günstig sein. Bei Raten um die 50 Euro liegen prozentuale Ordergebühren von maximal 1,5 Prozent der Ordersumme besonders konkurrenzfähig. Im Klartext: Für eine Sparplanrate von 50 Euro würden dann nur 75 Cent an die Bank wandern.

2 **Größere Sparsummen:** Wer größere Summen sparen will, kann mit prozentualen Gebühren jedoch leicht in die Falle tappen: Je üppiger die Sparrate, desto mehr fällt zum Beispiel ein Prozent Gebühr ins Gewicht. Bei 500 Euro würde ein Prozent schließlich bereits fünf Euro bedeuten. Gerade bei größeren Summen sollten Anlegerinnen daher lieber einen Anbieter mit einer günstigen Pauschalgebühr pro Sparrate wählen. Die Faustregel: Wer als Ordergebühr einen Euro oder weniger pro Sparrate zahlt, hat einen guten Deal gemacht. Mittlerweile bieten einige Anbieter wie ING, Trade Republic oder Flatex ETF-Sparpläne sogar komplett ohne Kaufkosten an.

Manche Anbieter werben mit Kostenlos-Angeboten: Dabei stellen die Banken und Broker einige ETF-Sparpläne ins Sonderangebot und streichen dort jegliche Transaktionsgebühren. Der Haken? Bei vielen Anbietern sind das lediglich befristete Aktionen für ein oder zwei Jahre.

Für Einmalanleger

Einmal anlegen, einmal zahlen? Damit ist es bei vielen Wertpapierdepots nicht getan. Deswegen sollten auch Sparer, die ein größeres Sümmchen Geld auf einmal anlegen wollen, die Depotkonditionen gut vergleichen. Gerade wenn sie auf lange Sicht mit ETF sparen wollen, sollten Anleger darauf achten, dass für ihr Depot keine jährliche

DIE 3 BESTEN DEPOT-VARIANTEN

1 **Handybroker.** Auf dem Smartphone handeln ist günstig. Bei Trade Republic sind ETF-Sparpläne kostenlos. Auch höhere Einmalanlagen können bei vielen neuen Brokern wie Smartbroker für 1 Euro oder kostenlos ausgeführt werden.

2 **Direktbanken.** Bei einem Sparplan mit kleinen Summen sind Maxblue, Comdirect und Consors preiswert. Bei Raten um 500 Euro die DKB und das Onvista Festpreisdepot. Bei ETF-Einmalanlagen liegt die Onvista vorn.

3 **Filialbanken.** Bei Einmalanlagen setzt sich die Santander Consumer Bank durch, auch die BBBank liegt vergleichsweise günstig. Bei Sparplänen überzeugen Santander und Postbank, letztere bietet ETF-Sparpläne aber nur im Onlinedepot.

Stand: 1. September 2020
Quelle: Finanztest

Depotkosten im Blick halten. Viele Banken schrauben häufig an ihren Depotgebühren, um Anleger zu verwirren. Am besten schauen Sie einmal im Jahr, ob die Konditionen weiterhin vorteilhaft sind. Nutzen Sie dazu den turnusmäßig aktualisierten Depotcheck von Finanztest. Klicken Sie rein: test.de/depot. Dort erfahren Sie, wie die Preismodelle funktionieren und welches Depot für Ihre individuelle Sparsumme am besten ist.

Grundgebühr fällig wird. Wer eine mittelpreisige Grundgebühr von 50 Euro im Jahr zahlt, hätte nach 30 Jahren bereits 1500 Euro verloren. Noch ärgerlicher sind prozentuale Grundgebühren: Haben sich bereits mehrere Zehntausend Euro im Depot angesammelt, verschenken Anlegerinnen selbst bei sehr geringen Prozentgebühren erhebliche Summen – Jahr für Jahr aufs Neue.

Anders als viele Filialbanken verlangen Direktbanken und Handybroker üblicherweise keine Depotgebühren. Anleger sollten jedoch auch hier genau auf das Kleingedruckte achten: Manchmal gibt es die Depotgebühr nur zum Nulltarif, wenn Sparer und Sparerinnen regelmäßig Aktien kaufen. Aber keine Sorge: Es gibt genug Anbieter am

Markt, die überhaupt keine Grundgebühr verlangen.

Zusätzlich zu den Grundgebühren verlangen viele Banken bei jedem Kauf eine Ordergebühr. Für Einmalanleger fällt sie allerdings meist nicht so stark ins Gewicht wie die jährlichen Grundgebühren. Schließlich fließt die Ordergebühr bei Einmalanlegern nur einmal beim Kauf und beim Verkauf an die Bank. Dennoch sollten Sie der Bank nicht unnötig Geld hinterherwerfen.

Um die Preise undurchschaubar zu machen, setzen die meisten Banken in unserem Test im September 2020 auf komplizierte Tarifmodelle: Sie verlangen eine fixe Summe pro Order und dazu noch einen bestimmten Prozentsatz vom Ordervolumen. So werden im Direktdepot der Commerzbank zum Beispiel 4,90 Euro je Order fällig und zusätzlich 0,25 Prozent vom Orderwert. Heißt konkret: Wer für 20 000 Euro ETF-Anteile kaufen will, müsste unter dem Strich 54,90 Euro zahlen.

Preislich konkurrenzfähiger sind gerade bei großen Investitionen von mehreren Tausend Euro günstige Pauschalpreis-Modelle, bei denen die Anbieter nur eine geringe Fixgebühr pro Order kassieren: Der Anbieter Flatex verlangt zum Beispiel die fixe Gebühr von 5,90 Euro je Order, die Onvista Bank im Festpreisdepot eine Pauschale von 5,00 Euro. Egal ob Anleger 5 000 Euro oder 50 000 Euro anlegen möchten, die Gebühr bleibt immer dieselbe. Noch günstiger liegt übrigens der Smartbroker, dort kosten Or-

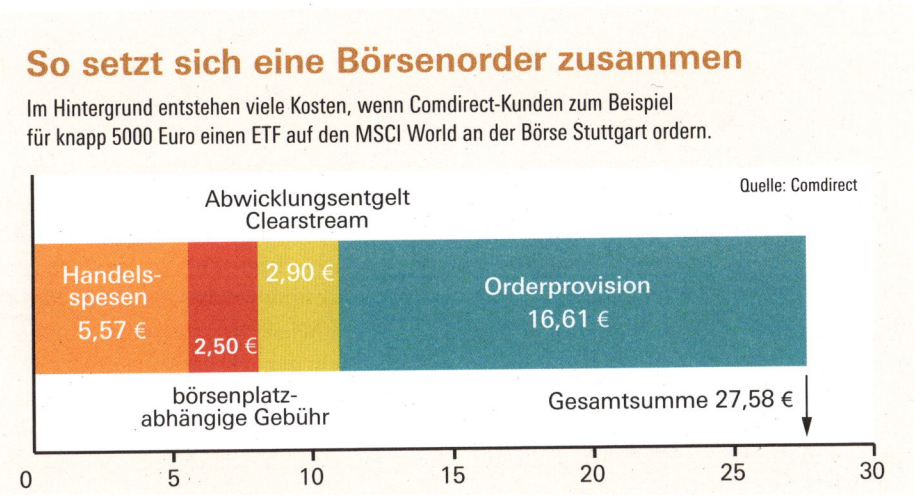

So setzt sich eine Börsenorder zusammen

Im Hintergrund entstehen viele Kosten, wenn Comdirect-Kunden zum Beispiel für knapp 5000 Euro einen ETF auf den MSCI World an der Börse Stuttgart ordern.

Quelle: Comdirect

Abwicklungsentgelt Clearstream

Handels-spesen 5,57 €

2,50 €

2,90 €

Orderprovision 16,61 €

börsenplatz-abhängige Gebühr

Gesamtsumme 27,58 €

0   5   10   15   20   25   30

ders über die wichtigste deutsche Börsenplattform Xetra pauschal nur vier Euro. Zur Erinnerung: Bei einer klassischen Filialbank müssten Sie für die gleiche Order oft das Zehnfache zahlen.

Zusätzlich zur Ordergebühr fallen oft noch Börsengebühren an, die Banken gerne in den Fußnoten verstecken (siehe Grafik oben). Für eine Order über den größten deutschen vollelektronischen Börsenhandelsplatz Xetra kommen meist ungefähr zwei bis fünf Euro obendrauf. Bei größeren Orders von mehreren Zehntausend Euro können manchmal auch 15 oder 20 Euro fällig werden. Manche sogenannte Parkettbörse, die wie die Börse Stuttgart noch mit Kurspfleger aus Fleisch und Blut arbeitet, verlangt darüber hinaus eine sogenannte Courtage. Sie kann noch einmal zwei, drei

Euro betragen und bei großen Summen abermals auf Beträge um 20 oder 30 Euro anschwellen. Wollen Sie das alles im Detail sehen, klicken Sie vor Orderaufgabe im Onlinebanking auf den Button „Kosteninformationen". Dort erhalten Sie alles übersichtlich aufgeschlüsselt.

Die günstigsten Depots

Viele Anlegerinnen wollen die Doppelnull finden: null Euro Grundgebühren und null Euro Orderkosten pro Sparplanrate. Was wie eine unrealistische Vorstellung klingt, kann es wirklich geben. Manche Anbieter haben die Orderkosten bei Sparplänen dauerhaft auf null gesenkt, bei anderen Anbietern kosten selbst Einmalanlagen von mehreren Zehntausend Euro nichts – oder bloß einen symbolischen Euro.

Unter den günstigsten Depots am Markt finden sich auffällig viele Smartphonebroker, die Aktiengeschäfte vorwiegend über Apps anbieten. Für Anwenderinnen gilt dann: Handy zücken, ETF ordern, fertig.

Der Vorteil: Viele der Handelsanbieter fürs Handy bieten richtig günstige Konditionen. Wer bei Trade Republic oder Finanzen Net Zero einen ETF-Sparplan in Auftrag gibt, zahlt überhaupt keine Gebühren. Beim Konkurrenten Scalable Capital ist zumindest der erste ETF-Sparplan per se kostenfrei. Darüber hinaus gibt es eine spezielle Palette von rund 600 ETF-Sparplänen, die ebenfalls gratis sind. Kostenlose Einmalorders gibt es wiederum bei den Anbietern Finanzen Net Zero und Justtrade, sofern Sie für mehr als 500 Euro ordern. Kunden sollten aber wissen, dass diese Plattformen noch nicht die volle Palette an Börsendienstleistungen anbieten: Meist können Anleger zum Beispiel nicht über die wichtigste deutsche Börsenplattform Xetra handeln. Stattdessen arbeiten die Broker mit kleineren Handelsplattformen zusammen, wie der LS Exchange, dem elektronischen Handelssystem der Börse Düsseldorf (Quotrix) oder der elektronischen Plattform der Börse München (Gettex). Dass die Plattformen den ETF-Handel sogar zum Nulltarif anbieten können, liegt an einem Trick: Statt vom Endkunden bekommen sie ihr Geld von den Kursstellern auf den kleineren Börsenplattformen wie Gettex, LS Exchange oder Quotrix, über die sie die Orders ihrer Kundinnen abwickeln. Diese Börsenhändler wollen mit solchen Vergütungen mehr Handel auf ihre Plattformen locken. Und die Aktien-Apps können ihren Endkunden daher die Handelsgebühren manchmal erlassen.

Der Verdacht vieler Anleger: Bekommen sie auf den kleinen Börsenplattformen dann am Ende schlechtere Kurse als über das dominante Computerhandelssystem Xetra? Zumindest bei Stichproben von Finanztest war das nicht der Fall, die Kurse an den kleineren Börsen waren nicht systematisch schlechter als auf der wichtigen Xetra-Plattform. Für normale Anleger macht es in den allermeisten Fällen also keinen nennenswerten Unterschied, an welchem Börsenplatz sie ihre Aktien kaufen. Denn auch kleine Regionalbörsen oder außerbörsliche Handelshäuser müssen sich zwischen 9 Uhr und 17.30 Uhr an den Preisen eines Referenzmarkts orientieren, meistens der wichtigsten deutschen Börsenplattform Xetra.

Ein Problem aber bleibt: Bei allen Smartphone-Brokern können Kunden auch am frühen Morgen und späten Abend handeln. Macht der wichtigste deutsche Handelsplatz Xetra jedoch um 17.30 Uhr dicht, sind die anderen Handelsplattformen an keine Orientierungsmarke mehr gebunden. Wer vermeintlich bequem abends auf der Couch ETF-Anteile kauft, kann dann schlechtere Preise bekommen. Unser Tipp: Wer über die günstigen Handybroker handeln will, sollte das nur zwischen 9 Uhr und 17.30 Uhr tun.

Checkliste

So eröffnen Sie Ihr Depot

- ☐ **Das richtige Depot finden.** Clever vergleichen lohnt sich: Welches der richtige Anbieter ist, hängt von Ihrer Anlagesumme und Ihren Wünschen ab. Günstige Anbieter finden Sie ab Seite 169 und unter test.de/depot.

- ☐ **Anmelden.** Um ein Depot zu eröffnen, füllen Sie bei Bank oder Broker die Anmeldeunterlagen aus. Meist müssen Sie dort Daten wie Adresse und Kontoverbindung mitteilen.

- ☐ **Erfahrungs-Check.** Seit 2018 müssen Banken bei ihren Kunden den Kenntnisstand in Sachen Börse abfragen. Keine Angst, das ist kein Wissenstest. Sie müssen bloß angeben, ob Sie schon mal Wertpapiere gekauft haben. Wenn nicht, ist das auch nicht schlimm – es handelt sich um eine Formalie.

- ☐ **Identität nachweisen.** Viele Banken bieten das Videoident-Verfahren, bei dem Sie Ihren Ausweis in die Kamera Ihres Laptops oder Handys halten können. Alternativ können Sie auch zur Postfiliale gehen und sich dort ausweisen.

- ☐ **Geld überweisen.** Bevor Sie Ihr Geld anlegen können, müssen Sie es in aller Regel erst vom eigenen Girokonto ins Depot übertragen. Dazu überweisen Sie einfach die entsprechende Summe auf das sogenannte Verrechnungskonto des Depots. Sobald das Geld dort eingegangen ist, können Sie es an der Börse anlegen.

- ☐ **ETF kaufen.** Wollen Sie eine große Summe auf einmal anlegen oder monatlich ein bisschen sparen, können Sie jetzt loslegen. Worauf Anleger beim Kauf achten müssen, erfahren Sie ab Seite 126.

- ☐ **Depot wechseln.** Wer ein altes Depot hat und zu einem neuen Anbieter wechseln will, kann den Wechsel-Service nutzen. Dazu stellen Sie dem neuen Broker eine Vollmacht aus, die jede Bank als Vordruck anbietet. Problem: Manche Neobroker wie Justtrade bieten keinen Depotübertrag oder andere wie Trade Republic lassen nur Werte übertragen, die über ihre Partnerbörse gehandelt werden können.

Die ganze Welt kaufen

Wer an der Börse auf Weltindizes setzt, hat viele Möglichkeiten.
Eine kleine Indexkunde.

Es klingt absurd: Weltweit gibt es inzwischen mehr als drei Millionen Aktienindizes, an den Börsen rund um den Globus notieren allerdings nur rund 40 000 Aktienunternehmen. Im Klartext: Anlegerinnen haben es mit einer Index-Inflation zu tun, es gibt schließlich 70-mal mehr Indizes als Börsenunternehmen.

Dieser Boom der Börsenbarometer macht klar: Nicht jeder Index ist automatisch auch für Privatanleger geeignet. So gibt es zum Beispiel hochspezielle Indizes nur für chinesische Technologieaktien, speziell für kanadische Goldminentitel oder amerikanische Hanf-Papiere. Nur weil die Finanzindustrie solche Investments in einem Index verpackt und als ETF verkauft, muss das noch lange nichts heißen. Wer als Sparer solide und gestreut anlegen will, muss auf breite Weltindizes setzen.

Ob London, Tokio oder New York: Mit einem solchen Weltindex können Sparer an Dutzenden Börsen weltweit mitmischen und von IT bis Industrie obendrein alle Branchen abdecken. Weil viele Weltindizes mehrere Hundert oder gar Tausend Aktien enthalten, spielt es kaum eine Rolle, ob einzelne Aktien zum Flop werden oder ob die Papiere top bleiben.

Bei Weltindizes gibt es eine breite Auswahl: Manche schließen Schwellenländer aus, andere dulden keine Umweltsünder. Wer es einfach haben will, entscheidet sich für den Brot- und Butterindex MSCI World, der sich auf 23 Industrieländer konzentriert. Wer es genauer wissen will, sollte selbst bei den vermeintlich simplen Weltindizes die feinen Unterschiede kennen.

Der Klassiker: MSCI World

Das kryptische Kürzel ist inzwischen Legende geworden: Am Finanzmarkt ist der MSCI World inzwischen das Standardbarometer für Privatanleger. Mit diesem Index folgen sie rund 1600 Aktien aus 23 Industrieländern, das Börsenbarometer deckt damit einen Großteil der globalen Börsenwelt ab. Im Index stecken außerdem Aktien aus unterschiedlichsten Branchen, von A wie Apple bis Z wie Zalando.

👐 Von A wie Apple bis Z wie Zalando

Um den Aktienkorb zu berechnen, sortieren die Indexmacher alle Unternehmen nach ihrer Größe. Entscheidend dafür ist der Börsenwert: Dazu schaut man, wie viel alle frei handelbaren Aktien eines Unternehmens zusammengenommen kosten würden – wie viel Gewicht ein Unternehmen also auf die Börsenwaage bringt. Je wertvoller, desto mehr Gewicht bekommen die Unternehmen im MSCI World – und desto stärker können sie den Kurs des Weltindex bewegen.

Viele der Mitgliedsunternehmen kennen Anlegerinnen aus ihrem Alltag: Das größte Unternehmen im Index war Anfang 2021 der Digitalkonzern Apple, er kam auf ein Gewicht von 4,01 Prozent am Index. Auf den Plätzen zwei und drei folgten der Softwaregigant Microsoft (3,2 Prozent) und das Onlinekaufhaus Amazon (2,5 Prozent). Die kleinste Aktie im Index war ein australisches Bauunternehmen namens Cimic Group – mit einem Gewicht von 0,0029 Prozent.

Im langfristigen Schnitt hat der Index Anlegern eine jährliche Rendite von 8,54 Prozent eingebracht. Das kann sich sehen lassen. Zum Stichtag 31.12.1969 haben die Indexbetreiber den Wert des Börsenbarometers bei 100 Punkten fixiert – seitdem hat sich der MSCI World in Dollar auf mehr als 2690 Punkte gesteigert. In etwas mehr als 50 Jahren ist er somit etwas mehr als 26-mal so groß geworden wie zu Beginn.

An neue Börsenentwicklungen passt sich der MSCI World übrigens weitgehend automatisch an: Als in den 1990er-Jahren Japan an der Börse im Trend lag, war es auch im

30
SEKUNDEN FAKTEN

36,25 EURO
hätte Ende 2020 gehabt, wer Ende 1969 einen Euro in einen ETF auf den MSCI World investiert hätte.

56 BILLIONEN DOLLAR
sind alle Unternehmen im MSCI World zusammen an der Börse schwer.

3,3 GRAD
dürfte sich das Weltklima bis 2100 erhöhen, wenn die Unternehmen im MSCI World mit ihren aktuellen Plänen weiterwirtschaften.

Quellen: Finanztest, MSCI, Globalance

Diese vier Aktienindizes eignen sich als Basisanlage

	MSCI World	MSCI All Country Word	FTSE All World	MSCI World SRI Low Carbon Select 5% Issuer Capped
Beschreibung	Der Index enthält die wichtigsten Aktien aus 23 Industrieländern.	Der Index enthält Titel aus 23 Industrie- und 27 Schwellenländern.	Der Index enthält Titel aus 49 Industrie- und Schwellenländern.	Der Index enthält Aktien aus 23 Industrieländern – nach einem Nachhaltigkeits-Screening.
Anzahl der Aktien	1583	2974	4035	350
Große Länder (%)	USA (66,97) Japan (7,08) UK (4,31) Frankreich (3,42) Kanada (3,26)	USA (58,41) Japan (6,18) China (4,8) UK (3,76) Frankreich (2,98)	USA (57,21) Japan (6,75) China (4,68) UK (4,06) Frankreich (2,86)	USA (60,23) Japan (7,66) Kanada (4,48) Deutschland (4,25) Frankreich (3,84)
Größte Branchen (%)	IT (21,54) Finanzen (13,8) Gesundheit (12,3) Zyklische Konsumgüter (12,13) Industrie (10,65)	IT (21,5) Finanzen (14,33) Zyklische Konsumgüter (12,8) Gesundheit (11,32) Industrie (9,85)	IT (22,35) Industriegüter (12,3) Gesundheit (10,95) Banken (7,12) Handel (6,08)	IT (18,26) Finanzen (16,94) Gesundheit (15,77) Zyklische Konsumgüter (15,47)
Größte Einzelaktien im Index (%)	Apple (3,98) Microsoft (3,22) Amazon (2,63) Alphabet (2,53) Facebook (1,39)	Apple (3,47) Microsoft (2,81) Amazon (2,29) Alphabet (2,21) Facebook (1,21)	Apple (3,21) Microsoft (2,91) Amazon (2,26) Alphabet (2,17) Facebook (1,2)	Microsoft (4,98) Tesla (3,93) Nvidia (3,29) Home Depot (2,81) Disney (2,65)
Anteil der zehn größten Werte (%)	17	15,09	14,82	27,32
Anbieter von ETF auf den Index (ISIN)	UBS (IE 00B D4T XV5 9) Xtrackers (IE 00B J0K DQ9 2) iShares (IE 00B 4L5 Y98 3) Amundi (LU 168 104 359 9) SPDR (IE 00B FY0 GT1 4)	SPDR (IE 00B 44Z 5B4 8) iShares (IE 00B 6R5 225 9) Xtrackers (IE 00B GHQ 0G8 0) Lyxor (LU 182 992 021 6)	Vanguard (IE 00B K5B QT8 0)	UBS (LU 062 945 974 3)

Quellen: MSCI, FTSE Russell, eigene Recherche   Stand: 31.05.2021

Weltindex einer der Platzhirsche. Heute macht das Land nur noch rund sieben Prozent des Index aus. Während kurz vor der Jahrtausendwende der Industriekonzern General Electric an der Indexspitze stand, ist es heute der Techkonzern Apple. Der Grund: Wenn Unternehmen an der Börse im Kurs steigen, wächst im Normalfall auch ihr Börsenwert – und dieser ist das entscheidende Rangfolgenkriterium für den MSCI World. Wenn sich Börsentrends also grundlegend ändern, bildet sich das im Index ab, ohne dass Anleger selbst aktiv werden müssen.

Doch selbst das Standardprodukt der Geldanlage hat Tücken. Inzwischen stehen US-Aktien für rund 66 Prozent des Index. Im Klartext: Mehr als jeder zweite Euro, den Anlegerinnen investieren, fließt an die US-Börsen. Dabei stehen die Vereinigten Staaten laut Weltbank nur für knapp 25 Prozent der weltweiten Wirtschaftsleistung. Im Fall der Bundesrepublik ist es umgekehrt, sie steht für rund 4,5 Prozent der Weltwirtschaft – kommt im Index aber nur auf etwas über drei Prozent Gewicht. Allerdings sind die für die deutsche Wirtschaft typischen Mittelständler nicht an der Börse notiert.

Dass die USA im Weltbarometer so dominant sind, muss Anleger aber nicht schrecken. Denn viele Unternehmen machen ihr Geschäft nicht mehr nur in den Vereinigten Staaten, sondern weltweit. So erzielt der IT-Riese Apple knapp 30 Prozent seines Umsatzes in Europa, weitere 20 Prozent in China. Selbst wenn viele der Unternehmen also in den USA sitzen, steckt dahinter doch die Kraft der globalen Wirtschaft.

Der Extragroße: MSCI All Country World

Dieser Index macht die Welt ein bisschen größer: Neben den arrivierten Industrieländern nimmt der MSCI All Country World zusätzlich noch Schwellenländer dazu. Börsenexperten nennen ihn manchmal auch den „Wahre-Welt-Index", denn neben Titeln aus 23 Industriestaaten enthält er eben auch Aktien aus aufstrebenden Märkten wie China, Indien oder Taiwan. Unter dem Strich umfasst das Börsenbarometer knapp 3000 Aktien aus 50 Ländern. Wer mit dabei sein will, wenn die asiatischen und südamerikanischen Unternehmen zum wirtschaftlichen Sprung ansetzen, kann mit diesem Index liebäugeln. Anleger müssen dabei keine Sorge haben, dass der Index sie zu abhängig von den riskanteren Schwellenländern macht: Die aufstrebenden Märkte kommen im All Country World gerade mal auf ein Gewicht von rund 12 Prozent.

Die größten Aktien sind auch hier die IT-Konzerne Apple, Microsoft und der Onlinekonzern Amazon. In den Top 10 des Index finden sich jedoch auch zwei Konzerne aus Schwellenländern: Auf Platz acht rangiert der Chipfertiger Taiwan Semiconductor, der die winzigen elektronischen Steuerelemente für Handys, Laptops und Autos baut. Auf Platz zehn notiert der chinesische Onlineriese Tencent, dem unter anderem das so-

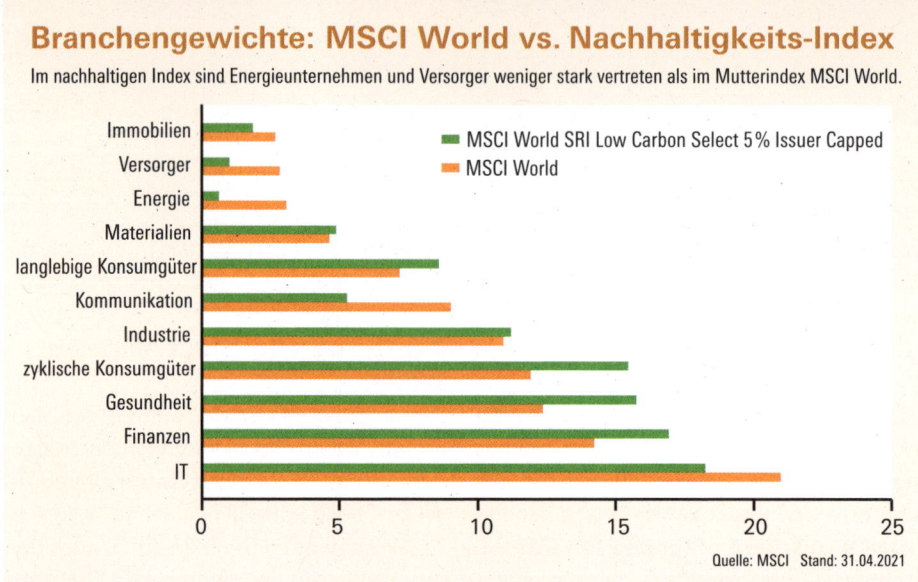

Branchengewichte: MSCI World vs. Nachhaltigkeits-Index

Im nachhaltigen Index sind Energieunternehmen und Versorger weniger stark vertreten als im Mutterindex MSCI World.

- MSCI World SRI Low Carbon Select 5% Issuer Capped
- MSCI World

Quelle: MSCI Stand: 31.04.2021

ziale Netzwerk WeChat gehört, welches dem amerikanischen Dienst WhatsApp ähnelt.

Genauso wie der MSCI World eignet sich der breiter gefasste MSCI All Country World als Basisinvestment für die 100 000-Euro-Strategie. Sogar die Rendite der beiden Indizes unterscheidet sich auf lange Sicht kaum. Anleger sollten sich bewusst sein, dass die USA selbst im breiteren Alle-Welt-Index immer noch ein Gewicht von 58 Prozent haben. Oft kürzen Fondsgesellschaften den langen Namen übrigens schlicht ACWI ab, was man wie „Akwi" ausspricht.

Auch geeignet ist der Index FTSE All World, der auf rund 4 000 Aktien aus knapp 50 Ländern setzt. Einen weiteren Blick ist auch der MSCI ACWI IMI wert, der neben großen und mittleren Börsentiteln auch auf kleine Aktienunternehmen setzt. Wobei viele der Mini-Spieler am Parkett derart winzig daherkommen, dass sie für den Kurs des Gesamtindex fast schon irrelevant sind.

Der Grüne: MSCI World SRI Low Carbon

Wer bei Umweltverpestern und Skandalunternehmen wenig Toleranz kennt, muss über Alternativen zu den herkömmlichen Weltindizes nachdenken. Im traditionellen MSCI World finden sich schließlich auch Firmen wie der Ölgigant Chevron, die Waffenschmiede Raytheon Technologies oder der Alkoholproduzent Diageo. Für anspruchsvolle Anleger, die solche Firmen meiden wollen, hat der Indexanbieter MSCI eigene nachhaltige Indizes entworfen.

Inzwischen bieten die Indexmacher mehr als 300 nachhaltige Indizes an, eine unüberschaubare Vielfalt an Schattierungen. Der strengste Index im Finanztest-Check? Ein Börsenbarometer mit dem langen Namen MSCI World SRI Low Carbon Select 5% Issuer Capped, der nach ökosozialen Kriterien gefiltert wird (siehe Grafik oben). SRI steht dabei für Socially Responsible Investment, also übersetzt „sozialverantwortliche Anlage". Die Basis des Index ist der herkömmliche MSCI World, bei dem die Indexmacher aber aussieben: Von den ursprünglich rund 1600 Unternehmen bleiben nach einem Nachhaltigkeitscheck bloß noch 350 übrig. Oft finden Anlegerinnen auf der Suche nach nachhaltigen Anlagen auch das Kürzel ESG, was für Environment, Social und Governance steht – also für Umwelt, Soziales und gute Unternehmensführung.

Was bedeutet das konkret? Kontroverse Waffen wie Landminen, Chemiewaffen oder Blendlaser dulden die Indexmacher zum Beispiel nicht in ihrem Aktienkorb. Bei anderen Branchen drückt MSCI allerdings ein Auge zu: Tabak, Glücksspiel und Alkohol sind im Index zwar nicht gern gesehen, aber auch nicht kategorisch tabu.

Ein Beispiel: Macht die Alkoholproduktion bei einem Unternehmen weniger als fünf Prozent des Gesamtumsatzes aus, könnte es dennoch in den Index kommen. Erst bei mehr als fünf Prozent des Umsatzes müsste das Unternehmen draußen bleiben. Produziert die Firma jedoch nicht nur Alkohol, sondern vertreibt ihn auch noch selbst, steigt die Toleranzgrenze in Sachen Alkoholgeschäft sogar auf 15 Prozent.

Bei fossilen Energien wie Kohle und Öl ist der SRI Low Carbon Select 5 % Issuer Capped immerhin der strengste Index im Finanztest-Check, ganz dunkelgrün ist allerdings auch er nicht. So schreibt der Index zwar vor, dass Unternehmen gar keinen Umsatz

Gut zu wissen

Kostet „Grün" Rendite? Der beschriebene Nachhaltigkeitsindex von MSCI existiert erst seit Ende 2019 und die Indexmacher haben seine Entwicklung nur wenige Jahre in die Vergangenheit zurückgerechnet. In dieser Rechnung entwickelt er sich ähnlich wie der herkömmliche Bruderindex MSCI World. Ob das allerdings auch in Zukunft so sein wird, ist unklar. Wissenschaftler sind sich inzwischen allerdings auch sicher, dass nachhaltiges Investieren nicht zu einem Renditeminus führen muss.

mit Kohle machen dürfen. Doch bei genauerem Hinsehen entpuppt sich diese Regel als etwas löchrig: Vertreibt ein Unternehmen zum Beispiel Kokskohle für Stahlhochöfen, würde das künstlich herausgerechnet, obwohl es ebenfalls umweltschädlich ist. Doch auch dafür kann es gute Argumente geben: Anders als im Energiesektor kann die Wirtschaft auf Kokskohle derzeit noch nicht verzichten. Forscherinnen arbeiten zwar an klimafreundlichen Alternativen, sie sind aber noch nicht in der Breite marktreif. Die Indexanbieter drücken deswegen ein Auge zu, puristischen Privatanlegern allerdings stößt es vielleicht trotzdem auf.

Mit ETF noch mehr herausholen

Trendbranchen, Schwellenländer oder Strategie-ETF: Viele Anlegerinnen wollen mit speziellen Anlagen ein Renditeplus erzielen. Wir zeigen, wie das klappen kann.

Darf's ein bisschen mehr sein? Vielleicht suchen auch Sie an der Börse nicht bloß nach dem Durchschnitt, sondern einem kleinen Kick in Sachen Rendite. Wer Spaß am Spekulieren mitbringt, unterschätzte Megatrends ausmacht und die geheimen Faktoren der Börse kennt, kann in Sachen Geld anderen vielleicht ein Schnippchen schlagen. Auf den kommenden Seiten lesen Sie, was engagierte ETF-Anleger tun können, um für die nötige Würze im Depot zu sorgen. Und wie Sie vermeiden, dabei allzu große Risiken einzugehen.

Aber keine Sorge: Wenn Sie sich mit einer breit gestreuten Weltanlage bereits wohlfühlen, brauchen Sie sich nicht verstecken. Wer zusätzlichen Aufwand scheut oder einfach keine Lust auf weitere Risiken hat, kann ohne Probleme mit unserem breit gestreuten Welt-Pantoffel sparen.

Der Satellitenansatz

Wer mit der 100 000-Euro-Strategie noch stärker auf Renditejagd gehen will, kann sich am Core-Satellite-Modell orientieren. Den Schwerpunkt Ihrer Anlagen setzen Sie weiterhin auf eine breit gestreute Börsenanlage. Mit rund 70 Prozent des Renditebausteins bleiben Welt-Indizes wie der MSCI World weiterhin Ihr absoluter Anlage-Schwerpunkt („Core"). Mit einigen Tipps und Tricks peppen Sie Ihr Depot aber ein bisschen auf.

Um den Kern Ihres Aktienengagements lassen Sie als Ergänzung noch einige kleine Satelliten schwirren: Sie sind die persönlichen Farbtupfer in Ihrem Depot und sollen für den Renditeschub sorgen. Überlegen Sie doch mal, bei welchen Branchen, Ländern oder Trends Sie ein richtiger Experte sind – und wo Sie Chancen wähnen.

Um es nicht zu kompliziert zu machen, setzen Sie am besten auf insgesamt vier Satelliten, die zusammen aber nicht mehr als 30 Prozent Ihres Renditebausteins ausmachen sollten.

Megatrends für Ihr Depot

Haben Sie in Sachen Fortschritt schon mal einen guten Riecher bewiesen? Dann könnten Sie einen kleinen Teil Ihres Geldes in ein trendiges Aktiensegment stecken. Immer

Der Core-Satellite-Ansatz

Beim Core-Satellite-Ansatz versuchen Anlegerinnen und Anleger den Erfolg ihrer Basisanlagen aufzupeppen, indem sie spezielle Anlageideen beimischen.

Branchenfonds

Regionenfonds

Kerninvestition („Core")
ETF auf den MSCI World
oder anderen Weltindex

Einzelaktien

Besonderer Managementansatz
eines Fonds

wieder prophezeien Experten bestimmten Branchen schließlich sagenhaftes Wachstum. Manche Anleger rechnen zum Beispiel damit, dass Hersteller von Elektronikchips in den kommenden Jahren goldene Gewinne schreiben. Andere glauben, dass Schwellenländer in den kommenden Jahren dominanter werden. Wieder andere setzen darauf, dass grüne Technologien florieren. Entsprechend könnten Sie Ihre ETF-Basisanlage ergänzen:

1 Trendbranchen. Wenn Fabriken intelligent werden und Kühlschränke von selbst Lebensmittel nachbestellen, zeugt das vom Tempo der Digitalisierung. Davon könnten Softwareunternehmen, Chiphersteller und Mobilitätsdienste profitieren. Spezialisierte ETF tragen Titel wie „Global Robotics and Automation" oder „Rise of the Robots". Außerdem vieldiskutiert: die globale Alterungswelle. Viele Anleger spekulieren, dass deswegen Medizinfirmen profitieren dürften. Bei allen Trends gilt: Gute Argumente gibt es für vieles, sicher ist der künftige Erfolg jedoch nie. Und in den breiten Indizes sind die Trendfirmen auch enthalten.

2 Grüne Branchen. Für viele Anlegerinnen sind die althergebrachten Autokonzerne out, stattdessen setzen sie auf E-Autos, Wasserstoff-Wagen oder Mietwagen-Firmen. Auch für Grünstromfirmen, die mit Solar- und Windenergie sauberen Strom erzeugen, gibt es inzwischen eigene Themen-ETF. Genauso für Firmen, die etwas gegen die globale Wasserknappheit tun. Passende ETF finden Sie unter Stichworten wie Clean Energy, Future Mobility oder World Water.

3 Anlagen in Regionen. Viele aufstrebende Schwellenländer müssen im MSCI World draußen bleiben. Weder das Riesenreich China noch das Hochtechnologieland Südkorea sind bislang im bekanntesten Weltbarometer vertreten. Manche Anleger ergänzen ihre Basisanlage deswegen mit einem ETF auf einen Schwellenländerindex wie dem MSCI Emerging Markets. Andere wiederum wollen bei den Industrieländern bleiben, aber die Börsenübermacht der USA senken: Sie können ihre Basisanlage mit den europäischen Aktien im Stoxx Europe 600 erweitern.

Wollen Anlegerinnen auf einen bestimmten Trend springen oder auf eine spezifische Region setzen, sollten sie das nie unbedacht tun: Oft sind Branchentrends ohnehin nichts weiter als schöne Erzählungen. Dass bestimmte Technologien nun vor einer goldenen Dekade stehen dürften, ist noch kein Erfolgsgarant. Viele deutsche Anleger haben das schmerzhaft erfahren: Vor einigen Jahren haben sie massiv auf grüne Solaraktien gesetzt und einen richtigen Reinfall erlebt. Erst wurden den Solarunternehmen glänzende Gewinne in Aussicht gestellt, dann allerdings kollabierte die Branche, auch weil chinesische Anbieter massiv Druck gemacht haben.

Ähnlich läuft es manchmal auch bei Anlagen in bestimmte Länder oder Regionen: In den vergangenen 20 Jahren waren deutsche Aktien kein übermäßiger Gewinnbringer, in den vergangenen zehn Jahren schwächelten die vermeintlich aufstrebenden Schwellenländer vernehmlich. Obendrein mussten Anleger dort sogar noch höhere Schwankungen in Kauf nehmen. Denn gerade in diesen Ländern sind nicht nur die wirtschaftlichen Aussichten unklar, sondern obendrein noch das politische Umfeld instabil.

Für alle Branchen- und regionale Anlagen gilt: Bei glücklichem Timing sind gute Gewinne möglich, ordentliche Verluste allerdings genauso. Wer sich davon nicht schrecken lässt, findet viele passende ETF bei test.de/fonds unter „Fondsgruppen".

Mit Strategie-ETF den Markt schlagen

Wollen Sie die geheimen Erfolgsfaktoren der Börse erfahren? Drei Londoner Finanzhistoriker haben aus Kursdaten der vergangenen 100 Jahre vier Renditetreiber herausgefiltert. Die Entdeckung des Forschertrios: Kleine, verschmähte und langweilige Aktien können Anlegern ein kräftiges Ertragsplus einbringen. Das ließ sich nicht nur im langfristigen Schnitt zeigen, sondern obendrein in fast allen großen Börsennationen. Inzwischen ist daraus unter dem Namen „Faktor-Investieren" ein Trend bei ambitionierten ETF-Anlegern geworden – folgende Faktoren des Erfolgs haben die Forscher entdeckt:

1 Small Caps. Kleine Firmen haben in der Vergangenheit mitunter mehr Rendite geliefert als die Dickschiffe am Parkett. Diese „Kraft der Kleinen" konnten die Forscher im Schnitt über die vergangenen 70 Jahre in immerhin 22 von 24 untersuchten Ländern nachweisen. Der Grund: Kleine Firmen haben oft noch mehr Wachstumspotenzial und können schneller auf Veränderungen reagieren als große Konzerne. Das Problem? Die Kleinen lieferten zwar oft ein Renditeplus, manchmal aber jahrelang auch magere Erträge.

2 Substanzwerte. Wer an der Börse auf Rabattjagd gehen will, sucht unterbewertete Aktien. Bei solchen Aktien ist zum Beispiel der Börsenwert im Verhältnis zum Wert aller Maschinen, Immobilien und Patente des Unternehmens klein. Bei solchen Titeln bekommt man für sein Geld also viel Substanz, Experten nennen das im Englischen „Value Investing". Doch wie bei der Rabattecke im Kaufhaus stehen Billigpreise nicht immer für Qualität: Manche der „Substanzwerte" sind nur deswegen so billig, weil sie überkommenen Branchen entstammen, die kaum noch Zukunft haben. Anleger müssen also die echten Schnäppchen gut von den Restposten am Parkett trennen.

❸ Momentum-Titel. Wer will, kann an der Börse dem Trend folgen: Aktien, die in den vergangenen Monaten bereits besser als der breite Markt gelaufen sind, bleiben oft noch einige Zeit lang oben. Finanzwissenschaftlerinnen sprechen vom „Momentum-Effekt": Wer finanziell auf der Welle surft, konnte zumindest im langfristigen Schnitt der Vergangenheit ein Renditeplus kassieren. Wenn es an der Börse jedoch kracht, kommt es oft binnen Sekunden zum Favoritenwechsel und die Gewinner der vergangenen Monate werden plötzlich abgestraft. Anleger laufen mit der Momentum-Strategie dann ins offene Messer.

Strategie ohne Garantie

Auch wenn renommierte Finanzhistoriker mit ihren Namen für diese sogenannten Faktorstrategien einstehen, sind sie selbst unter Profis umstritten. Viele sorgen sich, dass diese Börseneffekte inzwischen sehr bekannt sind. Viel zu viele Anlegerinnen könnten bereits ihr Geld auf die entsprechenden Aktien gesetzt haben, sodass die Effekte künftig verpuffen.

Wer trotzdem an die Erfolgsfaktoren glaubt, sollte aufpassen: Viele der Strategien sind zwar im langfristigen Schnitt besser gelaufen als der breite Markt, haben manchmal aber auch über zehn Jahre enttäuscht. Sind an der Börse wie in den vergangenen Jahren hippe Tech-Titel besonders in Mode, haben zum Beispiel vermeintlich langweiligere Substanzwerte einen schweren Stand. Setzen Anleger an der Börse auf Sicherheit, können kleine Börsentitel kräftig einbüßen. Und Trendanleger haben jeden Monat aufs Neue das Problem, viele Aktien hin- und herschieben zu müssen und dabei hohe Handelskosten zu produzieren – weil sie immer von einem Trend zum nächsten springen.

Viele Anlagegesellschaften haben daher inzwischen sogenannte Multi-Faktor-ETF aufgelegt, die mehrere der Ansätze in einem Produkt vereinen. Sollte sich eine der Strategien als Fehlgriff erweisen, wäre das nicht so schlimm: Die anderen Ansätze könnten immer noch ihre Renditevorteile ausspielen. Passende Indizes heißen zum Beispiel „MSCI World Diversified Multiple-Factor Index" oder „JP Morgan Diversified Factor Global Developed Equity Index".

Alle ETF-Kniffe kennen

Indexfonds gelten als einfacher Königsweg der Geldanlage. Doch Konstruktionsarten, Kosten und Kürzel können verwirren. Mit unserem Fahrplan kann jeder den passenden ETF finden.

Eigentlich klingt alles so einfach: Mit ETF können Anlegerinnen und Anleger eins zu eins einem Weltindex folgen, ohne großen Aufwand betreiben zu müssen. So einleuchtend und einfach das Prinzip klingt, so kompliziert kann jedoch der konkrete Kauf sein.

Selbst wer mit dem Industrieländerindex MSCI World auf die absolute Basisvariante setzt, hat bereits die Auswahl zwischen knapp 20 unterschiedlichen ETF mehrerer Anlagegesellschaften. Loggen sich Kunden in ihr Depot ein, sind sie schnell mit Wortungetümen wie „Amundi Index MSCI World Ucits ETF DR EUR (D)" konfrontiert – und ein bisschen ratlos.

Keine Sorge, die wichtigsten Entscheidungen haben Sie in den vorangegangenen Abschnitten schon getroffen. Ob Sie sich für die offensive, defensive oder ausgewogene Variante des Pantoffel-Portfolios entscheiden, ist der entscheidende Faktor für Ihre spätere Rendite. Auch, ob Sie mit dem Basisindex MSCI World den wichtigsten Industrieländerbörsen folgen oder mit dem MSCI All Country World auch Schwellenländer beimischen, haben Sie sich bestimmt bereits überlegt.

Wenn Sie als Turbo-Anleger den schnellen Weg suchen, blättern Sie direkt zu Seite 170 im Anhang. Dort finden Sie eine Auswahl geeigneter ETF, die Finanztest als „1. Wahl" einstuft. Das Label „1. Wahl" bekommen ETF, die typisch sind für den Markt, den sie abbilden. Sollten Sie sich für einen dieser ETF entscheiden, machen Sie bereits vieles richtig.

Nur solide ETF in Betracht ziehen

Sparerinnen und Sparer sollten nur auf ETF setzen, in denen Anleger insgesamt bereits mehr als 100 Millionen Euro angelegt haben. Ist eine solch große Summe erst einmal im ETF drin, schwindet die Wahrscheinlichkeit, dass der Anbieter den ETF einfach wieder dichtmacht. Denn bei kleinen Anlagesummen entstehen für die ETF-Anbieter viel zu große Fixkosten, die das Geschäft unrentabel machen.

Außerdem sollten sich Sparerinnen und Sparer in Deutschland ausschließlich für ETF entscheiden, die in Europa aufgelegt wurden. Diese ETF können in Aktien aus allen möglichen Weltregionen investieren, haben aber ihren rechtlichen Sitz hier. Man erkennt sie einfach an der Kennnummer

Isin: LU (Luxemburg), IE (Irland), FR (Frankreich) und DE (Deutschland) sind typische europäische Länder, in denen Anbieter ihre ETF auflegen. Wer ETF aus der Schweiz oder den USA kauft, kann nicht darauf setzen, dass Börsenhandel oder Versteuerung immer gleich gut funktionieren wie bei europäischen Fonds.

Was soll mit den Dividenden passieren?

Wer clever anlegt und schnell Vermögen aufbauen will, schaltet einen Zusatzmotor für sein Geld ein: Statt Ausschüttungen sofort zu kassieren, belassen gewiefte Anleger sie im Fonds. Mit ihnen arbeitet nicht nur das eigene Geld an der Börse, sondern auch die angelegten Dividenden. Über längere Zeiträume vermehrt sich das Vermögen aufgrund des zusätzlichen Zinseszinseffektes nochmals schneller.

Wie gravierend dieser Effekt sein kann, zeigt ein Blick auf den Industrieländerindex MSCI World: Wer die Nettodividenden immer wieder angelegt und nicht ausgegeben hat, konnte sich damit im Schnitt ein Renditeplus von rund zwei Prozentpunkten pro Jahr sichern. Was sich nach wenig anhört, summierte sich über die Zeit jedoch ordentlich. Wer die Nettodividenden immer wieder anlegt, erzielt langfristig ein deutlich höheres Endvermögen. Das Endvermögen kann zum Beispiel nach 20 Jahren 50 Prozent größer sein, wenn man die Ausschüttungen eines Standard-Welt-ETF nicht jedes Jahr verfrühstückt, sondern immer wieder anlegen lässt.

Keine Sorge, Sie müssen für diesen Renditeturbo nicht mühsam per Hand jede einzelne Gewinnausschüttung wieder zurück an die Börse schieben, stattdessen können Sie einfach einen ETF mit Dividendenautomatik wählen. Diese Indexfolger erkennen Anleger am Zusatz „acc" für akkumulierend, manchmal heißen sie auch „thesaurierend". Klingt kompliziert, lohnt sich aber.

Wie wichtig sind die Kosten?

Die Kosten bei der Geldanlage sind immer wichtig: Wer ein teures Produkt kauft, sichert sich damit schon beim Start einen Nachteil. Grundsätzlich sind gängige ETF in Sachen Gebühren mit laufenden Kosten zwischen 0,1 und 0,8 Prozent pro Jahr sehr konkurrenzfähig. Viele aktive Aktienfonds kassieren üblicherweise zwischen 1,5 und 2,5 Prozent pro Jahr und liegen damit deutlich teurer. Solange Sie sich für einen Weltaktien-ETF aus unserer Finanztest-Liste ab Seite 170 unter der Kategorie „1. Wahl" entscheiden, können Sie nichts falsch machen.

Renditejägerinnen können jedoch noch etwas mehr herausholen, wenn sie die verschiedenen Produkte clever vergleichen. Viele Sparer schauen beim Vergleich zuerst auf die Kosten: Während die günstigsten ETF auf den MSCI World Ende 2020 mit Kostenquoten von 0,12 Prozent pro Jahr warben, kostete das teuerste Produkt bereits 0,5

Prozent pro Jahr. Auch wenn es verlockend klingen mag, sofort zum günstigsten Produkt zu greifen, wäre vorschnell.

Wie hoch die laufenden Kosten liegen, ist nämlich nur ein Erfolgsfaktor für den ETF. Manche ETF können zusätzlich noch clever Steuern sparen und ihren Anlegern so einen kleinen Vorteil verschaffen. Wieder andere verleihen einige Aktien aus dem Fonds für kurze Zeit an andere Marktteilnehmer wie zum Beispiel Hedgefonds und kassieren dafür eine kleine Leihgebühr, die die Performance des ETF ein wenig aufpeppen kann. Manche ETF wiederum können ihren Index besonders exakt nachbilden, andere haben stattdessen eine ganz leichte Unschärfe. Unterm Strich müssen sich Anlegerinnen darüber allerdings keine Gedanken machen. Hauptsache, der ETF ist 1. Wahl.

Welche Bauart ist am besten?

Eins zu eins einem großen Börsenindex folgen? Das klingt auf den ersten Blick nach einer denkbar einfachen Angelegenheit. Doch ein Check zeigt: Nicht jeder ETF enthält tatsächlich eins zu eins alle Aktien, die im entsprechenden Index stecken. Manche Anbieter weichen bei der Konstruktion leicht von der Zusammensetzung des Börsenbarometers ab, manche werden mit komplizierten Finanzkonstruktionen richtig kreativ. Für 100 000-Euro-Anleger lohnt sich, die verschiedenen Konstruktionsarten der ETF-Anbieter zu kennen. Denn wer die Vor- und Nachteile der unterschiedlichen Methoden

Gut zu wissen

Clevere Masche. Währungsgesicherte ETF tragen oft den Namenszusatz „hedged", was für Absicherung steht. Im Jahr 2000 gab es für einen Dollar 1,15 Euro, im Jahr 2008 jedoch nur noch 63 Eurocent. Solche Schwankungen gleichen währungsgesicherte ETF aus. Um das möglich zu machen, müssen die ETF-Anbieter eine Art Versicherung abschließen. Rechnungen von Finanztest zeigen: Auf lange Sicht lohnen sich die Kosten nicht. Auf Sicht von zehn oder mehr Jahren gibt es bei Währungen meist keinen klaren Trend. Für das Endergebnis ist die Entwicklung der Aktienkurse viel entscheidender. Eine Währungsabsicherung macht bei weltweit gestreuten Aktienindizes also keinen Sinn.

durchschaut, kann seinen ETF besser auswählen. Hier ein Überblick:

Bauart 1: Die Eins-zu-eins-Methode

Hier ist drin, was draufsteht: Voll replizierende ETF bilden ihren Index eins zu eins nach. Manchmal wird diese Methode von Experten auch „full replication" oder „physische Replikation" genannt: Das Prinzip ist dabei immer dasselbe. Will der ETF-Anbieter

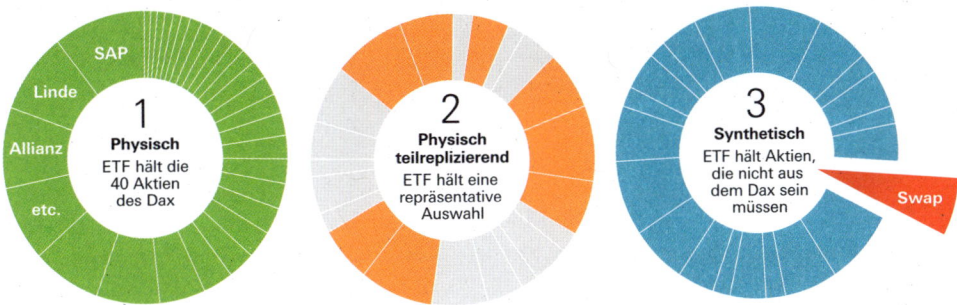

zum Beispiel den deutschen Leitindex Dax abbilden, besorgt er sich die aktuelle Liste aller Unternehmen und ihrer Gewichtung im Index. Am Ende arbeitet er einfach diese Liste ab und besorgt sich alle Aktien entsprechend ihrem Gewicht im Börsenbarometer. Macht der Softwarehersteller SAP zum Beispiel neun Prozent des deutschen Leitindex Dax aus, kauft der Anbieter entsprechend ein.

Bauart 2: Die optimierte Methode

Wer größere Indizes als ETF nachbauen will, kann sich mit einem Trick helfen: Statt alle Aktien eins zu eins einzukaufen, können die Anbieter auf eine repräsentative Stichprobe setzen. Meist kaufen diese sogenannten „optimierten ETF" auf jeden Fall die größten Aktien im Index und lassen sehr kleine Titel mit einem Gewicht von unter 0,1 Prozent einfach weg. Diese Titel sind schließlich so klein, dass sie den Lauf der Indexkurve ohnehin nicht merklich beeinflussen können. Aus welchen Titeln die Stichprobe besteht, entscheiden komplizierte Rechenmodelle. Mit ihnen können Anbieter sicherstellen, dass der ETF trotzdem recht genau den zugrundeliegenden Index abbildet.

Auch Weltindizes wie den MSCI World oder MSCI All Country World setzen die An-

bieter aus einer repräsentativen Stichprobe zusammen. Das hat einen klaren Vorteil: Der Anbieter kann sich damit im Sinne der Verbraucher Kosten sparen. Von 1570 ETF an der Frankfurter Börse setzten Ende Dezember 2020 genau 410 Indexfolger am hiesigen Börsenparkett auf die optimierte Methode. Manchmal finden Sie solche ETF übrigens auch unter den Schlagworten „physisch optimiert", „Sampling-Methode" oder „physisch teilreplizierend" (siehe Grafik oben).

Bauart 3: Die künstliche Methode

Mit der dritten Variante können Anlagegesellschaften ihren ETF vollkommen frei konstruieren: Der Anbieter investiert das Geld der Anlegerinnen in ein Wertpapierpaket, das nicht unbedingt dem jeweiligen Index entsprechen muss. Will ein ETF-Haus zum Beispiel den deutschen Leitindex Dax nachbilden, könnte es statt deutscher Standardwerte wie Daimler oder Volkswagen lieber US-amerikanische Aktien kaufen. Im Klartext: In diesen ETF steckt nicht drin, was außen draufsteht.

Damit sich der ETF trotzdem genau so entwickelt wie der entsprechende Index, schließen die Anbieter mit einem anderen Finanzinstitut ein Tauschgeschäft ab. Laufen die willkürlich gekauften Aktien schlechter als der eigentliche Index, gleicht der Geschäftspartner die Differenz aus. Experten nennen das einen Swap, auf Deutsch bedeutet das nichts anderes als „Tauschgeschäft". Spätestens, wenn der Index zehn Prozent höher steht als der zusammengewürfelte Aktienkorb, fließt dieser Ausgleich von links nach rechts.

Klar ist aber auch: Gerät der Swap-Partner des ETF-Anbieters in Schieflage, steht auch der Wert des Swaps auf dem Spiel. Anleger sollten dieses Risiko jedoch nicht überdramatisieren. Mehr als zehn Prozent des ETF-Werts dürfen nie auf dem Spiel stehen, das hat die Europäische Union festgelegt. Viele ETF-Anbieter, die Swaps nutzen, hinterlegen außerdem andere Wertpapiere als Sicherheiten für den Ernstfall. Und: In der inzwischen langen Historie von ETF ist noch nie ein Swap-Partner ausgefallen. Außerdem sind die Aktien, die im Portfolio liegen, keine Ramschpapiere. Auch sie müssen hohen Anforderungen genügen, so das Regelwerk für synthetische ETF. Im Gegenzug für dieses kleine Risiko bieten Swap-ETF Vorteile: Für sie ist es einfacher, den zugrunde liegenden Index besonders exakt nachzuzeichnen.

Wertpapierleihe

Was viele Anleger gar nicht wissen: Die meisten ETF verleihen einen Teil der Aktien in ihrem Korb an andere Spieler am Finanzmarkt. Hedgefonds zum Beispiel nutzen solche Geschäfte, um auf fallende Aktienkurse zu spekulieren. Im Gegenzug für die verliehenen Aktien bekommt der ETF eine kleine Leihgebühr, der die Rendite ein bisschen aufpeppen kann. Doch viele Anlegerinnen fragen sich, was passieren würde, wenn der Hedgefonds in die Pleite rutschen würde.

Theoretisch könnte das ein Problem werden, praktisch geben Expertinnen allerdings Entwarnung. Denn für jedes verliehene Papier müssen die Leihpartner Sicherheiten hinterlegen, üblicherweise mehr als den aktuellen Wert der Papiere. Käme es zu einem Hedgefonds-Kollaps, wären immer noch die Sicherheiten da. Das zeigt auch der Blick in die Vergangenheit: Beim Anbieter Blackrock ist es seit 1981 erst dreimal zu Kapriolen bei der Wertpapierleihe gekommen – am Ende haben die Sicherheiten immer gereicht.

In der Regel wird nämlich jeden Tag überprüft, ob die hinterlegten Sicherheiten noch dem Wert der Aktien entsprechen. Im Zweifel müsste der Leihpartner neue Sicherheiten nachlegen. Anleger sollten sich daher nicht zu viele Sorgen um die Wertpapierleihe machen, zumal auch aktiv verwaltete Fonds oft einen Teil ihrer Aktien ausleihen. Wer dennoch keine Wertpapierleihe wünscht, könnte derzeit den SPDR MSCI World (ISIN: IE 00B FY0 GT1 4) wählen. Dieser ETF leiht aktuell keine Wertpapiere aus, könnte rechtlich gesehen allerdings jederzeit damit beginnen (Stand: Juni 2021).

Checkliste

Den passenden ETF finden

Basisvoraussetzungen prüfen

- [ ] **Volumen.** Ist der ETF größer als 50 Millionen, noch besser 100 Millionen Euro, ist er am Markt etabliert.

- [ ] **Ihr Broker.** Welche ETF bietet Ihr Broker tatsächlich an? Nicht alle Broker bieten die volle ETF-Palette, nicht jeder ETF lässt sich als Sparplan besparen.

Präferenzen klären

- [ ] **Index.** Wollen Sie den Industrieländerbörsen folgen, wählen Sie den MSCI World. Um Schwellenländer beizumischen den MSCI All Country World oder FTSE All World.

- [ ] **Nachhaltigkeit.** Wer will, kann nachhaltige Indizes wählen. Beispiel: MSCI World SRI Low Carbon Sel. 5 % Iss. Cap. Mehr nachhaltige Indizes unter test.de/thema/oeko fonds.

- [ ] **Dividenden.** Thesaurierende ETF legen Dividenden wieder an, das bringt einen langfristigen Zinseszinseffekt – gut für das 100 000-Euro-Ziel.

- [ ] **Wertpapierleihe.** Manche ETF verleihen einen Teil ihrer Aktien an Hedgefonds. Gehen die Leihpartner pleite, birgt das ein Risiko – auf der anderen Seite profitieren Anlegerinnen von Leihgebühren.

- [ ] **Bauweise.** Physische ETF enthalten genau die Aktien des Index, das ist transparent und verständlich. Synthetische ETF stellen die Performance des Index mit Finanzkontrakten dar. Das birgt aber (geringe) Ausfallrisiken von maximal zehn Prozent.

Die Entscheidung treffen

- [ ] **1. Wahl.** Ist der ETF typisch für den Markt, den er abbildet? Anleger erkennen das an der Bewertung „1. Wahl". Eine Liste mit geeigneten ETF finden Sie ab Seite 170. Die laufenden Kosten sind übrigens kein guter Orientierungspunkt für die Auswahl, da diese Kennziffer nicht alle tatsächlichen Kosten umfasst.

Viel Geld auf einmal anlegen

Wer einen Großbetrag auf einen Schlag investieren will, muss das Kauderwelsch im Onlinebanking verstehen. Ein kleiner Laufzettel für Ihr Investment.

Wer ETF kaufen will, ist schnell mit Fragen konfrontiert: Welchen Börsenplatz sollte man wählen? Welchen Ordertyp – und um wie viel Uhr gibt man die Order am besten auf? Gerade wer eine große Summe auf einmal investieren will, möchte nichts falsch machen. Dabei ist der ETF-Kauf gar nicht so kompliziert.

Gerade auf bekannte Indizes wie den MSCI World gibt es viele ETF von ganz unterschiedlichen Anbietern. Damit Sie auf jeden Fall den gewünschten und vorher ausgesuchten ETF kaufen, sollten Sie sich die zwölfstellige Kennnummer „Isin" notieren. Diese Nummer ist gewissermaßen der Fingerabdruck Ihres Wertpapiers, nur mit dieser Kennziffer lässt es sich zweifelsfrei identifizieren. Um das entsprechende Papier zu kaufen, geben Sie die Isin einfach in die Suchmaske Ihres Onlinebankings ein.

Stückzahl festlegen

Jetzt müssen Sie den Taschenrechner zücken: Auf Basis unserer 100 000-Euro-Rechnungen haben Sie sich sicher bereits überlegt, wie viel Geld Sie in einen weltweit gestreuten Aktien-ETF stecken mögen. Doch beachten Sie: Wenn Sie ETF kaufen möchten, können Sie nicht einfach diese geplante Anlagesumme ins Onlinebanking eingeben. Stattdessen müssen Sie berechnen, wie viele ETF-Anteile Sie kaufen möchten. Das ist gar nicht kompliziert: Schauen Sie sich im Onlinebanking einfach den groben Kurs Ihres ETF an. Falls Sie mehrere Kurse sehen, nutzen Sie beim ETF-Kauf als Orientierung den „Briefkurs" – das ist der Kurs, zu dem Sie kaufen können. Im zweiten Schritt teilen Sie Ihren geplanten Kaufbetrag einfach durch diesen Kurs. Im Ergebnis erfahren Sie, wie viele Anteile dieses ETF Sie mit Ihrer geplanten Kaufsumme grob erwerben können. Falls dabei eine Zahl mit Nachkommastellen herauskommt, runden Sie ab, da Sie an der Börse nur ganze ETF-Anteile kaufen können. Ein Beispiel:

Geplante Anlagesumme	10 000 Euro
/ aktueller ETF-Kurs	73,13 Euro
	= 136,74 Anteile
Abrunden auf:	**136 Anteile**

Welchen Handelsplatz wählen?

Wer in die Ordermaske seiner Bank schaut, ist oft verwirrt: Meist können Anleger dort zwischen rund einem Dutzend Handelsplattformen wählen. Kunden können ein- und denselben ETF über das Frankfurter Computerhandelssystem Xetra kaufen, alternativ aber auch an der Börse Stuttgart oder bei Namen wie LS Exchange oder Gettex. Keine Sorge, wenn Sie davon noch nie etwas gehört haben. Hier erfahren Sie, was die Handelsplätze unterscheidet – und wo Sie Ihren ETF am günstigsten kaufen.

1 **Der Xetra-Handel.** Hier haben schnelle Rechner das Sagen: Im Computerhandelssystem Xetra führt ein elektronisches System Käufer und Verkäufer zusammen. Käufer geben ihre Wunschpreise an, Verkäuferinnen ihre Vorstellungen – und das System ermittelt automatisch den Preis, der für die meisten Marktteilnehmer passt. Gut zu wissen: Xetra ist das vollelektronische Handelssystem der Deutschen Börse, hier findet üblicherweise der Löwenanteil des hiesigen Börsenhandels statt.

2 **Die Regionalbörsen.** Hier betreuen Menschen aus Fleisch und Blut die Kurse: An den deutschen Regionalbörsen in Berlin, Düsseldorf, Hannover, Hamburg, München und Stuttgart sind sogenannte „Spezialisten" für die Notierungen verantwortlich. Auch die Deutsche Börse hat mit der Frankfurter Wertpapierbörse einen solchen Handelsplatz, den man nicht mit Xetra verwechseln sollte. Die Spezialisten an den Regionalbörsen führen Käufer und Verkäufer wie eine Art Makler zusammen, oft werden sie allerdings auch von Computeralgorithmen unterstützt. Wenn einmal nicht genügend Käufer oder Verkäufer am Markt sind, springen die Spezialisten selbst ein.

3 **Die elektronischen Handelssysteme der Regionalbörsen.** Sie tragen Namen wie Gettex, Quotrix oder LS Exchange: Viele Regionalbörsen haben neben dem Handel über Menschen auch elektronische Handelssysteme. Gettex ist das System der Münchener Börse, Quotrix die Plattform der Börse Düsseldorf und LS Exchange das Pendant der Börse Hamburg. Auf diesen elektronischen Plattformen ist jedoch deutlich weniger los als auf dem Frankfurter Xetra-System.

4 **Der Direkthandel.** Hier handeln Sie abseits der Börse: Im Direkthandel kaufen Sie Ihren ETF direkt von einem privatwirtschaftlichen Wertpapierhändler oder einer Bank. Dieser Händler bietet bestimmte Kauf- und Verkaufskurse, die Sie akzeptieren oder ablehnen können. Die Differenz zwischen Kaufkurs und Verkaufskurs ist der Gewinn des Händlers. Diese Plattformen heißen zum Beispiel „Lang & Schwarz", „Baader Bank", „Société Générale". Manchmal heißt der Direkthandel auch „Livetrading", „Realtime-Trading" oder „Over the Counter" (OTC); alle diese Abkürzungen meinen aber ein- und dasselbe.

So viele Handelsplätze gibt es in Deutschland

Die meisten Börsenbetreiber haben nicht nur eine vollelektronische Börse, sondern auch einen Handelsplatz mit Kurspflegern aus Fleisch und Blut.

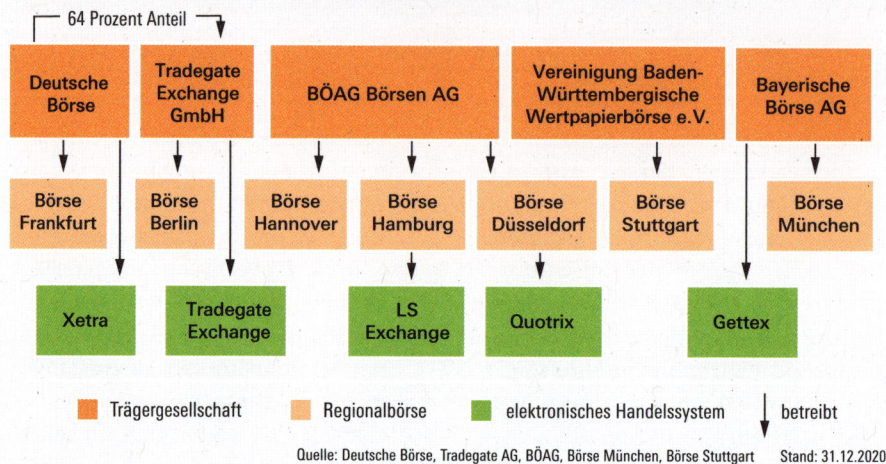

Quelle: Deutsche Börse, Tradegate AG, BÖAG, Börse München, Börse Stuttgart   Stand: 31.12.2020

So finden Sie die beste Börse

Welcher der beste Börsenplatz für die eigene Order ist, lässt sich pauschal nicht sagen. Für denselben Handelsplatz verlangen unterschiedliche Banken und Broker mitunter unterschiedliche Gebühren. Grob lässt sich Folgendes sagen:

▶ **Wer es einfach haben will.** Einsteiger können gut über den Direkthandel gehen. Die Handelshäuser bieten Kunden in der Ordermaske einen Angebotspreis an. Der Vorteil: Kundinnen wissen auf diese Weise schon vorher, zu welchem Preis sie ihre Anteile kaufen. Gerade bei größeren Kaufsummen von mehreren Zehntausend Euro sollten Sie jedoch immer kurz vergleichen, ob andere Börsenplattformen womöglich ein besseres Angebot machen. Gerade bei großen Anlagesummen können wenige Cent Unterschied im Kurs schon richtig viel ausmachen. Besonders frühmorgens oder am Abend sollten Anleger aufpassen: Zwischen 9 Uhr und 17.30 Uhr müssen sich die Plattformen an den Xetra-Kursen orientieren, am frühen Morgen oder am Abend können sie aber anders schalten und walten. Manche Plattformen stellen dann in der Regel schlechtere Kurse.

▶ **Wer günstig kaufen will.** Wer besonders preiswert kaufen will, kommt im Direkthandel oder auf den elektronischen Regiobörsen-Plattformen wie Gettex, Quotrix oder LS Exchange oft günstiger hin. Manche Smartphone-Broker haben nämlich spezielle Verträge mit den Wertpapier-Handelshäusern hinter diesen Plattformen abgeschlossen, die für günstige Orderkosten sorgen. Über Trade Republic können Kunden bei LS Exchange für einen Euro je Order handeln, bei Scalable Capital im Modell Free Broker für 99 Cent je Order auf Gettex. Bei Finanzen Net Zero und Smartbroker sind Aufträge über Gettex gratis, bei Justtrade Orders über LS Exchange, Quotrix und Tradegate – allerdings nur, wenn Sie mehr als 500 Euro anlegen (alle Angaben mit Stand Juni 2021). Auch hier gilt: nur zwischen 9 Uhr und 17.30 Uhr handeln.

▸ **Wer fundierte Kurse will.** Wer besonders belastbare Kurse wünscht, sollte über das vollelektronische System Xetra handeln. Da hier die meisten ETF gehandelt werden, bekommen Sie hier den fairsten Preis. Das ist der Preis, bei dem sich Angebot und Nachfrage möglichst gut ausgleichen.

Falls Sie einmal Zweifel am Kurs haben sollten, sind Sie mit einer regulierten Börse gut bedient: Im Falle von Xetra könnten Sie sich dann an die Handelsüberwachungsstelle der Börse oder die Börsenaufsicht wenden. Allerdings hat dieses Gesamtpaket auch seinen Preis: Die Börse selbst verlangt für Xetra eine Nutzungsgebühr, die viele Banken weiterreichen. Manchmal werden größere Orders auch in mehrere Teile zerlegt, wenn nicht sofort genügend Verkäufer bereitstehen. Vorsicht: Manche Banken verlangen dann für jede Teilausführung einzeln eine Gebühr, Regionalbörsen versuchen das zu vermeiden.

Unbedingt ein Limit setzen

Da die Kurse an der Börse immer schwanken, wissen Sie vorher nicht, zu welchem Preis Sie Ihre ETF-Anteile wirklich bekommen. Im schlimmsten Fall schießt genau zum Zeitpunkt Ihrer Order der Kurs nach oben – und der Preis liegt auf einmal weit von Ihrer eigentlichen Vorstellung entfernt. Setzen Sie bei Ihrer Börsenorder deswegen immer ein Limit: Damit signalisieren Sie Ihrem Broker einen Kurs, zu dem Sie maximal kaufen wollen. Sie können sich darauf verlassen, dass Ihre Order dann maximal zu diesem Preis oder preislich besser abgewickelt werden kann. In der Maske Ihrer Onlinebank finden Sie meist ein kleines Feld wie „Limit" oder „Limit setzen".

Bequeme Anlegerinnen setzen ihr Limit nicht zu eng, sondern einige Cent über dem aktuellen Kaufkurs. Liegt der aktuell zum Beispiel bei 72,23 Euro, könnten Sie Ihr Limit etwa fünf Cent höher setzen. Setzen Sie Ihr Limit nämlich allzu eng, kann es sein, dass der ETF in der Zwischenzeit um einige Cent gestiegen ist und Ihre Order nicht mehr ausgeführt wird. Das wäre ärgerlich, wenn Sie es vor allem bequem haben wollen.

Zusätzlich zu Ihrem Preislimit müssen Sie meist angeben, bis zu welchem Zeitpunkt die Order aufrechterhalten werden soll. Sie können wählen, ob Ihre Order bis zum Ende des aktuellen Tages stehenbleiben soll („tagesgültig") oder ob der Broker sie bis zum Ende des laufenden Monats oder gar Kalenderjahres in Betracht ziehen soll. Üblicherweise wählen bequeme Anleger hier am besten die Option „tagesgültig". Gerade große ETF werden so rege gehandelt,

Gut zu wissen

Zur richtigen Zeit kaufen. Falls Sie es sich einrichten können, geben Sie Ihre Order am besten zwischen 15.30 Uhr und 17.30 Uhr auf. Der Grund: Gerade in den üblichen Weltindizes stecken je nach Index rund 60 Prozent US-Aktien. Da die US-Börsen allerdings erst um 15.30 Uhr deutscher Zeit öffnen, gibt es nur zu dieser Zeit aktuelle und belastbare Kurse aus Übersee. Übrigens: In manchen Wochen öffnen die US-Börsen wegen der verschobenen Zeitumstellung bereits um 14.30 Uhr hiesiger Zeit, dann fängt das Zeitfenster eine Stunde früher an.

zusätzlichen Tag ärgern Sie sich mehr, dass Sie nicht schon vorher gekauft haben.

Das Geschäft abschließen

Wollen Anlegerinnen zuschlagen, müssen sie die Order „freigeben". Meistens geht das online mit einem einzigen Mausklick. Kurz vor der Bestätigung können sich Anleger in einer Fußnote oft noch einmal alle Kosten aufschlüsseln lassen. Bankkundinnen sollten das immer noch einmal checken, da der Broker nur in dieser etwas versteckten Ansicht wirklich alle Kosten aufschlüsseln muss – und nicht tricksen darf. Wer einverstanden ist, klickt die Order durch. Normalerweise müssen Kunden dann noch eine Sicherheitsnummer (iTAN oder mobileTAN) eingeben.

Bei handelsüblichen Welt-ETF erhalten Anlegerinnen oft schon nach wenigen Sekunden eine Info, dass die Order ausgeführt wurde. Manchmal müssen Anleger auch in die Buchhaltung des eigenen Depots reinklicken (manchmal auch „Orderbuch"), um sehen zu können, zu welchem Preis ihre ETF-Order ausgeführt wurde.

Übrigens: Normalerweise wird der entsprechende ETF erst mit zwei Tagen Verzögerung in Ihr Depot eingebucht und das Geld vom Verrechnungskonto eingezogen. Anlegerinnen muss das nicht irritieren: Schon jetzt gehört der ETF Ihnen, von Kurssteigerungen profitieren Sie bereits. Es dauert einfach zwei Tage, bis der ETF tatsächlich digital „geliefert" und korrekt verbucht ist.

dass Ihre Order in der Regel schnell durchgehen sollte.

Sind Sie jedoch als Schnäppchenjägerin auf einen besonders günstigen Kurs aus, könnten Sie das Limit auch taktisch wählen und leicht unter den aktuellen Kurs setzen. So spekulieren Sie darauf, dass der Kurs im Laufe des Tages unter Ihr Limit fällt und Sie dann einige Cent preisgünstiger zuschlagen können. Experten sprechen hier von einem Abstauberlimit, mit dem sie einen kurzen Preisrücksetzer abfischen können. Die Gefahr ist offensichtlich: Der Preis des ETF steigt und steigt und steigt – und mit jedem

In drei Schritten zum Sparplan

Wer jeden Monat eine kleine Summe sparen will, wählt den Sparplan. Er lässt sich in nur wenigen Schritten einrichten.

Egal ob 50, 100 oder 250 Euro: Mit einem Sparplan können Sie jeden Monat ein bisschen investieren. Statt große Summen auf einmal anzulegen, schieben Sie scheibchenweise Geld zur Seite. Diese Taktik kann sich lohnen, denn so müssen Sie sich keine Gedanken mehr um den vermeintlich „perfekten" Anlagezeitpunkt machen, Sie investieren einfach ganz regelmäßig jeden Monat. Ist die Aktien-Automatik einmal eingestellt, läuft das Anlegen wie von selbst.

Wer mit Sparplan investieren will, sollte gut auf die Konditionen achten. Jemand, der zum Beispiel nur 50 Euro jeden Monat spart und davon drei Euro als Pauschalgebühr an die Bank abdrücken müsste, zahlt zu viel. Bei kleinen Summen sollten Sparer eher auf niedrige prozentuale Ordergebühren bis 0,3 Prozent der Ordersumme setzen. Wer 100 Euro investiert, müsste dann 30 Cent zahlen. Bei höheren Ordersummen ab 200 Euro pro Monat können günstige Fixgebühren unter einem Euro konkurrenzfähig sein. Manche Anbieter bieten Sparpläne sogar gleich vollkommen kostenlos an – das ist die beste Lösung. Achten Sie allerdings darauf, dass die Kostenlos-Sparpläne nicht nur eine vorübergehende Sonderaktion sind. Eine Übersicht über besonders günstige Depots finden Sie auf Seite 169. Einen breiteren Check gibt's auf test.de/depot.

Bevor Sie sich für einen Depotanbieter entscheiden, sollten Sie außerdem prüfen, ob der Anbieter Ihren gewünschten ETF überhaupt anbietet. Papiere auf Weltindizes wie den MSCI World bieten üblicherweise alle Broker an, bei spezialisierten ETF oder ökologischen ETF kann das Angebot beschränkter sein.

Nicht wundern: Viele Volksbanken bieten immer noch keine ETF-Sparpläne an, auch die Sparkassen verhalten sich oft abwartend. Das liegt daran, dass die Banken damit kaum etwas verdienen. Lassen Sie sich davon nicht irritieren und eröffnen Sie sich im Zweifel einfach ein Depot bei einem anderen Anbieter.

Sparpläne sind übrigens flexibel: Haben Sie eine Gehaltserhöhung bekommen, können Sie die Sparrate problemlos raufsetzen. In finanziell knapperen Zeiten können Sie Ihre Raten absenken und im Zweifel auch auf Eis legen. Anders als bei manchen Versicherungen können Sie also ohne Probleme Ihren Plan ändern. Man kann auch Geld zwischendurch rausnehmen oder den Sparplan durch Einmalanlagen ergänzen.

Checkliste

So legen Sie einen Sparplan an

☐ **Sparsumme.** Nennen Sie der Bank Ihre monatliche Sparsumme. Viele Banken verlangen Mindestraten von 10, 25 oder 50 Euro im Monat. Wie viel Sie monatlich tatsächlich zur Seite legen müssen, um sich gute Chancen auf 100 000 Euro zu sichern, haben Sie sicher bereits unseren Musterrechnungen ab Seite 56 entnommen.

☐ **Häufigkeit.** Üblicherweise sparen Anleger monatlich. Theoretisch können Sie aber auch bloß einmal im Quartal anlegen. Bei kleinen Summen kann sich das lohnen, um Gebühren zu sparen, weil Sie dann seltener kaufen.

☐ **Orderzeitpunkt.** Die meisten Banken bieten Ihnen zwei Optionen an: Entweder Sie lassen Ihr Geld zum Monatsanfang in den ETF wandern oder Sie wählen die Monatsmitte. Bekommen Sie Ihr Gehalt am Monatsende, investieren Sie direkt zum nächsten Monatsanfang. Kalkulieren Sie aber zeitlich nicht zu knapp: Damit Ihr Sparplan durchgeht, muss das Geld bereits am Vortag auf dem entsprechenden Konto sein. Was die Kurse angeht, ist es langfristig egal, ob Sie am Monatsanfang oder zur Monatsmitte sparen.

☐ **Kontoverbindung.** Damit die Bank ordern kann, müssen Sie noch angeben, von welchem Konto das Institut den Anlagebetrag einziehen soll. Oft können Sie den Instituten einfach ein beliebiges Konto nennen. Manchmal aber kann der Sparplan ausschließlich von einem fixen Referenzkonto beim Broker befüllt werden. In diesem Fall müssten Sie auf Ihrem Girokonto einen Dauerauftrag für das Referenzkonto einrichten.

☐ **Kontrollieren.** Da sich Depotgebühren ändern können, sollten Anlegerinnen einmal im Jahr checken, ob die Konditionen immer noch gut sind. Ist das nicht mehr so, können Sie Ihren Sparplan pausieren und bei einem anderen Anbieter weitersparen – oder das Depot übertragen lassen. Meistens kümmert sich der neue Anbieter darum.

So füllen Sie den Sicherheits-baustein

Wer einen Teil seines Geldes sicher parken will, greift am einfachsten zum Tagesgeld. Mit ein paar Tricks können Sparerinnen und Sparer ein kleines Zinsplus rausholen.

Das beliebteste Buch der Deutschen? Bekanntlich verbirgt sich hinter diesem Ehrentitel das Sparbuch. Viele bekommen es von den Großeltern in die Wiege gelegt, andere eröffnen eines zum Führerschein-Finanzieren, die nächsten für ihre Mietkaution. Oft erzählt das kleine Büchlein die Geschichte eines ganzen Lebens, doch in Nullzinszeiten gibt es bessere Alternativen als die Traditionsanlage der Deutschen. Gerade 100 000-Euro-Sparer können auch für den Sicherheitsbaustein ihres Vermögensbaukastens auf Zinsjagd gehen – und ein bisschen mehr rausholen.

Für viele Sparerinnen sind die meisten Zinsangebote schließlich bloß noch ein Witz: Nur 0,01 Prozent Zinsen gab es im Schnitt für Kunden, die Ende 2020 ein Konto bei einer deutschen Bank eröffneten. Wer dort 10 000 Euro parkt, bekäme nach einem Jahr einen einzigen Euro als Zins ausgezahlt. Bei solchen Magerzinsen fragen sich viele Menschen, warum sie überhaupt noch Geld bei Banken deponieren sollten. Dennoch sollten 100 000-Euro-Sparer als Sicherheitspuffer über die vermeintlich langweiligen Zinsanlagen nachdenken: Wer einen Teil seines Anlagevermögens ohne Kursschwankungen schlummern lassen will, kommt an Bankangeboten nicht vorbei.

Tagesgeldkonten

Ein Girokonto haben einige, ein Sparbuch wird vielen in die Wiege gelegt – aber ein Tagesgeldkonto? Da zucken viele Sparer mit den Achseln. Dabei sind Tagesgelder richtig praktisch, wenn Sie eine kleine Summe Geld sicher parken möchten. Denn auf dem Tagesgeldkonto gibt es keine Kursschwankungen, an das geparkte Geld können Sparer von einem Tag auf den anderen ran und obendrein gibt es zumindest bei guten Anbietern ein paar Zinsen.

❝ Tagesgeld – das Sparbuch 2.0.

Besonders charmant: Das Tagesgeldkonto ist ein ziemlich einfaches Konto ohne Schnickschnack. Anlegerinnen können nur

DIE DREI
FIESESTEN ZINSTRICKS DER BANKEN

1 Limitierte Beträge Manche Banken deckeln den Zinsbetrag. Die vollmundigen Zinsen gibt es dann etwa nur für maximal 5000 Euro. Wer mehr anlegt, bekommt nur einen niedrigeren Zinssatz oder muss sogar oft Minuszinsen zahlen, das sogenannte Verwahrentgelt.

2 Einmalzins Meist bekommen Anleger beim Festgeld einmal im Jahr ihre Zinsen und danach häufig auch Zinsen auf die Zinsen. Manche Institute tricksen und zahlen die Zinsen am Ende von beispielsweise fünf Jahren auf einmal – allerdings ohne den Zinseszins.

3 Kombiangebote Manche Banken verlangen, dass Tages- oder Festgeldsparer zusätzlich ein Girokonto eröffnen – oft mit happigen Gebühren. Zinsangebote mit Fonds sind ebenfalls beliebt. Dabei frisst der Ausgabeaufschlag für die Fonds den höheren Zins wieder auf.

Quelle: Finanztest

Geld von ihrem eigentlichen Girokonto dorthin verschieben und wieder zurück. An der Supermarktkasse zahlen oder die Rechnung beim Onlineshopping begleichen ist mit dem Tagesgeldkonto nicht drin. Was sich unpraktisch anhört, ist in Wirklichkeit eine echte Stärke: So geraten Sparer gar nicht in Versuchung, versehentlich an der Supermarktkasse doch Geld auszugeben, das eigentlich für ihr 100 000-Euro-Ziel gedacht war.

Der zweite Vorteil: Beim Tagesgeldkonto kommen Anlegerinnen von einem Tag auf den anderen an ihr Geld. Wenn also plötzlich das eigene Auto kaputtgeht oder der Herd nicht mehr funktioniert, wäre das kein Problem. Wenn Anleger stattdessen das bekannte Sparbuch zum Geldparken nutzen, müssen sie oft drei Monate warten, bis sie an ihr Geld kommen. Anlegerinnen sollten zum reinen Geldparken daher unbedingt auf Tagesgeld setzen, um auch in unvorhergesehenen Fällen schnell flüssig zu sein.

Auf den meisten Tagesgeldkonten gibt es allerdings gar keine Zinsen mehr oder allenfalls noch Magerkost. Vergleichen lohnt sich trotzdem: Mitte 2021 zahlte die beste Bank im Finanztest-Vergleich immerhin 0,2 Prozent Zinsen pro Jahr. Im Klartext: Wer 10 000 Euro anlegt, könnte nach einem Jahr 20 Euro Zinsen kassieren. Doch dieser Zins ist nicht fix: Sollte sich das Zinsumfeld verschlechtern, könnten die Zinssätze jederzeit weiter absinken. Genauso schnell könnten sie aber auch steigen.

Festgeld

Hier machen Sie es fix: Beim Festgeldkonto legen Sie Ihr Guthaben für einen bestimmten Zeitraum zu einem festgelegten Zins an. Wie lange Ihr Festgeld läuft, hängt vom konkreten Angebot der jeweiligen Bank ab: Kurze Festgelder laufen nur wenige Monate bis ein Jahr, oft gibt es aber auch Angebote über drei, fünf oder zehn Jahre.

Wer clever vergleicht, kann sich so einen kleinen Zinsvorteil für das 100 000-Euro-Ziel sichern: Während Sparer auf dem Tagesgeld im Juni 2021 selbst beim besten Angebot bloß 0,2 Prozent Zinsen bekamen, konnten clevere Anleger mit mehrjährigen Festgeldern fast ein Prozent Zins pro Jahr rausholen.

Grundsätzlich gilt: Je länger Sie Ihr Geld bei der Bank festlegen, desto besser sollte der Zins sein. Manchmal steigen die Zinsen auch, wenn Sie höhere Beträge bei der Bank anlegen. Im Gegenzug für den besseren Zins müssen Sie sich allerdings auf einen Kompromiss einlassen. Während der Laufzeit des Festgelds kommen Sie nicht an Ihr Geld heran. Bevor Sie einen Vertrag abschließen, sollten Sie sich also wirklich sicher sein, dass Sie für einige Jahre auf die Summe verzichten können. Die besten Konditionen bieten meist übrigens nicht Sparkassen und Volksbanken um die Ecke, sondern kleinere Direktbanken oder unbekanntere Institute, mit denen Sie online in Kontakt treten. Monatlich aktualisierte Zinschecks finden Sie unter test.de/zinsen.

Wenn der Zins einmal festgelegt ist, gilt er beim Festgeld übrigens über die gesamte Laufzeit der Anlage hinweg. Es steht also von Anfang an fest, wie viel Geld Sie am Ende herausbekommen werden. Sollten die Zinsen in den kommenden Jahren fallen, hätten Sie sogar einen besonders guten Griff gemacht: Ihnen wären die aktuellen Zinsen schließlich noch auf Jahre garantiert. Sollten die Zinsen jedoch steigen, hängen Sie allerdings in Ihrem Altvertrag fest, und das gestiegene Zinsniveau bringt Ihnen keine Vorteile.

Gut zu wissen

ETF mit Anleihen? Im Sicherheitsbaustein können Anleger theoretisch auch auf Anleihe-ETF setzen. Das sind Wertpapiere, die einen Index aus Anleihen nachbilden. Wer Stabilität sucht, sollte bei der Auswahl streng vorgehen: Setzen Sie nur auf Staatsanleihe-Indizes, nicht auf die viel riskanteren Unternehmensanleihen. Kaufen Sie nur Anleihen in Euro, um das Währungsrisiko zu umgehen.

Ein passender Index ist zum Beispiel der BB Barclays Euro Treasury, in dem sich über 400 Staatstitel aus 17 Euroländern finden. Sollten die Zinsen jedoch steigen, dann bringen neue Anleihen mehr Zinsen. Die Anleihekurse der bestehenden Anleihen in Ihrem ETF sinken zwischenzeitlich, bis die alten Anleihen durch die neuen, gefragteren Titel ersetzt sind. Solche Kursverluste können schnell sieben Prozent ausmachen, wenn die Leitzinsen um ein Prozentpunkt steigen sollten. Anleger sollten sich gut überlegen, ob sie auch im Sicherheitsbaustein Risiken eingehen wollen. Finanztest empfiehlt Anleihe-ETF als Sicherheitsbaustein derzeit eher nicht.

Um diesem Dilemma zu entkommen, lohnt sich ein Mittelweg: Wer die höheren Zinsen abgreifen will, wendet die Leiterstrategie an. Er oder sie teilt dazu sein Geld zum Beispiel in fünf Tranchen und legt fünf Festgelder an. Eins für fünf Jahre, eins für vier, für drei, für zwei und für ein Jahr. Auf diese Weise wird jedes Jahr ein Teilbetrag fällig, der dann erneut für fünf Jahre angelegt werden kann. Dasselbe könnte man auch machen mit 10, 8, 6, 4 und 2 Jahren. Oder mit 10, 9, 8 Jahren – und so weiter. Vergessen Sie aber nicht, einen Teil Ihres Geldes auf dem Tagesgeld immer flüssig zu halten.

Schon bevor sie den Vertrag abschließen, sollten sich Anlegerinnen außerdem um das Ende kümmern: Was passiert mit Ihrem Geld, wenn die Laufzeit des Festgelds zu Ende ist? Manche Festgeldanbieter überweisen die angelegte Summe mit Zinsen automatisch zurück auf das eigene Girokonto. Andere verlängern die Anlage einfach um denselben Zeitraum, wenn der Kunde nicht kündigt. Gerade 100 000-Euro-Anlegerinnen sollten einen eventuellen Kündigungstermin nicht verpassen, wenn für ihr Geld nicht eine unfreiwillige Nachspielzeit beginnen soll. Wer böse Überraschungen vermeiden will, prüft das Kleingedruckte im Festgeldvertrag genau – und streicht sich den Kündigungstermin im Kalender rot an.

Bessere Zinsen im Ausland?

Wer noch ein bisschen mehr herausholen will, kann einen Blick ins Ausland werfen.

Viele Banken in Schweden, Norwegen, den Niederlanden oder Frankreich reißen sich geradezu um deutsche Kundinnen und locken sie mit üppigeren Zinsangeboten. Wer als Anleger zum Beispiel 10 000 Euro für ein Jahr festlegen will, könnte bei soliden Angeboten im Ausland bis zu 0,5 Prozent kassieren, während selbst das beste deutsche Institut gerade einmal 0,25 Prozent auslobt (Stand: April 2021).

Viele Angebote auf den Zinsportalen wirken allerdings zu schön, um wahr zu sein: Banken aus Ländern wie Italien, Portugal oder Griechenland werben oft mit sensationellen Zinsversprechen. Zwar gilt überall in der EU die gesetzliche Einlagensicherung bis 100 000 Euro, ob sie in allen Ländern im Ernstfall belastbar ist, lässt sich aber hinterfragen.

Formell müssen Anleger im Falle einer Bankpleite innerhalb von spätestens 20 Arbeitstagen ihr Geld vom jeweiligen nationalen Rettungsfonds zurückbekommen, in Deutschland gilt diese Regelung sogar schon nach sieben Tagen. Ist nicht genug Geld im Sicherungstopf der Banken, muss der jeweilige Staat einspringen. Gerade wirtschaftlich angeschlagene Länder könnten da allerdings Probleme bekommen oder alles hinauszögern, um Sparer mürbe zu machen. Solche Turbulenzen sollten Anlegerinnen ihrem Geld im Sicherheitsbaustein der 100 000-Euro-Strategie nicht zumuten, an der Börse gibt es schließlich schon genug Hin und Her.

Vorher genau prüfen

Ganz auf die lukrativen Auslandsangebote müssen Sie jedoch nicht verzichten. Wer allzu große Risiken umschiffen will, muss bloß gut aussieben. Einlassen sollten sich Sparer nur auf Banken, die in der EU oder dem Europäischen Wirtschaftsraum sitzen. Außerdem sollten die wichtigsten Ratingagenturen das jeweilige Land als „sicher" oder „sehr sicher" (Rating-Note AAA oder AA) einstufen. Zinsangebote aus labileren Staaten, wie Italien, Griechenland, Zypern oder den drei baltischen Staaten, fallen dann weg. Dass es tatsächlich turbulent werden kann, zeigt ein

---

Übrigens: Manche ausländische Bank trägt zwar einen exotischen Namen, unterhält aber eine eigene Tochtergesellschaft in Deutschland. Solche Institute mit Namen wie ING, Santander Consumer Bank oder Oyak Anker Bank fallen deswegen unter die deutsche Einlagensicherung. Selbst solche Feinheiten können Sie aus unserem Zinscheck im Netz auf einen Blick herauslesen – laufend aktualisiert unter test.de/zinsen

Fall aus Bulgarien: Im Juni 2014 musste die Corporate Commercial Bank dichtmachen, die Entschädigung der Sparer ließ aber sechs Monate auf sich warten – bis die EU-Kommission sich einschaltete.

Verlassen Sie sich nicht darauf, dass die Anbieter wie Weltsparen oder Zinspilot all-zu genaue Sicherheitschecks gemacht haben. Finanztest filtert deswegen regelmäßig die Angebote aller Zinsplattformen nach unabhängigen und strengen Kriterien, oft fallen dabei mehr als die Hälfte der Angebote auf den Portalen weg. Wer Zinstourist werden will und solide ausländische Ange-

---

Checkliste

In sieben Schritten zum Zinskonto

☐ **Kontoform wählen.** Wer im Zweifel schnell an sein Geld muss, sollte ein Tagesgeldkonto wählen. Dort kommen Sparer immer sofort an ihr Geld. Wer sein Vermögen etwas länger festlegen kann, sichert sich mit Festgeld ein Zinsplus. Am besten einen Teil längerfristig zu guten Zinsen anlegen, den anderen Teil kurzfristig – um von steigenden Zinsen zeitnah zu profitieren.

☐ **Angebot suchen.** Wer clever das beste Tages- oder Festgeld sucht, kann den Zinstest von Stiftung Warentest unter test.de/zinsen nutzen. Dort finden Sie für Ihre individuelle Anlagesumme den Anbieter mit den lukrativsten Zinsen.

☐ **Sicherheit prüfen.** Im Zinstest auf test.de können Sie direkt auswählen, ob Sie für ein Zinsplus auch Anbietern unter dem Schirm ausländischer Einlagensicherungen trauen oder ob Sie nur Institute mit deutscher Einlagensicherung wollen.

☐ **Typfrage klären.** Wer es einfach mag, sucht beim Tagesgeld nicht ständig nach neuen Anbietern, sondern nach solchen, die ihre guten Konditionen regelmäßig anbieten. Wir labeln diese Konten mit dem Zusatz „dauerhaft gut". Sie landeten in den vergangenen zwei Jahren zuverlässig in der Spitzengruppe. Wer ambitionierter ist, sucht sich regelmäßig den besten Anbieter heraus.

bote in Betracht zieht, kann den monatlichen Zinstest der Stiftung Warentest zurate ziehen. Unter test.de/zinsen zeigen wir nur Banken aus Ländern, die unsere Stabilitätskriterien erfüllen.

Sparerinnen können bei den meisten ausländischen Anbietern allerdings nicht direkt ein Konto eröffnen, stattdessen müssen sie dafür das Angebot von Zinsplattformen wie Weltsparen, Check24 oder Zinspilot nutzen.

Wer das macht, bekommt ein Verrechnungskonto bei einer deutschen Partnerbank des Zinsportals – von dort aus kann man das Geld zur Auslandsbank schieben und auf Zinsjagd gehen.

☐ **Details prüfen.** Checken Sie vor dem Anlegen den lästigen Kleinkram. Müssen Sie das Festgeld zum Ende der Laufzeit kündigen? Zahlt die Bank auch Zinsen auf die Zinsen? Welche Einlagensicherung greift im Ernstfall? Gilt der versprochene Zins nur bis zu einem bestimmten Höchstbetrag? Will die Bank Ihnen im Paket gleich noch andere Produkte andrehen?

☐ **Vertrag schließen.** Klicken Sie sich beim Anbieter im Netz durch die Anmeldebögen. Meistens müssen Sie einen Vertrag einsenden und sich per Postident- oder Videoident-Verfahren ausweisen oder den Ausweis vorzeigen und eine Probeüberweisung tätigen. Dann kann es losgehen.

☐ **Geld überweisen.** Wer eine Summe auf einmal anlegen will, überweist sie einfach auf das Tages- oder Festgeldkonto. Wer regelmäßig sparen will, richtet sich einen Sparplan ein – und muss gar nicht mehr selbst daran denken. Sparpläne funktionieren aber nur mit Tagesgeld.

☐ **Steuer regeln.** Richten Sie im Onlinebanking einen Freistellungsauftrag ein. Damit können Sie Zinserträge bis zu 801 Euro steuerfrei kassieren. Überlegen Sie, wie viel Ihres Freibetrags Sie für Ihr Depot verwenden wollen und wie viel für Ihr Zinskonto (siehe Seite 147). Ist bei einer Bank mit Sitz im Ausland kein Freistellungsauftrag möglich, müssen Sie die Zinserträge in der Anlage KAP der Einkommensteuererklärung angeben.

Am Ball bleiben

Ist die Vermögensstrategie einmal aufgesetzt, lehnen sich viele Anlegerinnen zurück. Doch jedes Jahr lohnt sich ein kurzer Check – und ans Finanzamt sollten Anleger auch denken.

Vielleicht haben Gärtnern und Geldanlegen mehr gemeinsam, als viele Menschen glauben: Säen, hegen, wachsen lassen und ernten, dieser Rhythmus lässt sich vom Garten eins zu eins aufs Geld übertragen. Haben sie die Strategie einmal aufgesetzt, sollten auch 100 000-Euro-Anleger regelmäßig nach dem Rechten sehen. Einmal im Jahr lohnt sich zum Beispiel ein kurzer Check, um zu schauen, ob Rendite- und Sicherheitsbaustein noch gut ausbalanciert sind. Wie das geht und warum Sie den Weg zu 100 000 Euro damit viel besser durchhalten, lesen Sie in diesem Kapitel.

Außerdem erfahren Sie, wie Sie mit dem leidigen Thema Steuern umgehen. Auch der Fiskus möchte etwas von Ihren Erträgen ab-knapsen. Selbst wenn Ihr ETF jahrelang nur im Depot schlummert, kassiert das Finanzamt oft schon einen kleinen Abschlag auf die spätere Steuer. Keine Sorge: Darum kümmert sich Ihre Bank ganz automatisch. Dennoch können Sparerinnen, die alle Details kennen, hier etwas Geld sparen.

Und selbst wenn Sparer am Ende der Laufzeit die Summe von 100 000 Euro im Depot aufleuchten sehen, stehen viele vor einem Dilemma: Lieber alles auf einmal in Sicherheit bringen – oder sich aus dem Großvermögen eine regelmäßige Rente spendieren? Auch hierzu erfahren Sie auf den kommenden Seiten, wie Sie optimal vorgehen. Also: alles rund um Hege, Pflege und Ernte für Ihre 100 000-Euro-Strategie.

Das Depot ins Lot bringen

ETF gelten als Einfachanlage an der Börse. Doch einmal im Jahr sollten Anleger genau hinschauen.

Was sind eigentlich Ihre guten Vorsätze? Endlich mal wieder Sport machen, weniger Kaffee trinken oder gesünder kochen – solche Dinge stehen bei vielen Deutschen ganz oben auf den Neujahrslisten. Viele nutzen die stille Zeit um Silvester aber auch, um sich zumindest einmal im Jahr um ihre Finanzen zu kümmern. Wir finden: Das ist eine gute Idee, selbst für die pflegeleichten ETF-Portfolios. Mindestens einmal im Jahr sollten Anleger nämlich prüfen, ob ihre Risikoaufteilung noch stimmt. Vorsichtige Sparer wollen schließlich zu 25 Prozent auf Aktien setzen, ausgewogene Anlegerinnen zu 50 Prozent, während offensive Anleger sich für eine Aktienquote von 75 Prozent entscheiden. Da die Kurse an der Börse aber schwanken, kann sich auch die Anlageaufteilung im Depot ungewollt verschieben.

Ein Beispiel: Sind die Kurse im aktuellen Jahr rasant nach oben geschossen, würde der Aktienanteil eines ausgewogenen Anlegers nicht mehr bei 50 Prozent liegen, sondern plötzlich vielleicht bei mehr als 60 Prozent. Um das Depot nicht zu riskant werden zu lassen, sollten Aktiensparer ihre Anlagen deswegen regelmäßig prüfen – und gegebenenfalls nachjustieren.

Daumenregel: Sobald der Aktienanteil zehn Prozentpunkte zu groß oder zu klein geworden ist, sollten Sie eingreifen. Wenn bei einem ausgewogenen Portfolio die Aktienquote statt 50 Prozent mehr als 60 oder weniger als 40 Prozent ausmacht, sollten Sie handeln. Offensive Anleger greifen ein, wenn ihre Aktien für mehr als 85 Prozent oder weniger als 65 Prozent der Anlagen stehen. Und defensive Anleger müssen reagieren, wenn der Aktienanteil unter 15 Prozent rutscht oder über 35 Prozent steht.

So sorgen Sie für den Ausgleich

Einmalanleger können mit wenigen Klicks wieder für Ordnung sorgen. Sind die Aktienbörsen stark gestiegen, können sie einen Teil ihres ETF-Vermögens verkaufen. Im Gegenzug kaufen sie für den entsprechenden Betrag Zinsanlagen nach. Mit diesem einfachen Prinzip „linke Tasche, rechte Tasche" lässt sich die Balance im Portfolio wiederherstellen: Der übergewichtige Teil wird gestutzt, der andere aufgepumpt. Auch Sparplananleger können die Kräfteverhältnisse zwischen Zins- und Aktienanlagen über einen Verkauf schnell wieder ausbalancieren.

Ambitionierte Sparplansparer können jedoch noch cleverer vorgehen und dabei Kos-

Weniger Verlust, kürzere Durststrecken

Entwicklung der Vermögensaufteilung einer Einmalanlage von 100 000 Euro in einem ausgewogenen Welt-Pantoffel-Portfolio über 30 Jahre.

Ohne Umschichten

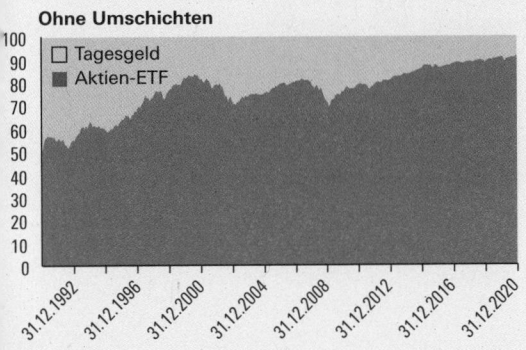

Mit Umschichten[1]

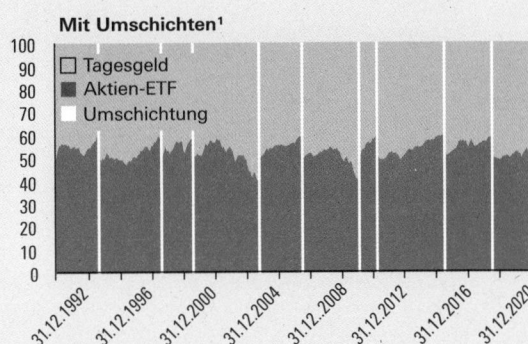

1) Sobald der Aktien-ETF mehr als 60 Prozent oder weniger als 40 Prozent im Portfolio ausmacht, wird innerhalb des Portfolios die 50-50-Aufteilung durch Umschichtung hergestellt.

Portfolio	Rendite (% p .a.)	Schlechteste Jahresrendite (%)	Längste Verlustdauer (Jahre)	Anzahl Umschichtungen	Letzte Anpassung (Datum)	Jüngste Gewichtung (%)	
						Tagesgeld	Aktien-ETF
Ausgewogener Pantoffel: Mit Umschichten	4,7	−20,6	12,4	9	28.02.2017	42,2	57,8
Ausgewogenes Portfolio: Ohne Umschichten	6,0	−31,2	13,4	0	—	8,6	91,4

Untersuchungszeitraum 31 .12.1990 – 31.12.2020   Quelle: Refinitiv, eigene Simulationen   Rechner online unter test.de/pantoffelrechner

ten sparen: Statt ETF-Anteile zu verkaufen und dabei Ordergebühren zu verursachen, können sie mit einem Trick arbeiten. Ist zum Beispiel der Aktien-ETF zu dominant geworden, könnten Sparer die monatliche ETF-Rate für einige Zeit einfach aussetzen und stattdessen in die Zinsanlage lenken – bis das angepeilte Verhältnis zwischen Aktien-ETF und Zinsanlage wieder stimmt.

Einmalanlegerinnen können theoretisch ihr Depotgleichgewicht auch so wiederherstellen, indem sie in einem Batzen ordentlich frisches Geld in den untergewichteten Teil des Portfolios einzahlen.

Bei tiefen Kursen nachkaufen

Umgekehrt müssen Anlegerinnen allerdings genauso anpassen, wenn der Aktienanteil zu mager geworden ist: Sind die Börsen gerade kräftig in die Tiefe gekracht, könnten Aktien plötzlich einen viel zu geringen Anteil am Depot ausmachen. Genau dann müssten Anleger mit unserem Balance-Konzept nachkaufen. Das ist psycholo-

Wann sollten Sie umschichten?

Pantoffel-Portfolio mit zwei Komponenten	Sicherheits-baustein	Rendite-baustein
Defensiv: untere Schwelle – Zielgewichtung – obere Schwelle (in Prozent)	65 – 75 – 85	15 – 25 – 35
Ausgewogen: untere Schwelle – Zielgewichtung – obere Schwelle (in Prozent)	40 – 50 – 60	40 – 50 – 60
Offensiv: untere Schwelle – Zielgewichtung – obere Schwelle (in Prozent)	15 – 25 – 35	65 – 75 – 85

gisch alles andere als einfach: Mehr Aktien zu kaufen, wenn die Kurse gerade bröckeln? Das bringt nicht jeder übers Herz. Doch der Hintergedanke ist charmant: Anleger kaufen mit diesem Modell schließlich viele ETF-Anteile zu günstigen Preisen, die dann von einer anschließenden Erholung profitieren können. Und zumindest in der Vergangenheit stiegen die Kurse unmittelbar nach einem Crash oft überdurchschnittlich stark.

Das eigene Depot sollten Sparerinnen jedoch nicht aus Hoffnung auf Zusatzgewinne balancieren, sondern um ihrem Finanztyp treu zu bleiben. Wer als ausgewogener Fifty-fifty-Anleger Ende 1990 mit 50 Prozent Aktien startete und sein Depot nie pflegte, hätte 30 Jahre später wegen der gestiegenen Kurse mehr als 90 Prozent Aktien im Depot gehabt – und sich wahrscheinlich nicht mehr wohlgefühlt. Je stärker die Aktienquote im eigenen Portfolio ansteigt, desto stärker können unverhoffte Crashs durchschlagen: Wer als ursprünglich ausgewogener Anlegerinnen seine Aktienquote nie zurücksetzte, musste im schlimmsten Jahr zwischenzeitlich einen Verlust von mehr als 30 Prozent aushalten. Balancier-

Anleger wären hier im Vorteil gewesen, sie hätten ihre Aktienquote regelmäßig wieder auf das Ausgangsniveau halbe-halbe gesetzt – und selbst im schlimmsten Jahr nur rund 20 Prozent Minus aushalten müssen.

Keine Garantien

Der Preis dieses Verlustpuffers? Während ausgewogene Balancier-Anleger über die vergangenen 30 Jahre eine Rendite von 4,7 Prozent pro Jahr erzielten, wären ohne regelmäßiges Zurücksetzen sogar sechs Prozent pro Jahr drin gewesen. Denn wenn die Börsen wie im abgelaufenen Jahrzehnt für lange Zeit relativ monoton steigen, können Balancier-Anleger ins Hintertreffen geraten. Sie würden schließlich regelmäßig ihre Aktienquote runtersetzen und nicht voll von den steigenden Kursen profitieren.

Auch Risiken verhindert die Strategie nicht zwangsläufig: Gibt es einen jahrelangen Aktiencrash, würden antizyklische Anleger ständig Aktien nachkaufen und zumindest auf dem Papier zunächst höhere Verluste anhäufen. Dann hängt es davon ab, wie lange Anlegerinnen nach hinten raus auf eine Erholung warten können.

Was ist mit der Steuer?

Wer mit ETF eine große Summe zusammenspart, muss Steuern zahlen. Um vieles kümmern sich die Banken inzwischen automatisch. Trotzdem sollten Sparerinnen die Details kennen.

Kurz vor dem Ziel können zwei kleine Wörtchen den 100 000-Euro-Anlegern gehörig die Laune vermiesen: Statt „brutto" kommen die Erträge bei den Sparern „netto" an, das Finanzamt möchte schließlich auch seinen Teil abhaben. Viele Anleger stecken beim Thema Steuern schnell den Kopf in den Sand, weil ihnen die ganze Thematik zu kompliziert erscheint. Dabei stimmt das gar nicht, denn hierzulande kümmert sich die Bank automatisch um fast alles. Wer auf dem Weg zum sechsstelligen Vermögen jedoch ein kleines Renditeplus rausholen und dabei von Steuertricks profitieren will, sollte sich für die Details interessieren.

Unsichtbare Steuern zuerst

Von diesen Steuern bekommen Anlegerinnen gar nichts mit: Schon bevor Sparern ein einziger Euro aus dem ETF zufließt, muss die Fondsgesellschaft bereits ein paar Prozent abgeben. Deutschland zum Beispiel knapst von den Dividenden hiesiger Firmen rund 15 Prozent ab, die das ETF-Management direkt abführt. Ausländische Staaten verlangen ebenfalls Steuern auf Dividenden. Als Orientierung gilt: Die meisten Länder kassieren zwischen 15 und 30 Prozent der Dividenden als sogenannte „Quellensteuer". Anleger müssen sich um diese Steuern überhaupt keine Gedanken machen: Bevor der ETF-Anbieter den Kurs seiner Papiere berechnet, hat er diese Steuern bereits abgezogen – für Privatanleger sind sie gewissermaßen „unsichtbar".

66 Auch Privatanleger können von Dividenden-Tricks profitieren.

Für 100 000-Euro-Anleger mit Weltindizes wie dem MSCI World sind vor allem die Quellensteuern auf US-Dividenden wichtig, da die USA in allen Weltindizes circa 60 Prozent ausmachen. ETF aus EU-Ländern müssen üblicherweise 30 Prozent Quellensteuer auf diese Dividenden zahlen. Clevere Ertragsjäger kennen jedoch einen kleinen Trick: Irland hat ein spezielles Steuerabkommen mit den USA geschlossen und muss nur 15 Prozent auf US-Dividenden zahlen. Wer also einen ETF aus Irland kauft, der mehr oder minder eins zu eins die Aktien des Index enthält, kann sich einen kleinen Ertragsvorsprung sichern. Solche ETF erkennen Sie am einfachsten an der zwölfstelligen ISIN-Kennziffer: Startet die Kennnummer mit den Buchstaben IE, kommt der ETF aus Irland.

Welche Steuern sind bei ETF sonst relevant?

Die schlechte Nachricht: Privatanleger in Deutschland müssen aktuell drei Arten von Steuern zahlen, wenn sie in ETF anlegen. Die gute Nachricht: Um keine dieser Steuern müssen sich Sparerinnen aktiv kümmern. Ihre Depotbank sorgt automatisch dafür, dass das Geld an den Fiskus wandert. Folgende Steuern schlagen dabei zu Buche:

❶ **Kapitalertragsteuer.** Egal ob Zinsen, Dividenden oder Kursgewinne: Auf Erträge zahlen Anlegerinnen die Kapitalertragsteuer in Höhe von 25 Prozent. Oft nennen Experten die Steuer auch „Abgeltungssteuer". Die Kapitalertragsteuer ist eine Quellensteuer, wird also direkt an der Quelle der Einkünfte abgezogen. Heißt konkret: Weil die Erträge im Depot Ihrer Bank entstehen, muss sich das Finanzinstitut um alles kümmern. Anlegerinnen müssen die Erträge nicht in der Einkommensteuererklärung ausweisen.

❷ **Solidaritätszuschlag.** Diese Steuer erhitzt in Deutschland regelmäßig die Gemüter und fällt auch weiterhin auf Kapitalerträge an. Anleger müssen den „Soli" zahlen, aktuell de facto 1,38 Prozent der Erträge.

❸ **Kirchensteuer.** Wer Kirchenmitglied ist, finanziert das auch mit seinem ETF. Um die Steuer zu berechnen, ermittelt Ihre Bank grob gesagt, was die 25 Prozent Kapitalertragsteuer für Sie in Euro und Cent bedeuten. Von dieser Summe zahlen Anlegerinnen dann im zweiten Schritt acht oder neun Prozent Steuern als Kirchensteuer obendrauf. In Bayern und Baden-Württemberg reichen acht Prozent Kirchensteuer, in allen anderen Bundesländern werden neun Prozent fällig.

In Einzelfällen führen Anleger ihr Wertpapierdepot bei einer Bank im Ausland. Dann müssen sie sich selbst darum kümmern, dass ihre ETF korrekt versteuert werden. Holen Sie sich dazu am besten Hilfe bei einem Steuerberater. Übrigens: Einfach ein Depot im Ausland aufmachen und dann die Steuern „vergessen" funktioniert nicht. Viele Staaten rund um den Globus tauschen solche Daten aus, um Steuertrickser ausfindig zu machen.

So drücken Sie Ihre Steuerlast

Ein Viertel für den Fiskus – diese Daumenregel in Sachen Kapitalertragsteuer haben Sie bereits kennengelernt. Doch die Regel ist keine exakte Wissenschaft, für manche Anleger gibt es schließlich ganz legale Möglichkeiten, etwas weniger Steuern zu zahlen.

Prüfen Sie, ob Sie einen der folgenden drei Tricks nutzen können:

▶ **Günstigerprüfung.** Wer keine Reichtümer verdient, muss auch weniger Steuern zahlen. Liegt Ihr individueller Steuersatz unter dem Abgeltungssatz von 25 Prozent, müssen Sie nur den niedrigeren Satz zahlen. Das geht allerdings nicht automatisch: Sie müssen die Kapitalerträge dann in Ihrer jährlichen Steuererklärung in der Anlage KAP angeben. Beantragen Sie dort die „Günstigerprüfung" – dann gewährt Ihnen das Finanzamt diesen Steuernachlass.

▶ **Nichtveranlagungs-Bescheinigung.** Wer weniger als 9744 Euro im Jahr verdient, muss gar keine Steuern auf Kapitalerträge zahlen. Dazu müssen Sie beim Finanzamt eine Nichtveranlagungs-Bescheinigung (NV-Bescheinigung) beantragen. Wenn Sie dieses Papier bei der Bank einreichen, führt das Institut keine Kapitalertragsteuer mehr ab. Spannend ist das vor allem für Geringverdiener, Studenten oder Rentner, die bereits größere Summen angespart haben.

▶ **Sparerpauschbetrag.** Steuern ab dem ersten Euro Gewinn? Das muss nicht sein, denn das Finanzamt gewährt jedem Anleger einen Freibetrag von 801 Euro pro Person und Jahr. Damit Sie von der Regelung profitieren können, sollten Sie Ihrer Bank einen Freistellungsauftrag erteilen. Liegt der Bank das entsprechende Papier vor, zieht sie von Kapitalerträgen bis 801 Euro keine Steuern ab – erst auf jeden Euro ab dieser Höhe zahlen Sie Steuern. Übrigens: Verheiratete können ihren Pauschbetrag von jeweils 801 Euro zusammenlegen, dann liegt er bei 1602 Euro im Jahr.

Aber Achtung: Haben Sie mehr als ein Depot oder Konto, müssen Sie gut aufpassen. Bei jeder Bank aufs Neue 801 Euro Pauschbetrag anzusetzen und den Betrag so künstlich in die Höhe zu tricksen, geht natürlich nicht. Im Falle mehrerer Depots müssen Sie den Freibetrag von 801 Euro aufteilen. Dann könnten Sie der Bank, bei der Sie Ihr Festgeldkonto haben, zum Beispiel 50 Euro Freibetrag zuweisen – und ihrem Depotanbieter die restlichen 751 Euro. Den Freistellungsauftrag individuell anzupassen, ist nicht kompliziert: Bei den meisten Banken geht das inzwischen bequem per Onlinebanking.

Nicht alles steuerpflichtig

Selbst wer den ganz normalen Steuersatz von 25 Prozent plus Soli und Kirchensteuer zahlen muss, kann aufatmen. Die laufenden Erträge Ihrer ETF wie beispielsweise Dividenden sind nicht zu 100 Prozent steuerpflichtig. Um Sparerinnen zu entlasten, gibt es die sogenannte Teilfreistellung: Sie müssen bei einem normalen Aktien-ETF nämlich nicht alle Ihre Erträge zu 100 Prozent versteuern, sondern nur 70 Prozent der Gewinne.

30

SEKUNDEN FAKTEN

50 %

der Menschen mit mehr als 100 000 Euro Vermögen finden, dass Vermögende steuerlich eher geschont werden.

67 %

der Deutschen wollen künftig höhere Steuern bei höheren Einkommen.

13 %

der Befragten würden Menschen mit 100 000 Euro als reich bezeichnen.

Quellen: Yougov/Infratest dimap/GfK

Hintergrund: Der Staat gewährt Ihnen eine „Teilfreistellung" von 30 Prozent auf Ihre Erträge. Das bedeutet, dass das Finanzamt 30 Prozent Ihrer steuerpflichtigen Gewinne nicht anrührt. Die Teilfreistellungen gelten für alle Erträge, also Dividenden und Verkaufsgewinne – egal ob inländisch oder ausländisch. Das unterliegt jedoch einer Bedingung: Ihr ETF muss zu mindestens 51 Prozent aus Aktien bestehen, was bei Weltaktien-ETF in der Regel der Fall ist. Anders verhält es sich bei Anleihe-ETF, hier müssen Sie die Erträge zu 100 Prozent versteuern. Setzen Sie auf spezielle Misch-ETF, die Anleihen mit mindestens 25 Prozent Aktien mischen, bekommen Sie eine Teilfreistellung von 15 Prozent. Bei Immobilien-ETF können Sie sogar 60 Prozent der Erträge freistellen lassen.

Aus Minus wird Plus

Wie hoch aber sind Ihre „Erträge" überhaupt, wenn Sie mehrere ETF besparen? Manche davon liefern vielleicht Gewinne, während andere Verluste schreiben. Wer etwa als Beimischung einen exotischen Branchen-ETF für Umwelttechnologietitel gekauft hat, will bei Verlusten vielleicht irgendwann die Reißleine ziehen. In diesem Fall zeigt sich der Fiskus gnädig: Haben Sie einen ETF mit Verlust verkauft, können Sie diesen Verlust mit anderen Kursgewinnen, Zinserträgen oder Dividenden verrechnen. Mit dieser Vorgehensweise sinkt der zu versteuernde Betrag.

Haben Sie im aktuellen Jahr einen ETF mit Verlust verkauft, können Sie diesen Verlust sogar ins nächste Jahr mitnehmen – und erst dann mit möglichen Gewinnen verrechnen. Miese in einem Jahr können also selbst noch im nächsten Jahr die Steuerlast drücken. Haben Sie mehrere Depots bei mehreren Banken, können Sie Gewinne und Verluste der unterschiedlichen Depots ebenfalls aufrechnen lassen. Dazu müssen Sie bei den Banken bis zum 15. Dezember eine Verlustbescheinigung beantragen, dann verrechnet das Finanzamt institutsübergreifend.

Steuern während der Laufzeit

Wer glaubt, dass Steuern erst beim Verkauf der Fondsanteile am Ende der Anlagedauer anfallen, irrt sich gewaltig. Dividenden und Zinserträge müssen laufend versteuert werden. Selbst wer während der Haltedauer keine Dividenden kassiert und seine ETF nur im Depot schlummern lässt, muss zahlen. Darum kümmert sich Ihre Bank zwar automatisch, es kann aber nicht schaden, den Steuermechanismus zu verstehen.

Bei ausschüttenden ETF, die regelmäßig bereits während der Sparphase Dividenden an die Anlegerinnen auszahlen, ist es ganz logisch: Von diesen Dividenden zwackt die Bank direkt die Kapitalertragsteuer ab – zumindest sofern Sie Ihren Freibetrag von insgesamt 801 Euro übersteigen.

Bei sogenannten thesaurierenden ETF, die die Dividenden automatisch wiederanlegen und damit für eine Art Zinseszinseffekt sorgen, ist es nicht so einsichtig: Während der Laufzeit verkaufen Anleger schließlich selten Anteile, realisieren kaum Gewinne und bekommen auch keine Dividenden ausgezahlt – trotzdem müssen sie schon ein paar Steuern zahlen. Warum? Weil das Finanzamt nicht warten möchte, bis Langfristsparer irgendwann nach 30 Jahren ihren ETF auf einen Schlag verkaufen. Stattdessen will der Fiskus lieber jedes Jahr schon ein wenig mitkassieren.

Deswegen haben sich die Finanzbeamten die sogenannte „Vorabpauschale" ausgedacht. Wenn Ihr ETF in einem Kalenderjahr vom 1. Januar bis zum 31. Dezember gestiegen ist, tun die Beamten einfach so, als wäre schon ein kleiner, fiktiver Gewinn angefallen – selbst wenn Sie keine Dividenden ausgezahlt bekommen haben. Diese Vorabpauschale ist nicht ganz einfach zu berechnen, auf Seite 150 können interessierte Anlegerinnen die Rechnung im Detail nachvollziehen. Was Sie unter dem Strich wissen müssen: Sie zahlen nicht die Vorabpauschale ans Finanzamt, vielmehr ist die Vorabpauschale nur die Grundlage für die Besteuerung. Bei der Besteuerung der Vorabpauschale handelt es sich um eine Art Anzahlung auf die späteren Steuern beim tatsächlichen ETF-Verkauf. Üblicherweise sind die Beträge recht überschaubar.

Die Bank bucht die Steuer auf die Vorabpauschale direkt zu Beginn des Folgejahres ab, meistens geht das Geld vom Verrechnungskonto Ihres Depots ab. Achten Sie also darauf, dass es ausreichend gedeckt ist. Ist nicht genug Geld vorhanden, lassen manche Institute die Verrechnungskonten in den Dispo rutschen – das sollten Sie vermeiden. Andere Banken verkaufen einfach ETF-Anteile ab, wenn nicht genug Geld für die Steuer auf die Vorabpauschale auf dem Verrechnungskonto zur Verfügung steht, auch das muss nicht sein.

Viele Banken erlauben inzwischen aber auch, das Geld stattdessen von Ihrem normalen Girokonto einzuziehen. Gerade bei geringen Steuern auf die Vorabpauschalen hilft es, wenn Sie der Bank einen Freistellungsauftrag erteilt haben. Dann können Sie die Vorabzahlungen mit den 801 Euro Steuerfreibetrag abdecken.

Übrigens: Wenn Sie Ihren ETF später einmal tatsächlich verkaufen und dann Kapitalertragssteuer auf die Gewinne fällig wird, verrechnet das Finanzamt natürlich Ihre vorher gezahlten Steuern auf die Vorabpauschalen. Ihre Steuerlast bei Verkauf vermindert sich dadurch.

Vorabpauschale berechnen

Wer als engagierte Anlegerin die Details wissen will: Um die Vorabpauschale zu berechnen, gibt es eine klare Formel. Der Eurowert Ihrer Anteile an einem thesaurierenden ETF am Anfang eines Jahres wird mit dem Basiszinssatz der Bundesbank multipliziert und dann mit der Zahl 0,7 malgenommen. Der Basiszinssatz der Bundesbank ändert sich

ständig, für 2020 wurde der Wert 0,07 Prozent angesetzt. Klingt kompliziert? Ist es aber gar nicht, schauen Sie sich einfach schnell die Rechnung an:

So können Sie die Vorabpauschale ganz einfach nachvollziehen

Wert des ETF am 01.01.2020	30 000 Euro
Wert des ETF am 31.12.2020	31 000 Euro
Wertsteigerung?	ja, 1 000 Euro
Vorabpauschale (30 000 Euro x 0,07 % x 0,7)	14,70 Euro
minus 30 % Teilfreistellung	10,29 Euro
zu zahlen: Kapitalertragsteuer plus Soli (insg. 26,375 %)	2,71 Euro

Übrigens: Haben Sie in einem Kalenderjahr mit Ihren ETF keinen Gewinn gemacht, müssen Sie natürlich keine Vorabpauschale leisten. Denn auch diese Art Steueranzahlung kassiert das Finanzamt nur, wenn Ihr ETF sich im betreffenden Kalenderjahr positiv entwickelt hat.

In den vergangenen Jahren hatten Sparer ohnehin großes Glück, da sich die Vorabpauschale mit dem Basiszins der Bundesbank berechnet. Im Jahr 2020 lag der Basiszins bei nur 0,07 Prozent, entsprechend waren auch die Vorabsummen im Ergebnis häufig sehr gering. Im Jahr 2021 hat die Bundesbank zu Jahresstart sogar einen negativen Basiszins von -0,45 Prozent festgestellt. Ein solcher Basiszins hat zur Folge, dass zumindest im Jahr 2021 gar keine Vorabpauschale erhoben wird.

So rechnen Sie die Steuer vorher ein

Bankkosten, Steuern, steigende Preise: Viele Effekte knabbern an Ihren 100 000 Euro. Lassen Sie sich davon am besten nicht überraschen.

Es gibt allen Grund zum Jubeln, wenn Anleger und Anlegerinnen die 100 000-Euro-Marke geknackt haben: Sie haben sich getraut, sind diszipliniert bei der Sache geblieben und können nun ins Träumen geraten. Doch das Finanzamt möchte auch gern kassieren – und gerade über längere Phasen steigen auch die Preise für das tägliche Leben deutlich. Mit 100 000 Euro konnten sich Anleger vor 10 oder 20 Jahren schließlich mehr kaufen als heute.

Banken und Fondsgesellschaften verschweigen diese Effekte in ihren Kalkulationen gerne. Dabei gehören Kosten, Steuern und steigende Preise auch hier zum Leben dazu. Gerade für Anleger mit einem fixen 100 000-Euro-Ziel heißt es: Am besten schon vorher an die Ertragsfresser denken, um hinterher nicht eine üble Überraschung zu erleben.

Wer zum Beispiel nach 30 Jahren ein Fertighäuschen für genau 100 000 Euro kaufen will, muss sich vergegenwärtigen, dass es nicht reicht, wenn irgendwann die Summe von 100 000 Euro im Depot aufleuchtet. Sparer müssen zum einen davon ausgehen, dass das Finanzamt einen Teil der Summe abzwackt. Zum anderen dürfte das Hausbauunternehmen für dasselbe Fertighäuschen in 30 Jahren mehr Geld verlangen. Wer auf Nummer sicher gehen will, bereitet sich also schon zu Beginn der Sparphase darauf vor.

Ganz exakt lassen sich die Effekte leider nicht ausrechnen, denn die Gebühren für Depots ändern sich laufend. Auch die Steuergesetzgebung ist den Launen der Berliner Politiker unterworfen: Die aktuelle Abgeltungssteuer gilt erst seit 2009, im Jahr 2018 wurde die Besteuerung für Fonds vollkommen neu aufgestellt. Welche Regeln in 10, 20 oder 30 Jahren gelten – das ist heute noch alles andere als klar.

Auch die Inflation lässt sich nicht so leicht vorhersagen: Selbst Experten liegen mit ihren Prognosen regelmäßig daneben. Manche Ökonomen rechnen damit, dass die Preise nie mehr stark steigen werden, weil Verbraucher mit Vergleichsportalen im Netz immer einfacher das günstigste Angebot finden können. Andere rechnen damit, dass etwa Klimaschutzmaßnahmen künftig die Preise treiben. Außerdem kann sich die offizielle Inflationsrate ja auch von Ihrer ganz persönlichen unterscheiden. Verbraucher in großen Städten geben zum Beispiel viel mehr für Miete aus als Menschen auf dem Land. Finanztest hat dennoch versucht, für Sparplansparer zumindest eine Daumenregel zu entwickeln, um Kosten, Steuern und Inflation abschätzen zu können. Mit folgenden Annahmen haben wir gerechnet:

▶ **Rendite.** Sie erzielen mit Ihrem Aktien-ETF eine Rendite von sechs Prozent pro Jahr. Das ist weder zu vorsichtig kalkuliert noch zu optimistisch. Fondsinterne Kosten bis zu 0,5 Prozent sind dabei schon berücksichtigt.

▶ **Sparplankosten.** Ihre Bank verlangt von jeder monatlichen Sparplanrate 1,5 Prozent, damit sie die ETF-Anteile für Sie am Aktienmarkt besorgt.

▶ **Steuersatz.** Wir rechnen mit Kapitalertragsteuer plus Soli, also 26,375 Prozent. Die Kirchensteuer lassen wir außen vor. Der Sparerfreibetrag wird nicht durch weitere Geldanlagen belastet, Erträge bis 801 Euro pro Jahr sind steuerfrei.

▶ **Inflation.** Zur Orientierung setzen wir ein Prozent Inflation an. Ob sich die Inflation tatsächlich so verhalten wird, wissen wir aber nicht.

Unser Ergebnis: Wollen ambitionierte Sparerinnen tatsächlich schon vorher an alle Effekte denken, müssen sie mehr Geld zurücklegen, als ursprünglich gedacht. Wer monatlich Geld in einen Aktien-ETF schiebt und naiv spart, müsste bei unseren Annahmen rund 100 Euro auf die hohe Kante legen, um am Ende die Marke von 100 000 Euro zu knacken. Wer jedoch Kosten, Steuern und Inflation miteinrechnet, würde sich mit einer Sparrate von rund 160 Euro wappnen. Weitere Details finden Sie in der Tabelle auf der rechten Seite. Wer für seine eigene Rechnung eine Daumenregel braucht, kann sich an folgenden Zahlen orientieren:

❶ Sparplan über 30 Jahre. Anleger müssen etwa das 1,6-Fache des normalen Betrags zurücklegen, wenn sie Kosten, Steuern und Inflation berücksichtigen wollen.

❷ Sparplan über 20 Jahre. Anlegerinnen müssen etwa das 1,4-Fache des normalen Betrags zurücklegen, um die Effekte aufzurechnen.

❸ Sparplan über 10 Jahre. Anleger müssen etwa das 1,2-Fache des normalen Betrags zurücklegen, um sich zu wappnen.

Dass vorausschauende Anlegerinnen gerade bei längeren Laufzeiten größere Summen zurücklegen müssen, liegt vor allem an der Inflation. Je länger Anlegerinnen investieren, desto stärker fallen steigende Preise ins Gewicht – wie ein negativer Zinseszinseffekt. Wie stark dieser Effekt an Ihrem Vermögen zehren kann, zeigt folgende Rechnung: Würden die Preise zehn Jahre lang je-

Die drei Renditebremsen nicht vergessen

So viel müssen Anleger und Anlegerinnen jeden Monat sparen, um 100 000 Euro zu erreichen – wenn sie Kosten, Steuern und Inflation mit einrechnen.

Spardauer	Ohne Sparplankosten	Mit Sparplankosten	Mit Sparplankosten und Steuern	Mit Sparplankosten, Steuern und Inflation
10 Jahre	613 Euro	622 Euro	651 Euro	723 Euro
20 Jahre	219 Euro	223 Euro	242 Euro	300 Euro
30 Jahre	102 Euro	104 Euro	116 Euro	161 Euro

Annahmen: laufende Fondskosten 0,5 Prozent p.a.. Sparplankosten 1,5 Prozent vom monatlichen Sparbetrag. Sparerfreibetrag anfänglich 801 Euro. Aktien-ETF-Rendite 6 Prozent p.a., Dividendenrendite 2 Prozent p.a. Inflationsrate 1 Prozent p.a. Quelle: eigene Simulationen   Details zur Methodik unter test.de/100k/methodik   Stand: 31.12.2020

des Jahr um ein Prozent steigen, könnten Sie sich am Ende damit rund zehn Prozent weniger kaufen. Nach 20 Jahren würde Ihr Kaufkraftverlust bereits 18 Prozent betragen, nach 30 Jahren bereits mehr als 25 Prozent. Wer wissen will, ob er oder sie besonders stark von steigenden Preisen betroffen ist, kann einen spannenden Inflationsrechner des Statistischen Bundesamtes nutzen.

Online kann man sich unter der Adresse service.destatis.de/inflationsrechner seine ganz persönliche Inflationsrate errechnen lassen. Manche Menschen geben viel mehr Geld für ihre Miete aus als der statistische Schnitt, weil sie zum Beispiel in einer Großstadt leben. Andere haben nicht so viel Geld und geben größere Anteile für Lebensmittel aus, die tendenziell schneller im Preis stei-

gen. Wegen der Inflation allerdings von vornherein in Sachen 100 000-Euro-Strategie zu resignieren, wäre der falsche Weg. Wer sein Geld bloß auf dem Konto parkt, war zumindest in der Vergangenheit steigenden Preisen viel unmittelbarer ausgeliefert. Wer zum Teil auf die Weltbörsen setzte, konnte die Inflation mit seinen Aktienerträgen zumindest auf lange Sicht übertreffen.

Fazit: Wer sich gegen Kosten, Inflation und Steuern wappnen will, muss mehr Geld auf die Seite legen und zudem beachten, dass diese Daumenregeln nur eine grobe Orientierung sein können. Steuergesetze können sich ändern, Preise noch stärker steigen. Und trotzdem: Wer mit Puffer kalkuliert, handelt umsichtig und vorausschauend.

100 000 Euro – und jetzt?

Haben Sparer die sechsstellige Summe auf dem Konto, kommt oft die schwierigste Entscheidung: Alles auf einen Schlag abrufen oder scheibchenweise an das Geld ran? Ein Leitfaden.

Gratulation, Sie haben die runde Marke von 100 000 Euro geknackt! Dann dürfen Sie sich nun offiziell „sechsstellig" nennen. Wahrscheinlich ist es ein zufriedenstellendes Gefühl: Sie haben sich zu Beginn einen guten Plan gemacht, über viele Jahre durchgehalten und sind am Ende für kontrolliertes Risiko belohnt worden. Wahrscheinlich träumen Sie jetzt schon von Ihrer Weltreise, dem lang ersehnten Ferienhäuschen oder der kleinen Zusatzrente.

Im nächsten Moment erleben viele Menschen ein Paradoxon: Eigentlich wollten sie immer das Geld genießen, aber plötzlich haben sie eine Hemmschwelle. Sollten sie die Summe nicht doch noch ein bisschen weiter anlegen, um sie zu vermehren? Oder lieber alles auf einmal in Sicherheit bringen? Wieder andere liebäugeln damit, jeden Monat ein bisschen auf den Kopf zu hauen und sich eine Zusatzrente der Marke Eigenbau zu basteln. Doch dann ist oft nicht klar, wie viel sich monatlich aus dem Geldtopf abziehen lässt. In diesem Abschnitt lernen Sie alle Vor- und Nachteile ausführlich kennen. Welche Variante für Sie am besten passt, hängt ganz von Ihren Lebensumständen und individuellen Zielen ab.

Alles auf einmal

Manchen Anlegern dürften die Finger zittern, wenn sie bei Anlagen in Höhe von 100 000 Euro auf den Verkaufen-Knopf im Online-Depot drücken. Keine Frage, es geht um eine Menge Geld. Deshalb sollten Sie nichts dem Zufall überlassen, wenn Sie an der Börse Ihre Gewinne mitnehmen und die ETF-Anteile versilbern.

Besonders sinnvoll ist die „Alles-auf-einmal-Strategie" vor allem für Anlegerinnen, die sich für eine spezielle Variante unserer 100 000-Euro-Strategie entschieden haben. In Kapitel 3 hatten Sie schließlich die Möglichkeit, zwischen unterschiedlichen Sparsummen zu wählen. Einen gewissen Reiz hat dabei die Option „genau 100 000 Euro": Sie bedeutet, dass Sparer das große Ziel mit dieser Sparsumme in der Vergangenheit auf jeden Fall spätestens nach 30, 20 oder 10 Jahren erreicht haben – manchmal bereits aber auch früher (siehe Seite 66).

Mitunter profitierten Anleger nämlich von einer so rauschhaften Kursjagd am Parkett, dass sie die Börseneuphorie schon vor dem eigentlichen Ende der Sparphase über die 100 000-Euro-Schwelle hob. Haben Sie sich für diese Anlagestrategie entschieden, ist der Tipp ganz klar: Sie müssen sofort verkaufen und Ihr Geld in Sicherheit bringen. Wer sich in der Vergangenheit nicht daran hielt, musste manchmal nämlich zuschauen, wie auf den letzten Metern ein Börsencrash das eigene Vermögen in Mitleidenschaft zog. Anders als bei Anlegerinnen, die genau zum Ende der 10, 20 oder 30 Jahre das große Ziel erreichen wollen, haben wir in der Variante „genau 100 000 Euro" dafür aber keinen Sicherheitspuffer eingeplant.

So klappt der Verkauf

Keine Sorge, die Indexpapiere am Ende zu Geld zu machen, ist gar nicht kompliziert – und funktioniert so ähnlich wie ein Kauf. Wer seine ETF-Anteile verkaufen will, muss dafür bei seiner Bank oder seinem Broker eine Verkaufsorder aufgeben.

Wichtig ist vorher der Blick auf die Gebühren: Gerade bei ETF-Sparplänen sind die oft ziemlich günstig, beim Verkauf gelten allerdings häufig andere Gebühren. Doch wer die Konditionen versteht, kann sich gegen Beutelschneiderei wappnen. Besonders hellhörig sollten Sie werden, wenn Sie in den Konditionen Ihrer Bank eine prozentuale Gebühr finden. Filialbanken verlangen mitunter ein Prozent Gebühr für eine Verkaufsorder. Wenn Sie als offensiver Anleger Aktien-ETF im Wert von 75 000 Euro verkaufen, müssten Sie dafür 750 Euro an Gebühren abdrücken, eine happige Summe.

Günstiger fahren Sie mit Preisen, die nach oben gedeckelt sind. Viele Banken

30
SEKUNDEN FAKTEN

39 %
würden mit
100 000 Euro
ein Haus kaufen.

14 %
würden die sechsstellige
Summe in Wertpapieren
anlegen.

5 %
würden sich mit 100 000 Euro
eine berufliche Auszeit
nehmen.

30 %
können sich vorstellen,
mindestens 10 Prozent davon
zu spenden.

Quelle: TNS Infratest

schreiben zum Beispiel fest, dass eine Wertpapierorder nicht mehr als 60 Euro kosten darf. Selbst mit diesem Preis hätten Sie schon ordentlich Geld gespart. Doch es geht noch günstiger: Manche Anbieter verlangen zum Beispiel bloß eine geringe Fixgebühr auf jede Order – im Falle mancher Direktbroker beträgt diese sogar weniger als zehn Euro.

Unser Tipp: Vergleichen Sie vor dem Verkauf noch einmal alle Depotanbieter und übertragen Sie Ihr Depot im Zweifel zu einem günstigeren Broker. Regelmäßig aktualisiert finden Sie diese Angaben online auf test.de/depot. Um Ihre ETF-Anteile zu übertragen, füllen Sie einfach den Antrag beim neuen Anbieter aus. Er kümmert sich in der Regel um den Umzug Ihres Depots – und zwar kostenlos. Planen Sie aber zwei bis drei Wochen Zeit ein, bis alle Ihre Wertpapiere tatsächlich umgebucht sind. Einziger Wermutstropfen:

Zu vielen günstigen Discountbrokern wie Justtrade können Kundinnen und Kunden derzeit noch keine Depots übertragen. Zu Trade Republic lassen sich nur ETF übertragen, die der Broker selbst im Angebot hat. Beim Scalable Capital Broker ist es genauso, aktuell führt dieser Anbieter für den Depotübertrag sogar eine Warteliste (Stand: Juni 2021).

Teilausführungen vermeiden

Wer gut verkaufen will, sollte außerdem nicht die ganze 100 000-Euro-Summe auf einmal losschlagen. Je nach Handelsplattform kann es dann nämlich passieren, dass Sie nicht sofort eine Käuferin finden, die Ihnen das ganze Paket auf einmal abnimmt. Die Konsequenz: An vielen Börsen würde Ihre Order scheibchenweise ausgeführt. So lange, bis auch der letzte Anteil einen Abnehmer gefunden hat.

Geht Ihre Börsenorder allerdings in Tranchen durch, kann das Ärger bedeuten: Würde die Order zum Beispiel in drei Teilausführungen aufgespalten, müssen Sie bei manchen Banken dreimal Ordergebühren zahlen. Informieren Sie sich daher vor dem Verkauf unbedingt, wie ihre Bank mit Teilausführungen umgeht. Manche Onlinebanken wie ING oder Onvista kassieren immerhin nichts extra, solange die verschiedenen Tranchen am selben Handelstag durchgehen – bei rege gehandelten Papieren wie ETF auf bekannte Weltindizes sollte das in aller Regel kein Problem sein.

Die andere Lösung: Sie splitten Ihre Verkaufssumme einfach in mehrere Teile zu je 10 000 Euro. Dann ist die Chance höher, dass Ihre Order in einem Rutsch durchgeht. Das lohnt sich allerdings nur, wenn dabei nicht jedes Mal eine hohe Fixgebühr pro Einzelorder anfällt. Alternativ können Sie auch im Direkthandel Ihr Glück versuchen: Dort bieten Ihnen privatwirtschaftliche Wertpapierhandelshäuser wie die Baader Bank, Société Générale oder Lang und Schwarz einen verbindlichen Kurs. Willigen die Häuser in Ihre Order ein, nehmen sie Ih-

Checkliste

ETF verkaufen – so geht's

☐ **Müssen Sie wirklich verkaufen?** Anleger, die der Strategie „genau 100 000 Euro" folgen, sollten sofort verkaufen. Auch wer schnell an die 100 000 Euro will, etwa weil er eine Immobilie kauft, muss verkaufen. Wer das Geld aber nicht sofort braucht und nach hinten raus Zeit hat oder das Geld im Alter nur scheibchenweise entnehmen will, kann weiter investieren.

☐ **Welche Gebühren fallen an?** Checken Sie die Kosten für eine Verkaufsorder. Bei manchen Banken kauft man kostenlos, zahlt beim Losschlagen aber üppige Gebühren. Im Zweifel: Depot wechseln.

☐ **Alles auf einmal?** Sie müssen nicht die volle Summe auf einmal verkaufen. Wer Patzer vermeiden will, verkauft mehrere Tranchen hintereinander. Achten Sie dabei wieder auf die Kosten!

☐ **Scheibchenweise?** Wer will, kann monatlich Geld entnehmen. Tipps ab Seite 158.

☐ **Den letzten Rest verkaufen?** Sparplananleger haben manchmal gebrochene ETF-Anteile im Depot. Also zum Beispiel 0,35 Anteile. Die zu verkaufen ist mitunter schwierig. Wenn es nur um ein paar Euro geht, sparen Sie sich den Aufwand.

nen die Papiere in der Regel auf einen Schlag ab. Schauen Sie dann gerade bei großen Summen aber sehr genau darauf, dass Sie bei diesen Anbietern keinen schlechteren Kurs als auf den normalen Börsen bekommen.

Lieber scheibchenweise abrufen?

Andere Anlegerinnen wollen aber gar nicht auf einmal an ihr Geld ran, sondern sie wollen sich stattdessen lieber eine monatliche Zusatzrente genehmigen. Viele junge Leute wissen ganz genau, dass die gesetzliche Rente in 30 oder 40 Jahren alleine nicht mehr reichen wird. Wer bis zum Renteneintritt 100 000 Euro angespart hat, kann daher über verschiedene Modelle nachdenken, um den eigenen Lebensabend finanziell aufzupeppen. Im Wesentlichen gibt es dabei drei Varianten:

Sofortrente: 100 000 Euro für lebenslange Rente

So viel Monatsrente erhält unsere 65-jährige Modellkundin im ersten Jahr. Es kann später mehr werden, aber nie weniger.

Anbieter	Tarif	Monatliche Rente im 1. Jahr (Euro)	Kundenzins 2019
R+V a.G.	RTSE	319	2,3
Europa	E-SR	317	2,5
Hannoversche	R1	315	2,7
Condor	C26	312	2,6
Huk24	RSGT24	312	1,2

Stand: Juli 2020   Quelle: Finanztest

1 **Sofortrente.** Sie zahlen das Geld an eine Versicherung und bekommen bis ans Lebensende eine fixe Summe pro Monat (siehe Seite 158).

2 **Fixe Entnahme.** Sie bleiben an der Börse und entnehmen jeden Monat eine feste Rate, bis Ihr Geld alle ist (siehe Seite 160).

3 **Flexible Entnahmevarianten.** Sie investieren weiter am Börsenparkett und gönnen sich eine monatliche Rente. Die Entnahmehöhe ist flexibel: Sie orientieren sich am Lauf der Kurse und folgen den Regeln unserer Pantoffel-Rente (siehe Seite 160).

Sofortrente

Wer bei einer Versicherung eine Sofortrente abschließt, überlässt dem Unternehmen auf einen Schlag den gesamten Batzen Geld. Im Gegenzug zahlt die Versicherung bis ans Lebensende jeden Monat eine Zusatzrente. Wer mit 65 Jahren zum Beispiel 100 000 Euro in eine Sofortrente steckt, bekommt bei guten Anbietern jeden Monat – je nach Vertrag – in unserem Test bis zu 320 Euro heraus. Machen die Versicherungsmanager gute Geschäfte beispielsweise am Kapitalmarkt, können Überschüsse dazukommen.

Auf den ersten Blick klingt das nach einem guten Modell, planbar und verlässlich. Viele Kunden riskieren allerdings ein Minusgeschäft: Wer ab 65 Jahren bloß die Garantierente bekommt, weil das Versicherungsunternehmen keinerlei Überschüsse erwirtschaftet, müsste noch 26 Jahre leben, um den eingezahlten Geldbetrag voll wieder ausgezahlt zu bekommen. Mit anderen Worten: Versicherungsnehmer müssten 91 Jahre alt werden, um in diesem Szenario die gesamten 100 000 Euro wieder herauszukommen. Umgekehrt gilt: Wer vor dem 90. Lebensjahr stirbt, würde in diesem Fall mit der Sofortrente ein Minusgeschäft machen.

66 Für die Sofortrente brauchen Sie das Jopi-Heesters-Gen.

Besonders gut eignet sich diese Rente also für Menschen, die damit rechnen, ein biblisches Alter zu erreichen. Und zweitens für solche, die viel zu wenig Rente haben und auf einen fixen Monatszuschuss angewiesen sind, der unter keinen Umständen schwanken darf. Für die meisten anderen Sparer gilt: Finger weg.

Wer sich für die Sofortrente entscheidet, sollte daher sehr genau hinschauen: Manche Versicherer behalten sich bei manchen Überschusssystemen vor, die Rente im Zweifelsfall später zu senken. Wer das vermeiden will, sollte eine sogenannte „volldynamische" Sofortrente wählen. Bekommt eine Anlegerin dann etwa 320 Euro pro Mo-

Gut zu wissen

Auszahlplan von der Bank? Anleger schieben eine Summe X in einen Auszahlplan bei der Bank und bekommen monatlich ein feste Rate überwiesen und obendrauf einen kleinen Zins, der derzeit aber weit unter der Inflationsrate liegt. Angeboten werden solche Auszahlpläne mit langen Laufzeiten zum Beispiel von der Umweltbank, aber auch von Bausparkassen wie der von der Debeka oder der Bausparkasse Mainz. Nachteil: Das Geld gibt es nur so lange, bis es aufgebraucht ist. Vorteil: Es gibt keine Extra-Kosten. Ist mit dem Tod des Anlegers noch Geld übrig, kassiert das nicht die Bank ein – es fällt automatisch an die Hinterbliebenen.

In speziellen Fällen können solche Auszahlpläne jedoch durchaus zur Falle werden: Brauchen Sparer schnell viel Geld, können sie nicht einfach das Konto für den Auszahlplan leerräumen, ihr Geld ist schließlich über die Laufzeit im Vertrag gebunden.

Fazit: Der Bankplan lohnt nur für Sicherheitsfanatikerinnen, die einen möglichen Restbetrag unbedingt vererben wollen.

nat in Aussicht gestellt, kassiert sie diese Summe bis ans Lebensende – und zwar garantiert. Wirtschaftet der Versicherer mit dem Geld der Anlegerinnen gut und erzielt Überschüsse, kann die Rente auch durchaus höher ausfallen und steigen, sie kann aber nie sinken.

Wer jedoch frühzeitig aus dem Leben scheidet, läuft sogar Gefahr, doppelt bestraft zu werden: Denn nicht nur sie oder er selbst hat dann wenig vom ursprünglichen Vermögen gehabt, auch die potenziellen Erben gehen leer aus. Zumindest wenn bei Vertragsschluss nicht explizit festgelegt wurde, dass die Rente an die Erben für zum Beispiel 10 oder 20 Jahre weitergezahlt wird. Soll die Versicherung trotzdem weiter Rente an die Erben zahlen, ist das nicht umsonst. Wer die Zahlungen für 20 Jahre garantiert bekommen will, muss im Gegenzug geringere monatliche Rentenzahlungen in Kauf nehmen – in der Regel mehr als fünf Prozent weniger.

Drei Strategien zum Selbermachen

Wer mag, kann sich als Anleger auch eine Do-it-yourself-Rente basteln. Dazu müssen Sie kurz in sich hineinhorchen: Wollen Sie vor allen Dingen eine stabile Rente? Oder bleiben Sie auch im Alter Renditejäger und wünschen sich, dass die Rente mit der Zeit steigt? Wieder andere Anleger suchen einen Kompromiss aus möglichst weitgehender Stabilität und Steigerungschance. Sie wollen, dass ihre Rente mit etwas Glück steigen

kann – bei Turbulenzen aber nicht zu stark fällt. Finanztest hat deswegen drei Modelle für Ihre Rente zum Selbermachen ausgearbeitet – alles Wichtige erfahren Sie in den folgenden Abschnitten.

Strategie „Fixe Entnahme"

Diese Variante ist die einfachste: Jeden Monat genehmigen Sie sich eine fixe Summe X. Dazu teilen Sie die sechsstellige Summe einfach durch Ihre restliche Lebenserwartung. Am besten kalkulieren Sie damit, etwa 95 Jahre alt zu werden – mit 65 also noch 30 Jahre Lebensabend zu haben. Teilen Sie die 100 000 Euro durch 30 Jahre, kommen Sie auf eine monatliche Fixrente von 278 Euro. Theoretisch könnten Sie das Geld direkt am Anfang komplett von der Börse abziehen und dann langsam aufbrauchen.

Finanztest rät jedoch dazu, zumindest ein Viertel oder die Hälfte der Anlagen weiter am Parkett arbeiten zu lassen. Meistens haben Sie nach „hinten raus" noch mehr als genug Zeit und können auch Krisen noch aussitzen. Die Gefahr, dass das Geld bei einem heftigen Börsencrash doch vorzeitig aufgebraucht ist, besteht zwar – wir halten das Risiko allerdings für gering. Viel wahrscheinlicher ist, dass die Börsen auch nach Rentenbeginn auf längere Sicht eher gut laufen und Ihre Erben sich am Ende über eine gute Summe freuen können. Übrigens: Fünf Jahre vor Ende der Auszahlphase, im Alter von 90 Jahren, sollten Sie Ihr ganzes Geld einfach aufs Tagesgeld schieben. In so

Die drei Rentenvarianten im Vergleich

Die flexiblen Modelle bieten die Chance auf steigende Entnahmen; beim Puffermodell ist überdies das Risiko, dass die Rente fällt, geringer. Es ist aber aufwendiger.

| | Fixe Entnahme | Flexible Entnahme | | | | Flexible Entnahme mit Puffer | | |
		Defensiv	Ausgewogen	Offensiv		Defensiv	Ausgewogen	Offensiv
Anfangsrente (für 100 000 Euro, 30 Jahre Laufzeit)	278	278			Situation am Aktienmarkt	Abhängig davon, wie weit der Aktienmarkt unter seinem bisherigen Höchststand liegt		
					Bei Höchststand	273	268	264
					Bei 20 Prozent unter Höchststand	289	301	312
					Bei 60 Prozent unter Höchststand	370	463	555
Chance auf steigende Entnahmen	Keine [1]	Mittel	Hoch	Sehr hoch		Gering	Mittel	Hoch
Risiko, dass die monatliche Entnahme sinkt	Keines [2]	Mittel	Hoch	Sehr hoch		Sehr gering	Gering	Mittel
Aufwand zur Berechnung der Rentenhöhe	Sehr gering, einmalig	Gering, aber regelmäßig				Nur mit Rententabelle oder kostenlosem Online-Rechner der Stiftung Warentest möglich (test.de/pufferpantoffel)		

1) Allerdings Chance auf hohes Restvermögen am Ende der Laufzeit.
2) Allerdings besteht das Risiko, dass das Vermögen vorzeitig aufgebraucht ist.

hohem Alter mag sich vermutlich niemand mehr mit Börsenorders beschäftigen.

Strategie „Flexible Entnahme"

Wer schon eine auskömmliche Rente hat, kann flexibler an die Sache herangehen. Statt jeden Monat die gleiche Rentenrate zu entnehmen, könnten sich 100 000-Euro-Besitzer unterschiedliche Summen genehmigen – je nach Börsenlage. Nach einer guten Börsenphase könnten Sie üppigere Raten abrufen, nach einer mauen Zeit müssten Sie sich mit entsprechend weniger begnügen.

Auch diese Kalkulation ist nicht kompliziert: Einmal im Jahr schauen Sie, wie es um Ihr Depot bestellt ist, und prüfen, wie viel Geld noch im Topf ist. Anschließend teilen Sie diese Summe einfach durch die verbleibende Auszahlzeit. Wer zu Beginn 100 000 Euro besitzt und 30 Jahre abrufen will, würde mit einer Rente von rund 270 Euro starten. Wenn die Börsen steigen und das Depot mit der Zeit voller wird, könnten Sie sich mit der Zeit mehr Rente genehmigen. Ein zweiter Vorteil: Zum Ende Ihrer Abrufphase ist das Vermögen wirklich aufgebraucht, Sie haben es also maximal ausgekostet.

Zum ganzen Bild gehört allerdings auch, dass die Rente bei schlechten Börsenphasen sinken kann. Der schlimmste Fall zwischen Mitte 1990 und Mitte 2020: Wer auch im Pensionsalter zu 50 Prozent in Aktien investierte, hätte im allerschlimmsten Fall zum Beispiel ein Rentenminus von 30 Prozent hinnehmen müssen.

Wer als vorsichtiger Anlegerinnen im Ruhestand nur noch 25 Prozent in Aktien anlegte, hätte maximal mit Renteneinbußen von 13 Prozent leben müssen.

Übrigens: Auch bei dieser Entnahmestrategie sollten Anleger einmal im Jahr ihr Depot wieder ins Gleichgewicht bringen. Sobald sich der Aktienanteil zehn Prozent von der Zielgewichtung entfernt hat, sollten Sie zwischen Aktien-ETF und Tagesgeld umschichten. Also: den Überhang verkaufen und den anderen Baustein aufstocken.

Strategie „Flexibel mit Puffer"

Krachen die Börsen heftig nach unten, sinken bei der flexiblen Entnahme die Raten. Viele Ruheständler dürften sich das nicht mehr zumuten wollen. Doch Anlegerinnen können sich dagegen wappnen, indem sie von vornherein einen Verlustpuffer miteinkalkulieren. Damit sollten Sie Ihre monatliche Rente selbst dann stabil halten können, wenn es an der Börse richtig kracht. Unsere Idee: Damit fallende Kurse nicht automatisch weniger Rente bedeuten, planen wir mit einem flexiblen Verlustpuffer. Er hängt von der aktuellen Marktlage ab:

❶ **Die Börsen stehen auf Rekord.** Hat der Aktienmarkt gerade ein neues Hoch markiert, ist der Rentenpuffer am größten. Um Sie auf einen Extremfall vorzubereiten, rechnen wir damit, dass der Markt von seinem Rekord schon morgen um bis zu 60 Prozent einbrechen könnte. Unser Ziel: Trotzdem soll Ihre Rentensumme stabil bleiben. Wie das geht? Statt bei der Rentensumme richtig zuzulangen, planen wir mit Verlustpuffer. In einer solchen Phase dürften Sie sich erst einmal nur eine geringere Rentensumme genehmigen – der Rest ist Sicherheitspuffer.

2 Die Börsen steigen nach Rekord weiter. Steigt der Aktienmarkt ausgehend von einem Höchststand weiter, bleibt der Puffer in seiner maximalen Höhe erhalten: Sie müssten sich weiter gegen einen Crash von 60 Prozent wappnen. Da die Kurse in der Zwischenzeit aber weiter gestiegen sind und damit auch Ihr Gesamtvermögen, können Sie sich in Euro und Cent dennoch eine höhere Rente genehmigen.

3 Die Börsen fallen nach einem Rekord. Sinkt der Aktienmarkt, können Sie den Verlustpuffer reduzieren. Sind die Kurse bereits etwas gefallen, wird die Entfernung bis zu unserer Marke bei einem Kursminus von 60 Prozent geringer. Verhalten sich die Börsen auch künftig wie in der Vergangenheit, würde Ihre finanzielle Fallhöhe sinken. Entsprechend können Sie auch den Verlustpuffer zurückfahren. Dies stabilisiert Ihre Rente, auch wenn Ihr Vermögen durch den Crash gesunken ist.

4 Die Börsen sind gecrasht. Stellen Sie sich einmal vor, die Börsen sind vom letzten Rekord gerade um 60 Prozent gefallen. Historisch war das in den vergangenen 50 Jahren ungefähr der schlimmste Crash an den globalen Börsen, spätestens dann begann immer wieder die Erholung. Basierend auf den historischen Daten, setzen auch wir nach einem Kurssturz von 60 Prozent voraus, dass die Börsen wieder „drehen". Entsprechend bräuchten Sie nach einem solch heftigen Crash gar keinen Verlustpuffer bei Ihrer Rente. Steigen die Börsen vom Tief ausgehend bis zum alten Höchststand, erholt sich Ihr Vermögen, während gleichzeitig der Puffer aufgebaut wird. Ihre Rente bleibt zunächst stabil – und steigt wieder, sobald ein neuer Höchststand erreicht wird.

Die Puffer-Rente von Finanztest ermöglicht es Ihnen, dass Sie im Laufe der Zeit nachhaltig Ihre Rente erhöhen können – ohne Angst haben zu müssen, dass Ihr Vermögen bei Börsencrashs vorzeitig aufgebraucht ist. Wer in den vergangenen 30 Jahren auf die Puffervariante setzte, hätte seine Rente bei einer Aktienquote von 25 oder 50 Prozent de facto fast nie senken müssen. Im Gegenzug wäre die monatliche Rente in vielen Fällen deutlich besser ausgefallen als mit der einfachen „Flexiblen Strategie".

Mit dem praktischen Onlinerechner unter test.de/pufferpantoffel können Sie die Strategie bequem kalkulieren – und aus 100 000 Euro in der Nachspielzeit sogar noch eine ganze Menge mehr machen.

Hilfe

Fachbegriffe erklärt

Aktie. Ein Anteilsschein, der Anlegerinnen und Anleger zu Miteigentümern eines Unternehmens macht. Aktien großer Firmen sind meistens an der Börse notiert und lassen sich dort handeln. Mit einer Aktie können Anleger auf der Hauptversammlung des Unternehmens ihr Stimmrecht ausüben und bekommen mitunter das Anrecht auf einen Teil des Firmengewinns (➜ Dividende).

Asset Allocation. Die Aufteilung verschiedener Anlageklassen in einem Portfolio. Experten unterscheiden meist, welchen Teil ihres Geldes Anlegerinnen und Anleger in Aktien, Anleihen, Rohstoffe, Immobilien und Bargeld investieren. Finanzwissenschaftlern zufolge ist die Anlageaufteilung der wichtigste Stellhebel für den späteren Ertrag (➜ Rendite).

Börsenwert. Wert eines börsennotierten Unternehmens. Dabei wird die Zahl aller Aktien mit dem aktuellen Aktienkurs multipliziert. Wenn Unternehmerfamilien oder Großinvestoren große Aktienpakete über Jahre halten und damit dem Börsenhandel entziehen, wird der Börsenwert manchmal auch nur anhand der restlichen Aktien berechnet – diese nennt man „Streubesitz".

Briefkurs. Der Kurs an der Börse, zu dem Anleger Wertpapiere kaufen. Siehe auch ➜ Spread.

Depot. Auch: Wertpapierdepot. Eine Art Konto bei einer Bank, mit dem Anlegerinnen und Anleger Wertpapiere verwahren lassen können. So ein Depot ist

Voraussetzung, um zum Beispiel Aktien oder ETF an der Börse kaufen und verkaufen zu können. Manche Depots werden auch nur für Fonds angeboten („Fondsdepot") und erlauben keinen Börsenhandel.

Diversifikation. Streuung von Geldanlagen auf viele verschiedene Anlageformen, Regionen und Branchen. Wer seine Anlagen gut streut, mindert damit das Risiko, einen Totalverlust zu erleiden. Das Diversifizieren eines Aktienportfolios maximiert auch das ➔ Rendite-Risiko-Verhältnis des Portfolios.

Dividende. Unternehmen können einen Teil ihres Firmengewinns an die Anlegerinnen und Anleger ausschütten. Diese Ausschüttungen heißen Dividenden. Im laufenden Kalenderjahr zahlen Unternehmen immer die Dividenden für das abgelaufene Geschäftsjahr. Wie hoch die Dividende ausfällt, beschließt in Deutschland die Hauptversammlung eines Unternehmens auf Vorschlag des Managements der Firma.

Emittent. Der Herausgeber eines Wertpapiers. Bei Aktien sind das die Unternehmen, bei Staatsanleihen Staaten und bei Zertifikaten die herausgebenden Banken.

ESG. Abkürzung für nachhaltiges Investieren im weiteren Sinne: Environment, Social and Governance, also Umwelt, Soziales und gute Unternehmensführung. Einheitliche Regeln, um Firmen anhand ihrer ESG-Ausprägungen zu bewerten, gibt es aber nicht.

ETC. Abkürzung für Exchange Traded Commodities, also börsengehandelte Rohstoffe. Entspricht in Deutschland Zertifikaten auf Rohstoffe. Manche ETC folgen den Rohstoffpreisen nur ungenau, die Preisbildung kann komplex sein. Außerdem ist das Geld der Anlegerinnen und Anleger bei einer Insolvenz des ➔ Emittenten nicht durch ein ➔ Sondervermögen geschützt.

ETF. Abkürzung für Exchange Traded Funds, also: börsengehandelte Fonds. Diese Fonds können an der ➔ Börse laufend gehandelt werden und folgen in der Regel einem ➔ Index. Grundlage für ETF können nicht nur Aktienindizes sein, sondern auch andere Indizes wie Anleiheindizes. Einige wenige ETF werden sogar aktiv verwaltet. Meist meint ETF jedoch Produkte, die passiv einem Index folgen sollen.

Fonds. Der Begriff wird oft umgangssprachlich für ➔ Sondervermögen oder Investmentvermögen benutzt. Für diese sammelt eine Kapitalverwaltungsgesellschaft Geld unter Anlegerinnen und Anlegern, um es zu investieren. Die Anleger erhalten Fondsanteile. Meistens entscheiden Fondsmanager, in welche Aktien, Anleihen oder anderen Papiere sie investieren. Fonds können ganz unterschiedliche Anlageschwerpunkte haben. Auch ➔ ETF zählen zu Fonds. Die meisten Investmentvermögen folgen einheitlichen EU-Regeln (OGAW-Regeln, englisch UCITS) und werden von der Finanzaufsicht des jeweiligen Landes beaufsichtigt

Geldkurs. Der Kurs an der Börse, zu dem Anleger Wertpapiere verkaufen. Siehe auch → Spread.

Index. Ein Index fasst die Entwicklungen mehrerer Wertpapiere zusammen. In den Indexstand fließen die Kursentwicklungen aller enthaltenen Wertpapiere entsprechend ihres definierten Gewichts im Index ein. Sogenannte Kursindizes berücksichtigen nur die reinen Aktien- oder Anleihenkurse. Sogenannte Performance- oder Total Return-Indizes rechnen die gezahlten → Dividenden oder Zinsen der Unternehmen oder Anleihen in den Indexverlauf mit ein.

Isin. Abkürzung für International Securities Identification Number. Eine zwölfstellige Kennnummer für Wertpapiere, die international gültig ist. Anhand dieser Nummer können Anlegerinnen und Anleger ein Wertpapier eindeutig identifizieren.

KIID. Key Investors Information Document. Auf Deutsch: Wesentliche Anlegerinformationen (WAI). Dieses Informationsblatt soll Anlegerinnen und Anleger auf zwei Seiten über die wichtigsten Details in Sachen Risiko, Anlagepolitik, Wertentwicklung und Kosten eines Anlageprodukts informieren.

Limit. Preisbegrenzung bei einer Wertpapierorder. Setzen Anlegerinnen und Anleger bei einer Order ein Limit, können sie damit einen Kurs bestimmen, bis zu dem man maximal kaufen oder minimal verkaufen würde.

Market Maker. Professionelle Börsenhändler, die dauerhaft Kauf- und Verkaufsangebote für bestimmte Wertpapiere stellen. Market Maker sorgen dafür, dass sich Wertpapiere laufend handeln lassen. Umgangssprachlich werden sie oft noch Kursmakler genannt. Bei ETF heißen sie „Designated Sponsors", werden vom ETF-Anbieter beauftragt und haben zusätzliche Funktionen.

Maximum Drawdown. Bezeichnet den größten bisher beobachteten prozentualen Verlust eines Wertpapiers in einem bestimmten Zeitraum.

MSCI. US-amerikanischer Anbieter von Wertpapierindizes. Einer der bekanntesten Indizes des Anbieters ist der MSCI World, der mehr als 1600 Aktien aus 23 Industrieländern enthält. MSCI ist die Abkürzung für Morgan Stanley Capital International. Mit der Investmentbank Morgan Stanley hat das Unternehmen heutzutage allerdings nichts mehr zu tun.

Neobroker. Anbieter, über die Anlegerinnen Wertpapiere online – manchmal auch nur per Smartphone – handeln können. Die Neobroker boten zu Beginn ein kostengünstiges, aber oft eingeschränktes, Wertangebot an. Sie bauen ihr Angebot weiter aus, aber ob sie immer so günstig bleiben werden können, ist nicht sicher.

NIW. Abkürzung für Nettoinventarwert (englisch NAV, net asset value). Wert pro Fondsanteil, wenn man von allen Vermögenswerten (Aktien, Anleihen ...) die Verpflichtungen (Kredite, Kosten ...) des Fonds abzieht. Wird einmal täglich offiziell berechnet.

Prospekt. Auch Fondsprospekt genannt. Das wichtigste juristische Dokument, welches den Fonds beschreibt: die involvierten Parteien, Risiken, Anteilsklassen, Kosten, Anlagerichtlinien usw.

Rendite. Ertrag einer bestimmten Anlage in einem bestimmten Zeitraum. In der Regel wird sie in Prozent pro Jahr angegeben. Damit die Rendite aussagekräftig ist, sollte sie nicht nur Kurssteigerungen, sondern auch Ausschüttungen (➔ Dividenden, Zinsen) berücksichtigen. Außerdem sollte sie in Euro berechnet werden

Rendite-Risiko-Verhältnis. Der Quotient aus (erwarteter) Rendite und dem Risiko einer Anlage. Es können verschiedene Kennzahlen für Rendite und Risiko genutzt werden. Das Verhältnis ist eines der wichtigsten Maße, um Anlagen miteinander zu vergleichen und zu bewerten.

Sondervermögen. Auch: Investmentvermögen. Fonds und ETF sind Sondervermögen. Das Fondsvermögen verwahrt eine unabhängige Fondsdepotbank im Auftrag der Fondsgesellschaft. Sollte die Fondsgesellschaft Insolvenz anmelden, wären die Anlagewerte der Kunden im Sondervermögen vor dem Zugriff von Gläubigern der Fondsgesellschaft geschützt. Die unabhängige Fondsdepotbank kontrolliert, dass die Gelder wie im ➔ Prospekt definiert angelegt werden.

Spread. Auch Geld-Brief-Spanne. Die Differenz aus dem höheren ➔ Geldkurs und dem niedrigeren ➔ Briefkurs. Der Spread stellt einen Teil der Handelskosten dar.

Swap-ETF. Variante eines ➔ ETF, der seinen Index künstlich nachbildet. Damit solche ETF dem zugrunde liegenden Index folgen, kaufen sie nicht die im ➔ Index enthaltenen Aktien. Stattdessen halten Swap-ETF einen „willkürlichen" Korb an Wertpapieren und vereinbaren mit einem Finanzinstitut einen Tausch (Swap). Der Tauschpartner garantiert per Swap-Vertrag, dem ETF die Indexperformance zu liefern und erhält im Gegenzug die Performance der Wertpapiere im ETF. Verschiedene Regeln sollen dafür sorgen, dass Swap-Konstrukionen das Risiko und die Natur eines ETF nicht nennenswert verändern.

Thesaurierung. Wiederanlage von ➔ Dividenden oder Zinsen. Thesaurierende Fonds überweisen diese nicht an die Anleger, sondern investieren sie direkt wieder in den Fonds, sodass sich das Fondsvermögen erhöht. Das Gegenstück sind ausschüttende Fonds, die Erträge wie Dividenden oder Zinsen an die Anleger auszahlen.

Xetra. Elektronisches Handelssystem der Deutschen Börse, wichtigster Handelsplatz für die meisten Wertpapiere hierzulande. Aktien, ETF und andere Papiere können hier zwischen 9 Uhr und 17.30 Uhr gehandelt werden.

So haben wir gerechnet

Untersuchung

Wir haben untersucht, wie viel man in der Vergangenheit sparen musste, um ein Vermögen von 100 000 Euro aufzubauen. Wir betrachteten fünf verschiedene Portfoliomischungen mit 0 Prozent, 25, 50, 75 und 100 Prozent Aktien. Für jede Variante analysierten wir drei verschiedene Sparformen: Einmalanlage, Sparplan sowie eine Kombination aus Einmalanlage zu Beginn und monatlichem Sparplan.

Zeiträume

Der Untersuchungszeitraum vom 31. Dezember 1969 bis zum 31. Dezember 2020 bestand aus 612 Monaten. Seit diesem Startdatum liegen Indexdaten für den MSCI World vor. An jedem möglichen Monatsendtermin innerhalb dieses Zeitraums haben wir eine Analyse gestartet. Dabei haben wir pro Starttermin alle obigen Anlagevarianten für Zeiträume untersucht, die mindestens zwölf Monate und maximal 30 Jahre lang waren („rollierende Analyse").

Anlageklassen

Für die historischen Simulationen verwendeten wir die Monatsendwerte des MSCI World Total Return Index in Euro. Da Anleger in einen Index nur indirekt über einen ETF investieren können, berücksichtigten wir ETF-typische Kosten von 0,5 Prozent pro Jahr. Fürs Tagesgeld unterstellten wir dauerhaft 0 Prozent Zinsen.

Handelskosten

Wir berücksichtigten Handelskosten: Für die Einmalanlage haben wir für den Aktienanteil mit 4,90 Euro plus 0,25 Prozent des Handelsvolumens gerechnet. Bei Sparplänen unterstellten wir beim Aktien-ETF Kosten in Höhe von 1,5 Prozent der Sparplanrate. Beim Tagesgeld unterstellten wir keine Kosten. Steuern sind in unseren Hauptrechnungen nicht berücksichtigt, jedoch in einer Spezialrechnung ab Seite 151.

Weitere Informationen zur Methodik finden Sie auf test.de/100k/methodik.

Was die Neobroker bieten

Anbietername	Finanzen Net Zero	Justtrade	Scalable Capital (Free Broker)	Trade Republic
Depotinformationen				
Depotnutzung via App	ja	ja	ja	ja
Depotnutzung via Browser	ja	ja	ja	nein
Depotbank	Baader Bank	Sutor Bank	Baader Bank	Trade Republic Bank
Depotführung (Euro/Jahr)	0,00	0,00	0,00	0,00
Depotübertrag dorthin	nein	nein	[1]	[1]
Guthabenzins (% p.a.)	/	-0,5	/	/
Wertpapierhandel				
Börsliche Handelsplätze	Gettex	LS Exchange, Quotrix, Tradegate Exchange	Gettex, Xetra	LS Exchange
Kosten/Order	0,00	0,00	0,00 / 0,99 / 3,99[2]	1,00
Anzahl ETF	650	1 300	1 500	1 500
Sparpläne				
Anzahl ETF-Sparpläne	250	/	1 500	1 500
Ausführungskosten ETF-Sparpläne	0,00	/	0,00 / 0,99[3]	0,00

[1] nur beim Anbieter handelbare Wertpapiere können übertragen werden
[2] Orders über Gettex für bestimmte Anbieter (DWS, iShares, Invesco): 0,00 Euro
[3] Orders über Gettex: 0,99 Euro für ETF; Orders über Xetra: 3,99 Euro zzgl. 0,01 % des Volumens, mindestens 1,50 Euro.
Quelle: Finanztest   Stand: 13.07.2021

Eine Auswahl der Besten: Diese ETF sind 1. Wahl

Anbieter	Index	Anmer-kungen	Isin	Rendite über 5 Jahre (% p.a.)[1]	Kosten (% p.a.)[2]
Welt-ETF mit Industrieländern					
HSBC	MSCI World	A	IE 00B 4X9 L53 3	12,7	0,15
Lyxor	MSCI World	S / A	LU 039 249 456 2	12,5	0,20
iShares	MSCI World	T	IE 00B 4L5 Y98 3	12,4	0,20
UBS	MSCI World	A	IE 00B 7KQ 7B6 6	12,4	0,30
Xtrackers	MSCI World	S / T	LU 027 420 869 2	12,4	0,45
Xtrackers	MSCI World	T	IE 00B J0K DQ9 2	12,4	0,19
Xtrackers	MSCI World	A	IE 00B K1P V55 1	12,4	0,19
Invesco	MSCI World	S / T	IE 00B 60S X39 4	12,3	0,19
Lyxor	MSCI World	S / A	FR 001 031 577 0	12,3	0,30
Vanguard	FTSE Developed World	A	IE 00B KX5 5T5 8	12,3	0,12
Welt-ETF mit Industrie- und Schwellenländern					
Vanguard	FTSE All World	A	IE 00B 3RB WM2 5	12,1	0,22
SPDR	MSCI All Country	T	IE 00B 44Z 5B4 8	12,0	0,40
Xtrackers	MSCI All Country	T	IE 00B GHQ 0G8 0	12,0	0,25
iShares	MSCI All Country	T	IE 00B 6R5 225 9	11,9	0,20
Lyxor	MSCI All Country	S / T	LU 182 922 021 6	11,9	0,45
Nachhaltige Welt-ETF					
BNP Easy	MSCI World SRI S-Series 5 % Capped	T	LU 129 110 864 2	12,9	0,25
UBS	MSCI World SRI Low Carbon Select 5 % Issuer Capped	A	LU 062 945 974 3	12,9	0,22
Europa-ETF					
BNP Easy	Stoxx Europe 600	S / T	FR 001 155 019 3	8,2	0,20

Anbieter	Index	Anmer-kungen	Isin	Rendite über 5 Jahre (% p.a.)[1]	Kosten (% p.a.)[2]
BNP Easy	Stoxx Europe 600	S / A	FR 001 155 067 2	8,2	0,20
iShares	Stoxx Europe 600	A	DE 000 263 530 7	8,1	0,20
Lyxor	Stoxx Europe 600	T	LU 090 850 075 3	8,1	0,07
Xtrackers	Stoxx Europe 600	T	LU 032 847 579 2	8,1	0,20
Invesco	Stoxx Europe 600	S / T	IE 00B 60S WW1 8	8,0	0,19
Lyxor	Stoxx Europe 600	S / A	LU 037 843 458 2	8,0	0,20
Vanguard	FTSE Developed Europe	A	IE 00B 945 VV1 2	8,0	0,10
Xtrackers	MSCI Europe	A	LU 124 236 932 7	8,0	0,12
HSBC	MSCI Europe	A	IE 00B 5BD 5K7 6	7,9	0,10

Globale Schwellenländer-ETF

Anbieter	Index	Anmer-kungen	Isin	Rendite über 5 Jahre (% p.a.)[1]	Kosten (% p.a.)[2]
iShares	MSCI Emerging Markets IMI	T	IE 00B KM4 GZ6 6	11,6	0,18
UBS	MSCI Emerging Markets	A	LU 048 013 287 6	11,6	0,23
Lyxor	MSCI Emerging Markets	A	LU 063 517 801 4	11,6	0,23
SPDR	MSCI Emerging Markets	T	IE 00B 469 F81 6	11,5	0,42
Amundi	MSCI Emerging Markets	S / T	LU 168 104 537 0	11,3	0,20

Deutschland-ETF

Anbieter	Index	Anmer-kungen	Isin	Rendite über 5 Jahre (% p.a.)[1]	Kosten (% p.a.)[2]
Xtrackers	Dax	T	LU 027 421 148 0	8,1	0,09
Amundi	Dax	S / T	FR 001 065 571 2	8,0	0,10
Deka	Dax	A	DE 000 ETF L06 0	8,0	0,15
Deka	Dax	T	DE 000 ETF L01 1	8,0	0,15
iShares	Dax	T	DE 000 593 393 1	8,0	0,16

A=Ausschüttender Fonds, T= Thesaurierender Fonds. Die laufenden Erträge verbleiben im Fonds und werden automatisch wieder angelegt. S=Swap-ETF. Bildet Index synthetisch nach. [1] Die Rendite wird in Euro unter Berücksichtigung der Kurssteigerungen und aller Ausschüttungen sowie der internen Fondskosten berechnet. Steuern und Handelskosten des Anlegers fließen nicht ein. [2] Laufende Kosten laut „Wesentliche Anlegerinformationen" (KIID-Blatt). Quelle: Finanztest Stand: 31.05.2021 Mehr passende ETF finden Sie unter test.de/fonds.

Stichwortverzeichnis

Die Stiftung Warentest wurde 1964 auf Beschluss des Deutschen Bundestages gegründet, um dem Verbraucher durch vergleichende Tests von Waren und Dienstleistungen eine unabhängige und objektive Unterstützung zu bieten.

Wir kaufen – anonym im Handel, nehmen Dienstleistungen verdeckt in Anspruch.

Wir testen – mit wissenschaftlichen Methoden in unabhängigen Instituten nach unseren Vorgaben.

Wir bewerten – von sehr gut bis mangelhaft, ausschließlich auf Basis der objektivierten Untersuchungsergebnisse.

Wir veröffentlichen – anzeigenfrei in unseren Büchern, den Zeitschriften test und Finanztest und im Internet unter www.test.de

Victor Gojdka ist Finanz- und Wirtschaftsjournalist und berichtet für die Süddeutsche Zeitung über die Themen Börse, Finanzmärkte und private Geldanlage. Er wurde als Autor unterstützt durch: Thomas Krüger ist als Finanzanalyst verantwortlich für das Fondsrating der Stiftung Warentest sowie die Tests von Anlagestrategien.

© 2021 Stiftung Warentest, Berlin

Stiftung Warentest
Lützowplatz 11–13
10785 Berlin
Telefon 0 30/26 31–0
Fax 0 30/26 31–25 25
www.test.de
email@stiftung-warentest.de

USt-IdNr.: DE136725570

Vorstand: Hubertus Primus
Weitere Mitglieder der Geschäftsleitung: Dr. Holger Brackemann, Julia Bönisch, Daniel Gläser

Programmleitung: Niclas Dewitz

Autor: Victor Gojdka
Analysen: Thomas Krüger
Projektleitung: Philipp Sperrle
Lektorat: Anna Ueltgesforth, Amorbach
Fachliche Beratung: Karin Baur, Uwe Döhler, Simeon Gentscheff, Anne Hausdörfer, Yann Stoffel
Korrektorat: Susanne Reinhold, Berlin
Titelentwurf: Christian Königsmann
Layout: Büro Brendel, Berlin
Grafik, Satz: Anne-Katrin Körbi, Vera Göring
Bildredaktion: Josephine Rank, Berlin
Bildnachweis: Ulrich Dolde/privat (S. 74); Fam. Gref-Balthes/privat (S. 86); Steffen Rasche, Senftenberg (S. 98); GettyImages - Westend/Matthias Aletsee (S. 8), Light Field Studios (S. 28), Gary John Norman (S. 56), PhotoAlto/Sandro Di Carlo Darsa (S. 100), Jecapix (S. 140)
Infografiken/Diagramme: Büro Brendel, Berlin
Produktion: Vera Göring
Verlagsherstellung: Rita Brosius (Ltg.), Romy Alig, Susanne Beeh
Litho: tiff.any, Berlin
Druck: brandenburgische universitätsdruckerei, potsdam

ISBN: 978-3-7471-0434-7

Wir haben für dieses Buch 100 % Recyclingpapier und mineralölfreie Druckfarben verwendet. Stiftung Warentest druckt ausschließlich in Deutschland, weil hier hohe Umweltstandards gelten und kurze Transportwege für geringe CO_2-Emissionen sorgen. Auch die Weiterverarbeitung erfolgt ausschließlich in Deutschland.